城市空间与交通系统系列丛书◎过秀成·主编

历史城区交通系统与路网资源综合利用方法

国家自然科学基金项目——历史城区交通空间资源优化配置与合理利用方法研究(No.51208256)

住房和城乡建设部科技计划项目——面向交通效率提升的历史城区交通组织模式与设施利用方法研究(No.2012-K5-13)

叶　茂　过秀成　著

东南大学出版社·南京

内 容 简 介

历史城区交通系统与路网资源综合利用对促进历史城区保护与交通协调发展,保障城市可持续发展具有重要作用。本书系统研究了历史城区的综合交通承载力测算、交通需求分析、交通系统功能组织与设计、交通服务体系设计、干路网资源配置与合理利用、街巷路网资源综合利用和交通微循环路网规划设计方法等,丰富了城市交通规划与建筑遗产保护理论与方法。

本书可作为交通运输工程、城市规划、建筑历史与理论等专业教学使用,也可以作为相关行业工程技术与管理人员的参考用书。

图书在版编目(CIP)数据

历史城区交通系统与路网资源综合利用方法 / 叶茂,
过秀成著. —南京 : 东南大学出版社,2014.12
 (城市空间与交通系统系列丛书)
 ISBN 978-7-5641-5448-6

Ⅰ.①历… Ⅱ.①叶… ②过… Ⅲ.①城市交通系统
—研究②城市交通网—资源利用—研究 Ⅳ.①U491

中国版本图书馆 CIP 数据核字(2014)第 310953 号

历史城区交通系统与路网资源综合利用方法

出版发行	东南大学出版社
出 版 人	江建中
网 址	http://www.seupress.com
电子邮箱	press@seupress.com
社 址	南京市四牌楼 2 号
邮 编	210096
电 话	025 - 83793191(发行) 025 - 57711295(传真)
经 销	全国各地新华书店
印 刷	南京玉河印刷厂
开 本	787m×1092mm 1/16
印 张	14.5
字 数	346 千
版 次	2014 年 12 月第 1 版
印 次	2014 年 12 月第 1 次印刷
书 号	ISBN 978-7-5641-5448-6
定 价	52.00 元

本社图书若有印装质量问题,请直接与营销部联系。电话(传真):025-83791830

丛书总序

20世纪中后期以来,城镇化与机动化成为全球社会发展的两大趋势,其迅速发展给城市带来了一系列的社会、经济、交通、能源和环境问题,尤其是交通问题,逐渐成为制约城市健康发展的重要因素。我国的城镇化经历了一个起点低、快速增长的发展过程,1978—2013年,城镇常住人口从1.7亿增加到7.3亿,城镇化率从17.9%提升到53.7%。在新型城镇化、机动化和高度信息化协同推进的关键时期,存在城市空间发展无序、土地资源消耗量大、产业转型升级缓慢、生态环境持续恶化、交通拥堵日益严重等深层次结构性矛盾和问题。交通作为城镇活动的派生需求,亟须协调与城镇空间的关系,拟定合理的城市交通政策和策略,建立新型交通运输空间组织与交通发展方式,开展交通与城镇空间发展规划理论与方法及技术体系的创新。

积极推进"空间、产业、交通"一体化规划。交通运输系统的革新带来城镇化发展和产业变革,产业的升级转型和空间转移是与城镇化发展、综合交通体系的建设相伴而生、相伴而行的。构建"空间、产业、交通"三要素协同和有机融合的规划体系,立足区域一体化、城乡一体化发展的诉求,遵循产业链组织和空间集聚等经济规律,利用大数据平台和交通与土地利用分析模型,研究综合运输网络发展状态与城市空间形态、产业的发展及转型转移的业态之间的关联特性、耦合机理,创建三要素高度协同、交叉融合的交通规划体系。

构建个性化、公平高效的交通服务体系。在我国,超大城市、特大城市、大城市、中小城市均面临着交通拥堵等问题,但其产生拥堵的机理和呈现的交通供需特征是不同的,应该结合各个城市的实际,制定不同的交通政策(包括交通财政政策),配置差异化的交通供给设施,需要秉承以人为本、公平公正的理念,充分发挥政府、市场和公众三者在交通体系建设的作用,尤其是市场在资源配置中的决定性作用,提供均等化的交通服务,构建多网融合的运输设施供给,满足居民日益增长且多元化的出行需求。

构建不同层次城镇空间的交通规划体系。城市群、都市圈、都市区层面应更加关注交通运输网络的建设、综合运输走廊和综合运输枢纽服务特性与功能体系的探索,做好高速铁路、城际轨道、市郊铁路和城市地铁的多网融合;历史城区应更加关注历史遗产、文化资源的保护,构建具有历史记忆、文化脉络、地域风貌的交通系统,充分尊重城市空间机理,完善"源流并举、供需双控"的交通服务体系,注重交通空间资源的优化配置和合理利用,做好交通微循环系统和慢行交通规划;老城区应体现交通综合治理,更加关注盘活"存量"资源、灵活交通组织、激活老城活力,处理好老城空间重构和新城建设的关系;城市新区应更加关注交通与城市建设的同步推进机制,处理好新城与旧城的服务、设施对接等,构建生态、节能、环保、可持续发展的高品质城市交通系统;公交都市应更加关注公交优先战略的落实,在站点、走廊和片区(社区)全面实施公共交通引导的城镇开发模式,实现公共交通与城镇空间结构、开发强度在时空两维的协同性和一致性。

1996年以来,东南大学过秀成教授课题组一直致力于城市交通规划与设计、区域综合运输规划与管理、城市公共客运交通规划与运营组织等领域的研究,长期跟踪关注、深入研究南京都市圈和苏南地区范围内城乡空间与交通的发展历程,并开展了《江苏省"十五"综合运输体系发展规划》(2000)、《江苏省道路运输业"十五"发展规划》(2002)、《宿迁市交通体系与城镇发展互动关系研究》(2002)、《江苏省轨道交通发展战略研究》(2002)、《江苏省物流发展规划方法研究》(2003)、《江苏省干线公路网发展规划》(2004)、《公路网规划后评价方法研究》(2005)、《江苏省城市结点干线公路建设规划研究》(2012)、《马鞍山市城市综合交通规划》(2005)、《镇江市城市综合交通规划》(2007)、《滁州市城市综合交通规划》(2008)、《江苏省城市道路网规划指标体系研究》(2009)、《南京市近期交通改善方案研究》(2009)、《镇江高铁站地区方案设计》(2009)、《泰州市公共客运交通及出租车发展规划》(2010)、《聊城市古城道路交通规划与交通工程设计》(2011)、《苏州高铁新城综合交通规划》(2013)和《镇江市骨架道路网提升规划》(2013)等系列研究课题,并指导完成了《都市圈快速轨道交通系统布局规划研究》、《公共交通导向的城市土地开发研究》、《大城市公路客运枢纽规划方法研究》、《历史城区交通组织模式与设施配置方法研究》、《城市群城际客运设施配置问题研究》、《高速铁路客运枢纽集疏运规划方法研究》和《城际铁路客运枢纽交通衔接设施配置方法研究》等硕博士论文。

本丛书针对当前和未来区域及城市空间发展的趋势,研究城市群(城市连绵带)、都市圈、都市发展区、历史城区、老城区、城市新区(生态新城)、公交都市等不同空间层次城镇空间的交通发展特征及演变规律,探索不同区域及城镇空间范围的交通系统规划理论方法与技术体系。以期与城市规划、交通规划和交通运输等相关领域的专家、学者、读者共同分享,为完善我国城镇空间发展及交通规划理论创新做出贡献。

过秀成

2014 年 12 月 15 日于南京

前 言

我国正处于城市转型发展的关键时期,新型城镇化背景下以存量土地集约化利用为主的城市中心区更新改造已成为城市发展的主题。审视历史城区保护与交通发展之间的关系,探寻适宜的交通政策、发展战略与策略、交通系统建构与资源合理利用方法,促进有机更新与功能复兴,引导历史城区交通走上理性、可持续发展道路,已经成为历史城区发展的必然要求。

本书依托国家自然科学基金项目"历史城区交通空间资源优化配置与合理利用方法研究"(编号:51208256)、住房和城乡建设部科技项目"面向交通效率提升的历史城区交通组织模式与设施利用方法研究"(编号:2012 - K5-13),以及江苏省城市道路网规划设计指标体系研究、江苏省城市发展绿色交通技术政策研究、南京市老城交通改善方案研究等项目,探析了历史城区遗产保护与交通发展两者之间的关系,以优先保护历史文化遗产为前提,形成了由交通供需分析方法、交通系统组织与服务体系设计、路网资源综合利用等方面的系列成果。

全书共分为10章,第1章为绪论;第2章为历史遗产保护中的交通系统研究及实践;第3章为历史城区保护与交通协调发展关系,包括交通系统与历史文化遗产保护的关系、历史城区交通发展的方向与对策;第4、5章为历史城区交通供需分析方法,包括综合交通承载力测算方法、交通需求分析方法;第6、7章为历史城区交通系统组织与服务体系设计,包括交通系统功能组织与设计方法、交通服务体系设计方法;第8~10章为历史城区路网资源综合利用方法,包括干路网资源配置与合理利用方法、街巷路网资源综合利用方法和交通微循环路网规划设计方法。其中,过秀成和叶茂共同撰写第1章,过秀成撰写第6、7、8章,叶茂撰写第2、3、4、5、9、10章。

感谢东南大学交通规划与管理江苏省重点实验室和东南大学城市与建筑遗产保护教育部重点实验室为本研究开展提供了良好的学术资源和研究平台。感谢东南大学窦雪萍、邓一凌、罗丽梅、龚小林、殷凤军、过利超、韩兵、马巧英,南京理工大学于淼等硕博研究生在研究和项目实践中所做的工作和贡献的智慧。在研究和撰写过程中参考了大量国内外文献与书籍,在此谨向原著作者表示崇高的敬意和由衷的感谢!

本书作为历史文化名城保护中关于历史城区交通系统与资源综合利用方法研究的阶段性成果,期待与读者共同探索与研究,为丰富城市交通规划和建筑遗产保护理论与方法尽微薄之力。

作 者
2014 年 12 月于江苏南京

目　录

第1章

绪　论

1.1　研究背景及意义

　　历史文化名城所拥有的历史文化遗产使其相对于一般城市而言,具有特殊的价值。这些遗产不仅是人们认识历史的重要史料,还是展现人类奋斗与智慧结晶的见证,既是人类的物质财富,也是重要的精神源泉。周干峙先生在论及历史文化名城保护的意义时,提出了四种价值:文化价值、科学价值、美学价值和教育价值[1]。保护历史文化遗产既是对历史的继承,也是对未来的创新。

　　"历史城区"是国际古迹遗址理事会于 1987 年在《华盛顿宪章》中采用的名词概念[2]。在此之前,我国更多采用"旧城区"或"老城区"这些提法。《历史文化名城保护规划规范》(GB 50357—2005)中"历史城区"特指在城市中能够体现其历史发展过程或某一发展时期风貌、历史范围清楚、城区格局保存较完整的地区[3]。这些地区除了具有历史文献作用外,蕴含着丰富的传统城市文化的价值。历史城区主要呈现两种类型:一类是位于城市中心、承担中心职能的历史城区;一类是以整体保护为主、功能相对纯化的历史城区。本书主要以前者为研究对象,国内典型的如南京以秦淮河和明城墙遗址围合而成的老城、北京二环以内的旧城及苏州护城河以内的古城、扬州以文昌路为轴和运河环绕的老城区都属于该类历史城区。这类城区范围从几平方公里到几十平方公里不等,都以旧城或古城为核心,位于城市的中心区位,承担着城市中心的职能[4]。

　　随着对城市历史文化遗产和历史城区价值的认识和认知的加深,人们已经深刻意识到城市历史文化遗产不是经济增长的累赘,而是城市健康发展和社会经济繁荣的基础。一个城市拥有历史文化遗产的数量及保护实效已成为 21 世纪衡量全球城市竞争力的重要指标[5]。

　　当前历史文化名城保护总体上面临着前所未有的重视和冲击。世界对历史文化遗产的尊重与保护加强,加之《历史文化名城保护规划规范》、《历史文化名城名镇名村保护条例》以及各种条例、导则等的颁布实施,使得对历史文化遗产的保护意识和能力大大增强,保护工作越加规范,历史文化名城保护的资金投入也不断加大[3,6]。与此同时,在城市建设快速推进、土地资源愈见稀缺的形势下,历史文化名城保护受到持续不断、前所未有的商业开发的冲击和破坏,许多城市的重要历史文化遗产和风貌受到严重损坏,致使一些城市的历史城区和历史文化街区迅速消失,原真性的历史遗存消失殆尽。

　　历史城区是我国现阶段历史文化名城保护的主体所在,而城区中的历史文化街区是历史文化名城仅存的能够较完整、真实地保持传统格局和历史风貌,并具有真实生活内容和一定规模的地区。不但保存着历史建筑等实体文化遗产,也保留着居住、休憩等非实体文化传统的人文活动。因此历史文化名城保护主要有两个方面的内容,一是要保护好内部优秀的历史建筑实体、历史风貌与空间肌理;二是要保护好城区内居民的传统文化生活,为居民提供良好的生活环境,从而保持城区及内部街区的活力。从各地历史城区及历史文化街区遭受破坏的实际原因看,除了对其价值的认识不足、重视不够外,很多是因商业开发带来的巨额经济利益驱使,改变用地性质、提高建设开发强度、改善历史城区交通和市政基础设施、提高商业活力、改善居民生活和出行条件等意愿而进行的大拆大建的城市建设模式。

道路交通系统是历史城区得以生存和发展的主要载体,是维持和保护城区空间形态和街巷肌理的物质基础,也是展示历史遗产价值与城市活力的重要支撑。历史城区相对于历史街区、风貌保护区等历史地段在空间结构、土地利用、社会结构等方面具有更大的综合性与复杂性,对交通系统的要求也更高。因此,集约高效的道路交通服务体系与资源综合利用模式是保证历史城区可持续发展的关键。

快速城市化和机动化的推进,使历史城区保护与更新面临严峻的挑战,正如吴良镛先生曾十分尖锐地指出"建设与保护的矛盾仍然存在,形势依然严峻"[7]。道路交通系统是历史城区保护与利用的重要约束。许多历史城区在城市开发过程中遭受严重的破坏,取而代之的是用地性质改变、建设开发强度提高,将引发更高强度的交通需求。而机动化交通在给居民带来舒适和灵活性的同时,也给城市带来了诸如交通拥挤、环境恶化、能源消耗和公共安全等一系列问题,在原先以慢行交通为主导方式的历史城区表现得尤为突出。

历史城区路网资源在供给和使用上总体呈现如下特征:①路网缺乏系统性,整体承载能力无法适应交通需求的增长;②路网整体结构性矛盾突出,干路资源较少,街巷密集,干支道路比例失调;③道路功能模糊,本应以承担机动化交通为主的干道,却同时集聚了大量的非机动车交通和步行交通,机非冲突、人车矛盾突出,而街巷路网并没有很好地发挥集散交通的功能;④路权分配缺少对公交优先和慢行友好的考虑,机动车仍然占据路网资源利用的主体。现状路网特征造成这一地区通常成为城市交通的瓶颈地带。尤其是大量的快速机动化交通需要提供宽阔的干道通行条件,这在古老的历史城区内难以实现,唯有拆除古老建筑、拓宽道路。因此,拓宽改建等大拆大建行为对历史遗迹和风貌的破坏屡见不鲜。有限的交通供给与庞大的交通需求之间出现严重的失衡现象,其结果是整体交通效率低下,交通系统功能发挥不足,直接表现为居民出行不便、交通资源利用率和交通运输效率低下。"交通效率提升"已经成为历史城区交通发展亟须解决的问题。

有限的用地、交通、环境的容量,以及配套设施的支持能力,难以支撑持续增长和多样化的交通需求,而交通发展往往意味着有限的交通空间资源的再分配和不同群体的利益协调。这些形势对历史城区交通系统提出了新的挑战和更高的要求。因此,历史城区的交通应坚持理性发展的道路,以历史文化遗产保护为优先原则,从地区发展对交通的要求出发,结合城市规划导向和交通政策引导,注重地区交通系统的合理设计,重点强化交通资源的优化配置和活化路网设施的合理使用,以提高地块可达性和地区机动性,系统性制定一套高效的道路交通服务体系。

作为城市发展的有机组成部分,历史城区肩负着传承历史文化和精神财富的重任。在城市发展过程中,历史城区通常既是市民居住的集中区域,也是政治、商业和文化的聚集区,中心职能过于重叠,建设强度过高。这从根本上决定了历史城区是居民出行强度很高的地区,将引发严重的交通拥堵问题,道路交通系统亟须改善与升级。而道路交通条件的改善往往又是制约历史城区更新的关键。城市用地资源愈加紧张,开展城市中心再造,加强存量土地的高效集约利用已经成为未来发展的重要方向,这也是新型城镇化对城市可持续发展提出的要求。在协调好历史文化遗产保护与历史城区改造更新关系的前提下,如何妥善处理好历史城区保护与交通发展的关系,是当前亟待研究的重要课题。

综上所述,根据历史城区保护与发展要求,亟须在以保护优先为首要原则的前提下,以构建与历史城区相适应的高效交通服务体系为目标,从城市与交通发展的相互关系入手,深入探讨不同阶段历史城区交通发展方向和对策,研究有限交通资源约束条件下的历史城区交通供需分析方法、交通服务体系设计和路网资源综合利用方法,协调历史城区发展中遗产保护与交通发展的关系,改善交通运行环境,为居民提供良好的交通服务,促进历史城区的可持续发展。

1.2 研究目标与内容

1.2.1 相关概念及定义

本研究涉及历史文化遗产保护的相关对象,首先按照保护的范围和对象对相关概念进行阐述。

1) 历史文化名城(historic city)

《历史文化名城保护规划规范》(2005)将历史文化名城定义为,经国务院批准公布的保存文物特别丰富,具有重大历史文化价值和革命纪念意义的城市。根据《历史文化名城保护规划规范》要求,被列入历史文化名城的城市应符合以下三条标准:

(1) 城市的历史悠久,仍保存有较为丰富、完好的文物古迹,具有重大的历史、科学和艺术价值;

(2) 城市的现状格局和风貌仍保留着历史特色,并具有一定数量的代表城市传统风貌的街区;

(3) 文物古迹主要分布在城市市区和郊区,保护和合理利用这些历史文化遗产对该城市的性质、布局、建设方针有重要影响。

2) 历史城区(historic urban area)

国际古迹遗址理事会(ICOMOS)于1987年在《保护历史城镇与城区宪章》(《华盛顿宪章》)中首次采用的名词概念,是强调城市属性的历史地段,地域范围可大可小,既可指完整的城市、城镇,也可指其中的历史中心或历史街区,还可包含自然的和人造的环境。这些地区除了具有历史文献作用之外,蕴含着丰富的传统城市文化的价值。

我国也用这个概念,在2005年颁布的《历史文化名城保护规划规范》中明确指出,历史城区特指在城市中能够体现其历史发展过程或某一发展时期风貌的地区,涵盖一般统称的古城区或旧城区。本规范特指历史城区中历史范围清楚、格局和风貌保存较为完整的、需要保护控制的地区。

3) 历史地段(historic area)

联合国教科文组织大会第十九届会议于1976年11月26日在内罗毕通过的《关于历史地区的保护及其当代作用的建议》(以下简称《内罗毕建议》)提出"历史地区是各地人类日常环境的组成部分,它代表着形成其过去的生动见证,提供了与社会多样性相对应所需的生活背景的多样化,并且基于以上各点,它们获得了自身的价值,又得到了人性的一面"。并对历史地段的内涵做出了较为详细的界定,指包含考古和古生物遗址的任何建筑群、结构和空旷地,它们构成城乡环境中的人类居住地,从考古、建筑、史前史、历史、艺术和社会文化的角度看,其凝聚力和价值已得到认可。在这些性质各异的地区中,可特别划分为以下各类:史前遗址、历史城镇、老城区、老村庄、老村落,以及相似的古迹群,后者通常应予以精心保存,维持不变。《华盛顿宪章》将"城镇中具有历史意义的大小地区,包括城镇的古老中心区或其他保存着历史风貌的地区"确定为历史城镇保护的重要对象。

根据《内罗毕建议》,我国《历史文化名城保护规划规范》对历史地段作了更具针对性的界定,即指保留遗存较为丰富,能够比较完整、真实地反映一定历史时期传统风貌或民族、地方特色,存有较多文物古迹、近现代史迹和历史建筑,并具有一定规模的地区。

4)历史文化街区(historic conservation area)

历史街区的概念在国际宪章及遗产保护实践中形成了保护共识。我国历史街区的概念也是在历史遗产保护实践探索过程中逐步深化而形成的。作为城市历史文化资源的重要组成部分,与其他历史文化资源所不同的是,历史街区不仅是城市历史文化的物质载体,同时也是城市生产生活、居民日常活动的重要空间场所和城市职能的构成单元。

1986年国务院公布第二批国家级历史文化名城时,针对历史文化名城保护工作中的不足和面对旧城改建高潮,正式提出历史街区的概念,将历史街区作为历史名城的重要载体加以保护。2002年10月修订后的《中华人民共和国文物保护法》正式对历史街区做了概念界定,并将其列入不可移动文物的范畴,具体规定为:"保存文物特别丰富并且具有重大历史价值或革命意义的城镇、街道、村庄,并由省、自治区或直辖市人民政府核定公布为历史文化街区、村镇。"

2005年《历史文化名城保护规划规范》中进一步明确了"历史文化街区"的定义,并正式将历史街区的保护纳入名城保护体系中。即历史文化街区内涵丰富,是城市生活的重要组成部分,它以整体的环境风貌体现其历史文化价值,展示着某历史时期的典型风貌特色,反映着城市历史发展脉络,是历史地段的重要脉络之一。

以上关于历史文化遗产保护中的相关概念,尽管不同的宪章、规范等都作出了各自的界定,但是根据时间发展的线索来看,不同的制度规范对这些概念的界定都具有很高的一致性,而且这些概念和内容在不同时间段的保护制度里逐渐得到完善和充实。

历史城区的范围和属性在城市化发展过程中已经变得较过去模糊,很多历史城区在城市更新和发展中变成融合历史和现代感于一体的地区。为适应这种趋势,本书中的历史城区除了规范界定的地区外,还涵盖了常规的历史名城的老城区或旧城区。

1.2.2　研究目标

本书分析历史城区保护与交通发展的关系,以优先保护历史文化遗产和历史风貌为前提,提出历史城区交通供需分析方法,设计历史城区的交通系统与服务体系,构建路网资源综合利用方法,为历史城区保护与更新、交通发展等提供理论方法与技术上的支撑,适应历史保护与交通发展的要求,保障历史城区可持续发展。

1.2.3　研究内容

1)历史城区保护与交通协调发展关系

分析历史城区规模、空间形态、区位等空间特征,结合特定的区位与功能特性,探讨其功能定位与城市发展的关系,总结历史城区与其他类型城区的差异;探讨保护与交通发展的相互关系。

2）历史城区交通供需分析方法

（1）历史城区综合交通承载力测算方法

从现状交通系统构成、功能组织及结构特征、交通发展技术政策、交通设施供给特征、交通运行特征等方面深入分析历史城区交通系统供给特性；界定历史城区交通承载力内涵，研究交通承载力系统结构组成和相应的表征变量；根据分类交通承载力以及表征变量，进行影响因素分析，结合历史城区特征和交通承载力计算的关键问题分析，确立交通承载力测算的核心指标、约束条件，采用线性规划方法构建交通承载力定量测算模型，并探讨交通承载力提升的主要路径。

（2）历史城区交通需求分析方法

根据历史城区土地利用、社会结构、人员构成等系统属性，结合居民出行调查数据，分析历史城区居民出行的基本特征；基于活动的交通需求分析理论，搭建历史城区交通需求分析框架；分析历史城区居民出行活动模式，采用多项 Logit 模型，研究居民出行活动模式选择特征及影响因素；基于出行方式选择与活动模式的相互关系分析，构建基于活动模式的出行方式选择行为模型，分析交通方式选择行为与活动模式之间的协同进化关系；采用结构方程模型，建立历史城区交通需求分析方法。

3）历史城区交通系统设计与功能组织

（1）历史城区交通系统功能组织与设计

结合历史城区交通供需特性，提出适用于历史城区交通调控的供需双控模式，分析其内涵与特征，研究与历史城区的匹配性与适应性。界定历史城区交通组织模式的内涵及构成要素，从土地利用与布局、交通机动性与可达性要求、交通系统构成与设施配置、交通设计及组织管理、政策体制等方面分析交通组织模式的影响因素，重点设计历史城区交通组织模式结构，提出结构模型，采用情景分析法选择合适的交通模式；从用地、交通方式、交通设施和交通运行四个方面研究交通系统的设计和功能组织。

（2）历史城区交通服务体系设计

探讨历史城区交通服务基本要求，提出与历史城区相适应的可持续交通服务体系，界定其内涵，分析构成元素及特征；分目标体系、框架与功能设计研究历史城区交通服务体系的构建，重点研究公交服务体系的设计，结合交通需求多样化的特征，按照需求市场特性研究并设计典型的交通出行服务链；研究交通服务体系配置的关键路径与实现方法，保障目标实现。

4）历史城区路网资源综合利用方法

以遗产保护优先为前提，以交通系统功能组织与可持续交通服务体系为指导，以兼顾地块可达性与地区机动化为导向，从干路网和街巷路网两个部分研究历史城区路网资源综合利用方法及实现技术。

干路网资源配置与合理利用方面，探讨道路交通设施配置与历史城区的适应性，分析配置要求，制定配置框架及实现途径。分干路网空间布局优化与道路功能结构完善及合理利用两部分研究历史城区干路网设施的分配与合理利用方法。根据交通出行构成特征，分别研究过境交通疏导体系、内部干路网布局优化和公交导向的干路网间距优化方法；面向公交优先与慢行友好，按道路功能分类、道路分级和路权分配研究历史城区干路功能结构完善与合理利用方法。

街巷路网资源综合利用方面，分析历史城区街巷路网的构成与属性特征，在明确街巷路网的保护价值与保护措施前提下,提出综合利用策略;分析历史城区地区路网组织模式,研究相适应的地区路网构建方法;明确街巷路网功能整合与完善要求,研究制定历史城区街巷路网分级分类配置体系;以提高街巷路网利用效率为目标,以交通微循环的构建为手段,研究历史城区交通微循环路网规划设计方法。

1.3 技术路线

本研究技术路线如图 1.1 所示。

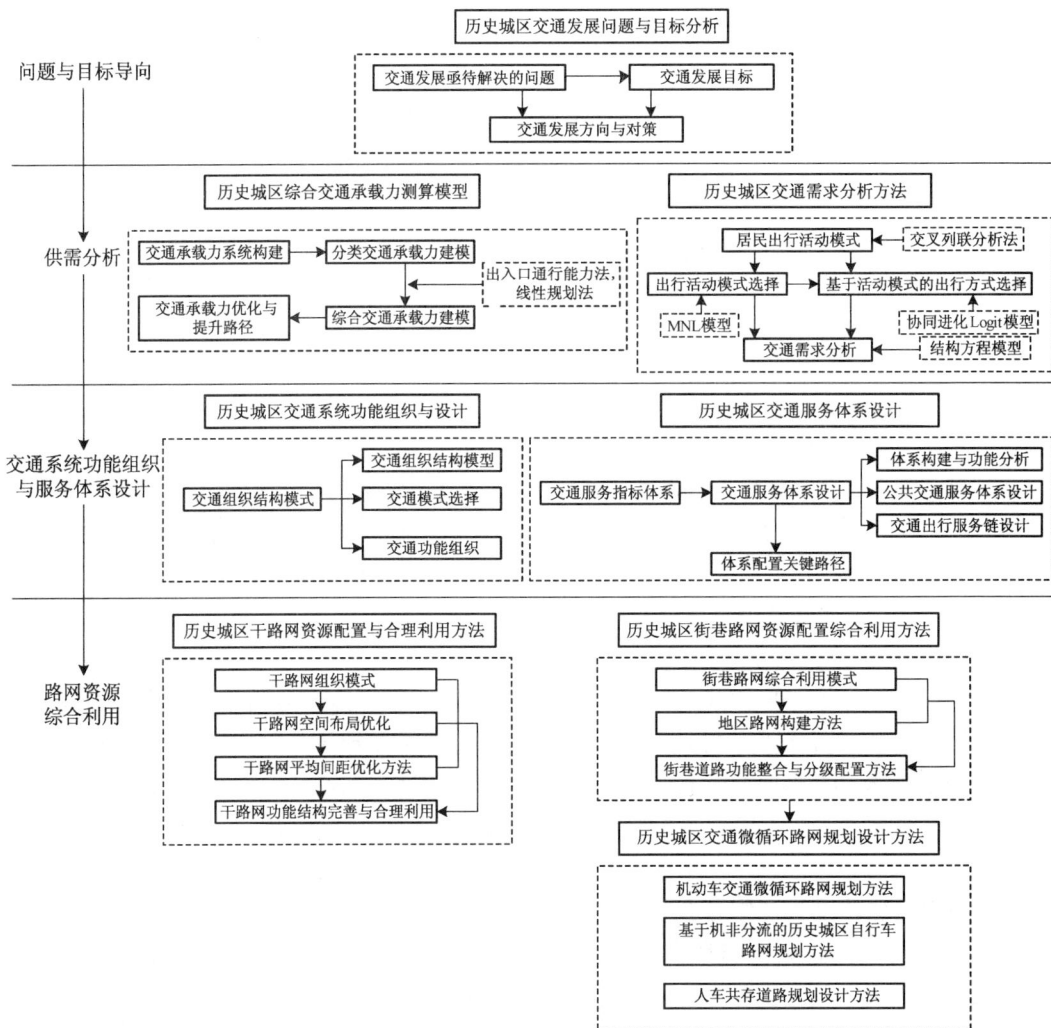

图 1.1 研究技术路线图

1.4 本书框架

在全书内容编排上,第 1 章论述了历史城区交通系统与路网资源综合利用方法研究的背景与意义,明确研究目标和主要内容;第 2 章回顾和介绍历史文化遗产保护中的交通系统研究及实践成果;第 3 章从历史文化遗产保护与交通发展的关系出发,分析历史城区保护下交通发展的方向与对策;第4、5章节分别从综合交通承载力测算、交通需求分析两个部分研究历史城区交通供需分析方法;第6、7章节研究历史城区交通系统设计与功能组织、交通服务体系构建方法;第8、9、10章节分别从道路网体系中的干路网资源和街巷路网资源利用、微循环路网构建三个方面研究历史城区路网资源综合利用方法。

1.5　本章小结

　　本章论述了历史城区交通系统与路网资源综合利用方法研究的背景与意义,界定了与历史城区相关的概念和定义,明确了研究目标,提出了研究的主要内容和技术路线,为后续研究奠定基础。

第2章 历史遗产保护中的交通系统研究及实践

2.1 历史文化遗产保护对交通的要求

2.1.1 历史文化遗产保护的相关研究

1）历史文化遗产保护要素与价值

历史城区的价值核心在于其文化底蕴所表现出来的城市意象上，因此，对于历史城区的保护不能仅局限于对历史街区、文保单位及历史建筑的保护，而应对城内的文化遗产和风貌进行梳理，明确核心保护对象与内容，确定优先保护与适度更新的基本原则，作为历史城区交通系统构建的约束条件与切入点，保护与发展的工作才能真正做到有的放矢，并避免破坏原真性的格局风貌。

《保护历史城镇与城区宪章》(《华盛顿宪章》)对历史文化遗产及特性的保护进行了界定，包括历史城镇和城区的特征以及表明这种特征的一切物质的和精神的组成部分，特别是：①用地段和街道说明的城市的形制；②建筑物与绿地和空地的关系；③用规模、大小、风格、建筑、材料、色彩以及装饰说明的建筑物的外貌，包括内部的和外部的；④该城镇和城区与周围环境的关系，包括自然的和人工的；⑤长期以来该城镇和城区所获得的各种作用。任何危及上述特性的威胁，都将损害历史城镇和城区的真实性。《历史文化名城保护规划规范》将历史文化遗产保护内容界定为：历史文化名城的格局和风貌；与历史文化密切相关的自然地貌、水系、风景名胜、古树名木；反映历史风貌的建筑群、街区、村镇；各级文物保护单位；民俗精华、传统工艺、传统文化等。总结起来，历史文化遗产保护要素主要包括空间物质要素与非物质文化要素，这些保护要素体现着城市在长期演变与积累过程中呈现的传统特征，既是历史文化遗产的物质表现形式，又是人们观赏与感受城市历史文化意象及价值的传播媒介。针对保护要素的不同空间物质特征，从历史文化保护要素的梳理与价值特征进行分析，探析历史城区的交通发展与历史文化遗产保护的相互关系，为保护与发展之间的协调性研究奠定基础。

（1）历史文化保护要素

《华盛顿宪章》指出：为了最大限度地生效，历史性城市和城区的保护应该成为社会和经济的整体政策的组成部分，并在各个层次的城市规划和管理计划中考虑进去。这表明，城市历史文化遗产保护不仅意味着一个文物古迹或历史地段的保护，而且还包括城市经济、社会和文化结构中各种积极因素的保护和利用，要求必须树立整体性的历史保护观。

《历史文化名城保护规划规范》按照保护的范围与对象，将历史文化遗产保护体系划分为三个层次：历史文化名城、历史地段（历史文化街区）、文物保护单位。根据保护内容划分，应把握历史名城空间形态、物质遗产及文化传统等三个要素的保护。

历史城区既是一个特定的城市区域，也是一类特定的城市文化遗产，其在城市职能与遗产构成上都表现出明显的二重性,这种二重性决定了历史城区保护与发展需求并存[8]。历史城区的二重性也决定了其交通体系与组织模式的复杂性。

历史城区不仅有遗存至今的历史街巷、历史建筑等物质文化遗产,而且还有传统的居民生活习俗等非物质文化遗产,这些都是需要保存和保护的重要内容。根据《历史文化名城保护规划规范》对历史文化遗产保护划分的方法,分历史城区、历史地段、文物保护单位三个层次梳理了历史文化遗产保护要素,如表2.1所示。

表 2.1　历史文化遗产保护要素

保护层次	物质文化遗产	非物质文化遗产
历史城区	历史文化名城的格局和风貌;与历史文化密切相关的自然地貌、水系、风景名胜、古树名木;反映历史风貌的建筑群、街区、村镇;各级文物保护单位	主要包括民俗精华、传统工艺、手工艺及其工具、产品、传统文化等,如名人典故、民间传说和街巷、店铺的名称等。典型的如中国的昆曲、古琴艺术、蒙古族长调民歌等都是世界非物质文化遗产
历史地段	能够比较完整、真实地反映一定历史时期传统风貌或民族、地方特色,存有较多文物古迹、近现代史迹和历史建筑,并具有一定的规模	
文物保护单位	人类在历史上创造的具有价值的不可移动的实物遗存,包括地面与地下的古遗址、古建筑、古墓葬、石窟寺、古碑石刻、近代代表性建筑、革命纪念建筑等	

（2）历史文化遗产价值

历史文化遗产之所以被视为城市珍贵资源,主要在于其特有的价值体现。对于历史城区、历史街区及文物古迹的评判,主要是依据对其价值的判断而定。对于历史文化遗产价值的界定,国际遗产保护组织以及各个国家都有一个定性的分析方法。1987年的《华盛顿宪章》中,将"作为历史的见证,而体现了城镇传统文化价值"的历史城区确定为保护对象。我国《历史文化名城保护规划规范》对历史文化保护对象的评价标准是"有比较完整的历史风貌;构成历史风貌的历史建筑与历史环境要素基本上是历史存留的原物;历史街区用地面积不小于1 hm²;历史文化街区内文物古迹和历史建筑的用地面积宜达到保护区内建筑总用地的60%以上"[3]。

考虑历史文化遗产保护需要遵循保护历史真实载体、统筹保护历史环境、合理利用、永续利用的基本原则,城市历史文化遗产的价值主要体现在三个方面:历史研究——历史文化价值、科学研究——科学价值、社会发展——经济与可持续发展价值,如表2.2所示。

表 2.2　城市历史文化遗产价值体系

价值体系	价值体现
历史文化价值	出于某种重要历史原因而建,并反映这种历史史实
	重要的历史事件或重要人物的活动,并真实地反映这些事件和活动的历史环境
	体现特定历史时期的生产、生活方式、思想观念、风俗习惯和社会风尚
	可以证实、订正、补充文献记载的史实
	在现有的历史遗存中,年代和类型珍稀、独特,或在同一类型中有代表性
	体现历史风貌区自身的发展变化

价值体系	价值体现
历史文化价值	建筑艺术,包括空间构成、造型风格、装饰装修等
	景观艺术,包括街道景观、园林景观、人文景观和遗址景观等
	年代、类型、题材、形式、工艺独特的不可移动的造型艺术品
	其他各种艺术的构思和表现手法
	场所对社会群体的精神意义和认同感
	场所对重要历史事件和任务的纪念意义以及相关的教育意义
	传统的生产、生活方式、社会风尚、民俗和宗教文化活动的延续
科学价值	规划与设计,包括选址布局、生态保护、灾害防御等
	结构、材料和工艺,以及所代表的当时的科学技术水平,或科学技术发展过程中的重要环节
	本身是某种科学实验、生产或交通等的设施或场所
	其中记录和保存着重要的科学技术资料
经济与可持续发展价值	场所的稀缺性、实用性及相关市场条件下的潜在经济价值
	游憩、观光、获得美的享受的重要场所
	历史文化城市重要的旅游资源与产业经济支撑
	城市形象与品牌价值
	保护历史文化遗产是可持续发展的重要内容

注:表 2.2 主要参考《重庆历史街区分级保护策略》一文整理而成[9]。

历史文化遗产要素及价值要求历史城区交通体系构建及基础设施建设必须遵循原来的空间格局与肌理、历史风貌保护与彰显的原则。考虑历史城区的影响辐射区域,构建适应性的交通体系,确定道路交通设施建设规模与形式、交通组织与管理措施等。

2) 历史文化遗产保护的研究与实践

（1）国际宪章及法律法规对交通的要求

20 世纪以来,世界各国、各地区以及联合国教科文组织一直致力于历史文化遗产保护方面的研究与实践[10]。在这个过程中,基本上形成了稳定的保护框架体系和规范的保护纲领性文件。

最早由相关国际机构和国际组织制定的保护历史文化遗产的国际宪章和国际公约可追溯到 20 世纪 30 年代。1931 年第一届国际历史纪念物建筑师与技师大会首次制定的《关于历史性纪念物修复的雅典宪章》,是第一个获得国际公认的城市规划纲领性文件,其中指出了历史价值的建筑和地区保护的意义和基本原则,并提出了以考古遗迹的保护修复为主要内容[11]。两年后,在雅典召开的国际现代建筑学会（CIAM）制定的《雅典宪章》中专门论述了有历史价值的建筑和地区的保护问题,并增加了城市交通与古建筑保护的关系原则:在所有可能条件下,将所有干路避免穿行于古建区,并使交通不增加拥挤,亦不使之妨碍城市有机的新发展[12]。

现代科学技术所引发的城市化进程和机动化冲击是历史文化名城保护工作无法回避

的社会现实,汽车的普及和现代建造技术的发展使传统城市的历史文化遗产急剧减少。当人们失去了历史的记忆后开始反思单调乏味的城市空间和巨大机械的建筑群所缺乏的历史感和人性化,重新开始制定历史文化名城的保护对策。

历史城区和街区是历史文化遗产保护体系中的重要组成部分,它是在国际历史文化遗产保护的过程中逐步明确、发展和成熟的。以欧洲为主要代表的西方国家对历史文化遗产的保护大多都经历了一种保护的内容不断扩大的过程,这个过程大致分为三个阶段:文物建筑—历史街区—历史名城,即从文物建筑扩大到包括文物建筑周边的环境,再扩大到历史文化街区和历史名城[13-15]。国外历史文化街区保护问题的相关研究主要集中在保护政策、管理、经济产业复兴、公众参与和保护运动等方面,较少涉及历史城区和街区交通问题研究的相关内容。

1987年国际古迹遗址理事会(ICOMOS)通过的《华盛顿宪章》对历史城区、历史街区等概念进行了修正和补充,并正式确立了保护的概念、方法与原则,另外还对保护所需的交通设施规划提出了针对性的要求:"历史城镇和城区的交通必须进行管制,停车场必须妥善规划以不伤害城区的历史环境与街巷空间肌理,城区的交通可达性需要得到改善,但城市与区域规划中的高速公路不得穿越其中"[2]。2005年联合国教科文组织(UNESCO)制定的《会安草案——亚洲最佳保护案例》提出,在开展历史文化遗产保护的同时,应开展相关交通方面的研究,包括优先制定交通变更线路、划定步行区域、制定执行空气净化政策等具体方案[16]。

国外历史文化遗产的保护经历了从单栋历史建筑的保护到历史建筑生存环境的保护,再到发展演化为整个历史城镇街区的功能复兴三次保护思潮。而在保护实践的过程中,人们关注的焦点也在逐渐地发生变化,总体上与历史城区和街区相关的功能要素清晰地凸显出来:当前和未来的土地利用、交通系统、地区人口及社会结构等,都已在实施保护时考虑进去[17]。

国内历史文化遗产保护的发展历程与西方有所不同,但是保护观念、保护理论和保护方法不断地拓展和深化,形成了较为完善的遗产保护体系。保护体系的建立经历了形成、发展与完善三个历史阶段,即以文物保护为中心内容的单一体系的形成阶段,增添历史文化名城保护为重要内容的双层次保护体系的发展阶段,最后增加了历史文化保护区和历史文化街区保护的内容,形成了重心转向历史文化街区的多层次历史文化遗产的保护体系的成熟阶段[18-21]。

(2)遗产保护理念与理论

纵观世界遗产保护观念的发展过程,主要经历了这样一个演变的过程:一是从注重文物的艺术性到遵循科学原则;二是保护范围上从单体文物古迹保护到整体历史环境保护;三是从历史环境的关怀到现实生活的关照;四是从简单对象保护到文化多样性的拓展[22]。

我们国家历史城区保护理念与理论方法在西方城市保护理论基础上,已经逐步形成了比较稳定的保护理念与理论体系,其中典型的主要有保护与利用理论和有机更新理论两种。

① 保护与利用

1964年《国际古迹保护与修复宪章》中指出"为社会公益使用文物建筑,有利于它的保护",后续的《世界文化遗产公约实施守则》中指出"与艺术品相反,文物保护最好方法是继续使用它"。这些国际宪章说明了历史文化遗产保护与利用的相互关系。

保护与利用理论认为在强调历史文化遗产保护的同时,开发这些历史遗产的价值进行合理利用。历史文化遗产的保护方法是指对传统建筑或街区的复原、修复及原样保存,以及对城市总体空间结构的保护的方法;还包括对旧建筑以及历史风貌地段的更新改造,以及新建筑与传统建筑的协调方法、文脉传承、特色保护等问题[19]。

从利用与保护的关系分析,无论是在社会生活方面,还是在文化建设和经济发展方面,利用其实就是积极的保护。但利用必须遵循以下基本原则:一是利用和维护相结合;二是尽可能按照其原来的功能使用;三是根据性质区别对待;四是对文物建筑的保护和利用应和更好地恢复文物建筑和历史地段的生命力相结合;五是应在严格控制下合理利用文物建筑。随着保护范围的扩大,尤其是对历史城区的保护,又增加了两条重要原则:一是空间环境和古城格局的整体保护;二是调整和转换历史城区部分职能,疏解人口、资源和环境的压力,充分发挥其资源特色进行合理利用[3]。

② 有机更新

我国目前正处于城市结构转型发展阶段,现代化进程的加快对城市旧城改造更新的需求很大。如何体现历史与发展的融合,注重人与自然的和谐统一,在发展中保证对原有事物的保护,即“发展中求保护,保护中促发展”,成为了历史文化名城发展的课题。有机更新理论正是在这样的背景下提出的。

有机更新是指采用适当规模、合适尺度,依据改造内容与要求,妥善处理目前与未来的关系,即不断提高规划设计质量,使每一片的发展达到相对的完整性,这样集无数相对完整性之和,促进旧城的整体环境得到改善,达到有机的更新[23]。即对城市中已不适应一体化城市社会生活的地区作必要的改建,使之重新发展和繁荣,主要包括对建筑物等客观存在实体的改造,以及对各种生态环境、空间环境、文化环境、视觉环境、游憩环境等的改造与延续。城市建设必须顺应原有城市结构,遵从其内在的秩序和规律。

3) 遗产保护对交通系统的要求

现有的相关宪章、法律法规等对于交通方面的内容都有所涉及,但多以关系原则等控制性要求为主[2,11]。直到 20 世纪 90 年代,王瑞珠在《国外历史环境的保护和规划》一书中较早地研究了交通与历史城区保护的关系[24]。吴良镛分析了北京旧城交通存在的问题,提出了构建高效综合的交通体系[25];同济大学阮仪三在其研究的部分历史文化名城保护规划案例中对交通规划也提出了相应的要求,主要以保护为控制原则,以道路的局部改造为基本方式,通过采用各种适应性交通工具解决交通问题[26,27];单霁翔专门指出了历史城区与街区交通存在的问题,并在论及我国文化遗产保护时提出十二个需要解决的问题,大多与城市道路交通的建设发展紧密相关[18,20]。

在对名城进行保护的同时,也逐渐重视名城特色的合理利用。利用传统特色进行商业开发、旅游开发等都是其价值重现、功能振兴的主要方式。尤其是旅游开发,已经成为国内较为热衷的利用方式。交通则在促进历史城区旅游资源开发利用中发挥着重要的作用,已经列入历史名城旅游发展规划的专项。同济大学阮仪三、严国泰(2003)提出在历史名城资源利用和旅游发展研究中设立名城旅游发展规划体系,道路交通规划是重要专项规划,认为历史城区内道路交通规划不能按一般城市道路要求进行布局和设计,既要解决必要的通达又不能破坏历史风貌。城区内应采用各种交通工具解决交通问题,另外不能把旅游道路引入历史城区内部,尽量截流于城区外围[27]。

历史地区的复兴与发展方式有多种,但是必须建立在积极保护和动态保护基础上,而交通的发展既是其中重要的内容,同时也要严格遵守保护优先的原则。就目前的保护工作来看,尽管交通在历史文化名城保护中已经引起足够的重视,但系统的交通发展研究仍然缺乏。

2.1.2 国外典型古城保护中的交通改善案例

1)巴黎

法国首都巴黎拥有2 000多年的城市建设史和璀璨的历史文化遗产,使之成为全世界著名的文化艺术之都,同时也是世界上旧城风貌保护较好的城市。它基本保留并延续了19世纪中期的建筑风貌和街巷肌理,充分彰显了巴黎古城的人文魅力。这主要得益于其有效的历史风貌保护和文化资源利用。

在古城保护与发展方面,巴黎采取了三大举措促进古城风貌的保护:一是建立严格的法律法规保护古城风貌,包括世界上第一个关于旧城保护的法律《历史性建筑法案》和著名的《马尔罗法》;二是规划建设一批新城疏解老城功能,典型的是巴黎旧城与拉德芳斯新城的双城模式,如图2.1所示;三是制定适宜旧城保护的城市管理政策,尤其是在交通方面,重视地下轨道交通的发展,规划建设了全世界最密集、便捷的城市轨道交通系统等。

图2.1 巴黎旧城与拉德芳斯新城组成的双城模式

随着现代化生活方式的转变,生活节奏的加快,巴黎的交通出行量迅速增加,尤其是机动车流量急剧增加,对城市交通构成巨大压力,引发了严重的交通拥堵问题。这一问题严重地影响了市民的正常生活。

为缓解城市交通拥堵问题,同时严格保护巴黎旧城原有建筑与城市风格,巴黎最新提出了"让出行更方便,让巴黎呼吸更舒畅"的口号,以创建一个和谐畅达的交通环境。他们提出的主要战略是"公交优先,合理布局",采取的主要措施体现在以下几个方面:将公交优先纳入到城市中长期发展规划,采取多层次多方位发展公共交通的措施,大力发展公共交通,重点配置市郊及郊区间的公共交通网络;从用地和空间布局上调整居住区与商业网点布局,强调平衡发展;提出"软交通"概念,鼓励步行和自行车等对环境无负面影响的交通工具。目前在巴黎大区内,城市中66%的市民出行主要是通过公共交通方式完成。

2)伦敦

英国伦敦是一座至少2 000年历史的古城,城区历史性建筑和文物遗址遍布,整个城市堪比一个巨大的历史博物馆。丰富的历史文化资源赋予了这座古老的城市深厚的文化底蕴。对古迹和遗址的保护让伦敦保留下了许多珍贵的建筑瑰宝,但同时也决定了这座城市道路的固有结构,造成城市空间无法大规模地拓展。

为解决机动化快速发展带来的交通拥堵问题,伦敦早在1863年就预见性地建设了世界上最早的地铁,因此也成了全世界城市效仿的范本。尽管如此,由于市区道路弯曲狭窄、纵横交错,给汽车交通造成了重重障碍,使伦敦的公路交通变得不堪重负,市民出行苦不堪言。

为改变这种状况,伦敦市长将改善交通列为其施政的首要任务。首先成立了综合交通管理部

图 2.2 大伦敦的区域划分

门——伦敦交通委员会,并于2001年公布了第一本《市长交通战略》,以政府白皮书形式提出了"让每一个人更好地通行"的目标。2002年又公布了《2025年长远交通规划》,为不断成长中的伦敦提出了更高的发展目标。核心的举措包括:对伦敦进行合理的区域划分,设置中央伦敦、内伦敦和外伦敦三个空间层次(图2.2),并制定相应的交通政策,以更好地保护中央伦敦;大力发展公共交通,尤其是建成全球最大规模的轨道交通网络;严格控制交通需求,对中央伦敦 24 km² 内实施道路拥挤收费,并取得了良好效果,如图2.3所示。

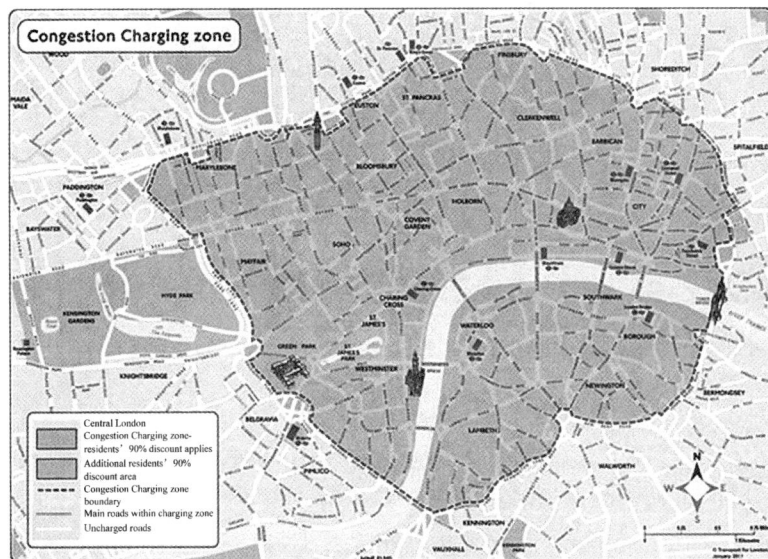

图 2.3 伦敦中心区拥堵收费区域

2.1.3 国外古城保护中交通改善对策与方法

国外的研究和实践主要在两个方面展开。一是基于地区保护的层面,地段与街道的格局和空间形式是地段保护的重要组成部分,必须保留历史街区的道路网络和空间尺度,通过交通系统设计和交通组织的方式在保护原有建筑形式和街景风貌的同时,满足街区交通出行的需要。采用的交通改善方法主要有排除过境交通、交通分流、组织单行道、增建停车场库、宁静交通、严格的交通管理,等等[28,29]。可达性是历史城区及历史街区活力的重要体

现。国外比萨大学教授 Lee Maryin W(1986)进行了相应的研究,如在古城卢喀(Lucca),通过对旧城交通流量和居民出行方式的分析,将旧城分成三个区,他们将每个区比喻成有两个门的一个"房间",保证公共交通和内部车辆一个进口和一个出口,形成环形线路与城墙外的环路相连。进入旧城的公交车改换成小型公交车,每一个线路安排两辆,保证通过车站的间隔时间为 10 min。旧城内任何一点到车站的距离不超过 200 m[30]。《城市规划的保护与保存》一书对历史名城街巷格局保护理论和交通问题做了独到的研究,*Saving Historic Roads:Design and Policy Guidelines* 一书对历史道路的设计和管理政策作了相应的研究[31,32]。

一是基于地区复兴的层面,交通改善特别是公共交通的改善是城市中心区复兴的契机和关键,是改善空间环境的基础保障。基于复兴的交通策略主要包括公交设施建设、保障人行活动空间。西方国家在整治中利用城市地下铁道和市郊快速列车的建设,缓解道路紧张状况和停车场的压力,同时结合城市公共汽车、有轨电车,组成覆盖全城的高效快速的公共交通服务体系,提高中心区的可达性,缓解交通矛盾,改善慢行空间,通过改变交通模式来提升历史城区和街区的吸引力[30,33,34]。

从国外城市的发展历程可以看出,在城市建设过程中各国都十分重视和切实保护历史文化遗产,但是交通拥堵已经成为很多城市和地区的普遍问题。为解决这些问题,缓解交通拥堵带来的各种矛盾,满足历史古城交通需求,各城市普遍采用的方法和路径主要概括为三个方面:

(1)大力发展公共交通,控制私人小汽车的使用。通过建设方便快捷的公交运输网络和公交服务系统,使用更为舒适环保的车型,引导更多的出行者采用公共交通方式出行。同时,通过划定拥堵收费区域,制定各种限制和控制小汽车使用的交通政策,来减少小汽车出行,包括拥堵收费、高额停车费和鼓励合乘等等。

(2)加大大容量公共交通方式的建设,鼓励公共交通引导的土地开发与更新模式。一方面较好地解决居民的出行,同时可以引导旧城的更新与土地利用,促进用地的集约化与改善居住环境。

(3)合理定位历史古城,优化土地利用。通过城市规划对古城进行合理定位,优化古城的职能分布及土地利用性质和强度,通过建设新城及职能的疏解,改善古城的功能,纯化古城的交通。

2.2 历史城区交通系统与资源利用研究及实践

历史城区交通问题一直是研究和关注的焦点,各地在历史文化名城保护和更新的过程中,十分关注交通问题的解决。不仅城市规划工作者在研究与实践中越来越重视交通发展的研究,交通规划研究者也开始对这类地区进行针对性的深入研究。具体成果除了发表的相关文献外,在各咨询单位的案例研究报告中也有具体的成果体现。

2.2.1 交通承载力

城市交通承载力研究源于城市快速发展带来的城市容量负荷过重而引起的对城市承载能力的研究,是国内外研究热点之一。目前在城市交通系统研究中,较多地主要针对交通容量、路网容量、交通环境承载力等。尽管最近几年针对城市片区控制性详细规划阶段交通承载能力的研究在逐渐开展,但是研究者主要分布在各设计单位,他们从实践层面探讨支撑地区开发的交通承载能力。总体上关于交通承载力的系统研究并不多见,针对历史城区交通承载力的研究则更不多见,仅在少数文献中有所涉及。相关研究较多地集中在中心区交通容量、历史街区交通承载能力方面。

杨涛等(2003)通过分析大城市中心区土地利用及城市交通特点,提出并建立了中心区道路网容量和停车容量模型,以及土地利用与交通容量的互动优化模型,该模型可用于中心区合理开发强度的控制[35]。同济大学惠英(2008)在研究历史街区交通发展问题中初步探讨了交通承载力的概念和计算方法,认为交通承载力是交通系统在设定服务要求下承受人流和物流活动的能力,设定为交通空间资源约束条件下不同交通方式的设施量的函数[36]。

城市交通承载力研究方面,国外更多地集中于环境污染、噪声影响、能源消耗方面的研究,这些成果为系统研究城市交通承载力提供了基础与方法[37-40]。

国内同济大学侯德劭等(2008)在城市可持续发展背景下,针对城市交通体系的特征,采用定性与定量相结合的方法,对城市交通承载力系统的内涵、组成、理论分析方法和评价方法进行了深入研究,着重探讨了城市交通设施承载机制,构建了不同交通需求与道路网设施承载力、轨道网络设施承载力的双向优化模型,计算不同约束条件下的交通设施资源承载力,拓展了城市交通承载力研究的广度和深度[41,42]。这也是目前国内关于城市交通承载力研究较为系统的成果。北京大学詹歆晔等(2008)提出了基于"机动车在驶量"构建由路网资源、燃油供给和大气环境三个模块组成的特大城市交通承载力宏观定量分析模型,并以北京市城区为例验证了模型的合理性[43]。长安大学陈宽民教授课题组针对城市更新项目交通承载力评估进行了研究,该研究以建设项目交通显著性影响为判断依据,融入交通影响分析的思想,应用道路交通—土地利用互动机制,建立了交通承载力评估的对象与边界条件、方法与流程以及评价机制等一套体系,为反馈更新项目土地开发规模与强度提供依据[44]。

国内外关于路网容量的研究较为深入。从20世纪60年代开始,美国的学者对路网进行了研究,主要有运筹学方法、交通分配模拟算法和线性规划法[45,46]。日本的山村信吾、三好逸二及西村昂在当时也开始研究路网的最大通行能力,其后,日本京都大学的饭田恭敬采用图论法研究单一物流路网通行能力,采用交通分配法研究考虑了驾驶员线路选择条件下的路网最大通行能力,其研究方法和思路与美国相似[47]。80年代初,法国的工程师路易斯·马尚提出了"城市的时间与空间消耗"的概念[48]。这一概念抓住了问题的实质,即城市路网在一定时段内的物理容量是受时间、空间限制的,这种思路为路网容量的研究开辟了一条新的道路。

我国对路网容量的研究主要是在国外研究成果的基础上,对其进行改进。杨涛和徐吉谦(1989)最先引入城市道路网络广义容量,并被较多地应用于实际的城市交通规划当中,其中心思想是把城市道路网看成是由时间和空间决定的一种资源,任何交通个体的出行都会占用所使用道路的一定的时间和空间,即消耗一定的时空资源,根据道路网络时空资源总量及各种交通个体时空资源消耗量推算出路网总体容量[49]。随后周溪召(1995)利用时空资源和交通空间容量的概念,从供给满足需求的角度,提出了中心区城市道路交通的供求宏观平衡模型[50]。北京交通大学陈春妹(2002)以城市路网的机动车容量为对象展开研究,在前人研究基础上提出了理想路网容量和实际路网容量的概念,并建立了相应的路网容量模型[51]。

由于在城市规划设计过程中出现的交通承载能力与土地利用开发强度不协调的问题，国内各咨询单位开始关注在控制性详细规划编制过程中融入交通承载力评估反馈内容。北京市城市规划设计研究院（2009）通过理论探索与实践应用，建立了"静态"对比测算和"动态"模型测试相结合的交通承载能力分析方法，并以北京市中心城控制性规划为例进行了土地适宜开发强度的研究[52]。深圳市蕾奥城市规划设计咨询有限公司胡冬（2013）以路网负荷度指标进行交通承载力分析，进而评价控规总量指标与交通的协调发展程度，提出基于职住平衡的控规层面交通承载力的预测分析方法[53]。深圳市城市交通规划设计研究中心李阳等人（2013）针对快速城市化进程中重点地区开发，给出了交通承载力分析方法的总体思路，并综合考虑各交通系统情况，对重点片区土地开发产生的道路机动车交通需求与道路设施供给情况进行分析，分片区内部和出入通道两个部分，给出了路网整体交通承载力测算方法[54]。

现有与交通承载力相关的包括城市交通承载力、交通环境承载力、交通容量与路网容量的研究成果，核心都是机动车容量的分析，且以干道为主。对于交通出行复杂、干道密度较低、街巷路网密集的历史城区而言，这些方法并不完全适用。

2.2.2　交通出行行为与需求特性

20世纪80年代以来，由于交通规划逐渐伸展到政策研究、机动化带来的影响分析、公共交通研究以及综合枢纽的规划设计等领域，交通分析理论的研究得到了较快的发展[55-58]。

西方国家在原来四阶段需求预测方法的基础上，重点开始研究个体的出行行为特征。牛津大学的研究者提出了基于活动的分析方法，强调具有时间约束的活动与具有速度约束的移动所产生的时空约束的重要性，开创了基于活动的交通分析研究理论[59-62]。与传统的方法相比，基于活动的交通分析理论研究的核心是居民出行的行为模式，而不是单一个体的出行[63,64]。并且出行者的家庭及个体属性特性是影响活动和出行行为模式的重要因素[65-68]。

国内在出行行为与需求特性的研究目前主要停留在传统的四阶段法研究体系中，对基于活动的需求分析方法也做了一些有益的探索。同济大学褚浩然（2006）以北京市居民出行调查数据为基础，分析了北京市8个城区、5类人群的出行链特征[58]。上海交通大学隽志才等通过对基于活动链出行预测理论发展过程和实际模型应用效果的分析，给出了目前模型系统中存在的缺点和问题，提出了改进的途径，并在研究中考虑了出行空间、个体属性等对出行方式选择的影响，建立了相关模型[69-71]。郭亮等（2009）从人的不同层面交通行为特征出发，探讨了人的出行行为与交通系统设施时间的相关性，并将这种关系反馈到城市交通系统目标层，构建了基于不同层面行为需求的交通发展目标与对策体系[72]。

针对历史地区交通需求特性的分析方法目前基本属于空白，仅有同济大学惠英（2008）专门针对历史街区的特征，初步探讨了历史街区交通出行的相关特性，提出了面向历史街区的交通需求分析技术框架[36]。

虽然历史城区针对性的研究成果较少，但是基于活动的需求分析方法在历史城区具有较好的适用性，能够真实全面反映不同群体多样化的出行需求。

2.2.3　交通系统组织与资源利用

国内系统地研究历史城区交通问题的成果并不多见。除了前述吴良镛、王瑞珠、阮仪三等几位历史保护与规划大师在遗产保护中涉及交通的研究外,还有少数关于历史城区交通系统的研究[73]。文国玮教授针对历史名城交通问题进行了较为深刻的剖析,认为历史文化名城保护的核心是旧城,而由于旧城形成的过程中,其道路系统主要适应旧时代非机动交通为主的模式,并不适应现代化的机动交通,提出了旧城交通以非机动交通环境为主的发展模式,通过适度拓宽道路及有限开辟新路的方法,疏解旧城交通,改善历史名城交通状况[74]。周俭等以上海历史文化风貌区保护规划编制为例,提出了交通问题的解决需要针对保护区进行具体研究,在丽江古城保护与开发中提出了大力发展公共交通,并制定了高效的交通组织规划方案支撑组团式布局模式[75,76]。潘海啸等(2003)从上海4个不同类型街区特征出发,论述了绿色交通的选择,其中包括历史街区的绿色交通选择[77]。孔哲等(2011)以大城市历史城区道路交通需求与供给特征为切入点,基于大城市历史城区绿色交通战略导向,提出了绿色交通技术指标及政策体系[78]。李朝阳(2006)在《现代城市道路交通规划》中专门讨论了道路交通规划与城市历史文脉保护协调发展的问题,并提出了道路规划设计与历史风貌相协调的原则[79]。过秀成(2010)在《城市交通规划》一书中结合老城区交通特征提出了针对性的交通发展对策及分区路网指标等[80]。叶茂等(2010)以城市中心区为对象,研究提出了中心区干道网合理密度推荐值[81]。李星等(2010)结合城市优先发展公交的需求,提出了面向公交优先的城市道路分级配置体系[82]。罗丽梅(2010)结合历史城区空间结构,提出了分层次停车换乘布局结构[83]。冉江宇(2012)针对大城市中心区停车问题,提出了停车共享策略[84]。东南大学建筑学院李新建(2008)在其博士论文中从城市道路交通系统与建筑遗产保护的关系、当前历史街区交通规划的问题入手,提出了基于历史街区特殊性的交通规划对策,从TSM和TDM技术两个方面研究了其在历史街区的应用,初步提出了历史街区的地区交通规划模式和以可达性为目标的区内交通规划[8]。

同济大学杨东援教授课题组对历史古城和街区交通发展进行了研究,其中惠英(2009)基于我国机动化快速发展的背景,针对历史街区交通发展面临的主要问题与困境,对历史街区交通发展的一些关键问题进行了探讨,并提出了基于价值观传承和面向衔接的历史街区交通规划编制体系,重点研究了历史街区公交体系和内部道路体系完善的实用方法[85];张雪松(2008)以城市交通问题为切入点,从历史古城的道路网络空间形态,古城道路功能结构完善以及城市交通管理引导等三个主要方面对历史古城的道路交通发展展开了研究,重点对道路交通空间形态布局、道路交通功能结构完善进行了较为系统的研究,并对历史文化街区内道路交通设计完善提出了相应的建议[86]。

中国城市规划设计研究院对历史城区交通发展问题也进行了较为深入的研究。周乐等(2006)从疏解古城城市功能、完善道路设施配置和交通发展政策等方面提出初步解决苏州古城交通问题的几点策略[87]。赵波平等(2005)结合北京旧城典型地区胡同系统利用规划研究,对胡同与建筑空间尺度、交通方式、市政管线的关系和特征进行了分析,提出了胡同宽度的一些基本设计理念,为历史文化街区的街道和胡同规划设计提供了一定的参考[88]。刘国园等(2008)以历史文化名城绍兴市老城区为例,研究了老城交通系统与空间环境的优化策略[89]。张国华等(2004)以苏州古城为对象,研究了古城停车换乘系统规划方案、内部的配建标准和停车管理策略[90]。

李景(2006)以广州历史文化名城为例,探讨了风貌保护与交通改善的协调关系,提出历史城区的保护应综合考虑道路容量、环境容量以及公共服务设施容量和支撑能力,并与各相关规划相统一、协调更新,并将历史城区分为历史文化街区、传统格局控制线和文物保护节点三个方面提出交通改善策略与建议[5]。

北京工业大学张金喜等(2008)结合北京市旧城区内胡同路网的现状和特点,提出了不同宽度胡同的功能定位和断面标准设计方法以及旧城改造建设中应注意的问题[91]。

在具体的项目研究与实践中,江苏省城市道路网规划设计指标体系针对老城提出了具体的分区路网指标及间距确定方法[92];南京市老城交通改善、南京市路外公共停车场布局与选址、扬州老城及周边地区交通改善等众多历史城区交通改善研究系统地提出了老城交通发展策略、交通系统和道路交通设施改善方案等,其主要思想是外部交通分流、内部交通保护,合理分配路网资源,提高利用效率[93-96]。苏州市综合交通规划研究中专门针对古城交通进行了研究,提出了"公交优先主导、交通需求管控"的交通发展策略[97]。聊城古城道路交通规划与工程设计研究中对该类地区的交通发展策略、交通服务体系、道路网、公共交通、慢行、停车、旅游交通等进行了较为系统的研究[98]。实践研究发现,在历史城区更新与改善中,交通发展政策重点体现在三个方面:土地使用源头管理,进行用地功能置换,疏解历史城区城市功能;调整历史城区道路系统;优先发展公共交通,控制交通需求总量,优化交通方式结构。

现有的历史城区交通组织模式、服务体系设计和设施配置方法研究仍然在历史保护的前提之下开展,遵循了保护优先的原则。其成果一方面主要以策略优化、组织改善和交通管理为主,缺乏一个较为系统的设计和体系研究;另一方面越来越倾向于一定的交通模式引导下开展。这为历史城区交通服务体系和设施配置的研究提供了较好的思路。

2.2.4　交通微循环

国外的研究和实践中尽管没有出现交通微循环(micro-circulation)一词,但从交通微循环的实质进行分析,国外在社区安宁、邻里规划与设计、新城市主义、精明增长等理论中都对城市街道有相应的规划设计要求,例如城市街道的场所感、舒适度,以及降低私人机动化出行等,国外的规划师也针对性地提出了一系列策略和手段,涵盖了人文、社会、经济、规划、行政和环境可持续性等方面[99]。

结合这些思想和理论,可以说国内外对交通微循环的研究与实践已经较为深入,主要以城市中心区、旧城以及社区等地区为对象开展相应的研究。

1980年Michael对支路与次干道的供给进行研究,认为支路与次干道是住宅区交通循环系统的组成部分,并利用模型决定交通控制方式,以获得住宅区环境"成本—效益"最大化,证明出行时间是支路空间的影响因素之一,而Christopher等(1995)认为有效的交通循环线路和交叉的设计与管理可以减少机动车阻塞,根据交通线路特征,建立一种新的交通循环空间组织模式[100, 101]。实践方面,国外具有众多典型的成功案例。美国迈阿密市中心区通过设计网格化的道路网络,形成由街巷道路到支路,再向次干道汇集,最后回到街巷道路的微循环交通。英国历史城镇阿德福斯也是通过外围环路、内部构建完善微循环交通系统,大大改善了该地区的交通状况。伦敦古城利用高密度的街区路网,组织了发达的单向微循环交通体系。

《2005年北京市政府工作报告》中首次在国内提出"城市道路微循环"一词,指出"完善的城市道路微循环系统能够合理分配交通流量,缓解交通压力,提高道路通行速度,是城市道路网络不可或缺的组成部分"。此后才开始对交通微循环的研究,并从城市交通微循环的分类和功能、评价指标等方面进行了研究[102, 103]。在北京市提出开展交通微循环系统改造之后,全国各地的一些大中城市,如广州、昆明、长沙、嘉兴等都开展了交通微循环改造工程,且这些改造工程基本都是针对老城或旧城开展的。刘望保(2009)通过对国内外交通微循环和支路网研究的梳理,提出应加强城市交通微循环和支路网规划的理论和实践研究[104]。邓一凌、过秀成等(2012)以历史城区为对象,提出了分层次的微循环路网规划方法[105]。

慢行交通研究中,叶茂、过秀成等(2009、2011)提出了居住区人车共存的道路规划设计方法和历史城区交通改善中的基于机非分流的自行车路网规划方法[106, 107]。

由于对历史城区大拆大建或者全部拆除,盖起新的高楼大厦,基础设施虽然可以相应地全面更新,但极易毁坏城市肌理与文脉,一般不可取。而历史城区街巷密集,极易构建微循环体系,因此,历史城区基础设施的改善多考虑采用微循环法。如2005年北京故宫缓冲区保护规划,对缓冲区内的老街区采用"微循环"和"有机更新"的方式,对区内的胡同、四合院严格保护,原则上不成片拆除,主要街巷原则上不再加宽,对基础设施则积极改善。这样既可确保老城区历史文化长存,又可改善区内居民的生活环境和条件。

目前交通微循环的研究较多地以中心区、交通拥堵严重的地区为主,国外多以利用规整的高密度、小街区路网组织交通微循环,已经形成了典型的曼哈顿模式、伦敦模式和新加坡模式。国内由于支路网密度相比国外偏低,对历史城区内街巷利用重视不足,因此交通微循环理论和实践的研究尚处于探索研究阶段,尚未形成较为成熟的理论方法。

2.3 已有研究及实践综述

历史城区保护与交通发展的关系及交通发展的理论方法都有一定的研究,主要体现在相关宪章、规范、条例等规范性文件,少量的历史地区交通发展理论与改善方法研究,大量的保护规划与交通改善实践等方面。

长期保护研究和实践过程中形成的规范性文件主要对交通发展的原则、一般的交通规划和设施建设措施进行了具体的规定,这些成果也一直指导着不同阶段历史文化名城保护与交通规划的实践。这些规范性文件与长期的保护实践也为历史城区系统的交通研究积累了丰富的经验。

国内外关于历史城区交通发展理论与改善方法的研究与实践,主要在已有规范性文件规定的基础上进行了拓展和深化,且多以交通模式、交通设施改善、交通组织等内容为主,提出功能置换、公交优先、设施完善等发展策略与具体的改善方法,为后期的历史城区保护与改善研究提供了技术与方法支持;具体实践研究中明确了历史城区保护范围和保护层次,从不同层次提出了较为系统的交通发展策略和改善方法,一定程度上缓解了交通拥堵局面,也为历史城区交通系统组织与路网资源利用理论方法的研究奠定了良好的基础。

既有的成果在一定程度上对历史城区交通发展起到了较好的指导作用,但仍存在以下几个方面的问题:

(1)既有研究主要集中在交通系统的某些方面,综合性的系统研究有待开展。城市规划者在保护研究中尽管已经认识到交通的重要性,但是由于关键技术尚未突破,对交通内容主要进行硬性的规定,还没有从历史城区交通系统特征出发进行深入的研究;交通规划者的研究则主要集中在交通发展策略、设施改善及交通组织方面,对于保护视角下历史城区交通系统配置缺乏从体系上进行梳理和构建。

(2)对影响历史城区交通系统组织与路网资源配置及利用的关键问题研究有待深入。主要体现为科学合理的交通承载力分析模型与交通出行活动特性的分析有待深化,供需关系需要进一步拓展。

（3）科学合理的交通系统与服务体系研究需要进一步研究。已有的研究成果中缺乏结合具体的调控策略研究交通组织模式的合理结构和交通服务体系的设计。

（4）路网资源配置与合理利用方法研究缺乏系统设计层面的指导，对历史城区干路网资源以及对内部丰富的街巷道路资源的建设与利用途径以及关键技术缺乏深入的探索，以致道路交通资源利用效率和交通运行效率很难得到较大提高。

2.4　本章小结

本章在归纳与总结国内外历史文化遗产保护中交通系统的理论与实践研究基础上，分析了历史文化遗产保护对交通发展的要求，梳理了历史城区交通系统与资源利用方面的研究与实践成果及亟待解决的问题，明确了本研究的方向。

第3章
历史城区保护与交通协调发展关系

历史城区独特的区位、功能及发展过程中形成了难以推倒的空间格局,在今天发展历史城区时,要求必须重新审视保护与发展的关系。本章分析历史城区空间与土地利用特征,探讨交通系统与遗产保护的相互关系,研究交通发展方向与对策是开展历史城区交通系统研究的前提与基础。

3.1 历史城区空间与土地利用

3.1.1 城区规模与空间形态

1) 城区规模

历史城区是历史文化名城的重要组成部分,名城的规模、发展阶段和城市性质,不仅影响着城市的交通设施供给水平,更影响着历史城区居民的出行行为特征。以南京市老城区与镇江市老城区为例进行比较,两者面积相差不大(分别约为 56 km² 和 48 km²),然而由于南京市与镇江市规模上的差异以及城市定位和发展阶段的不同,使得城市在交通基础设施的建设水平上存在较大的差距。南京市历史城区内的居民既可以享受到地铁准时便捷的服务,又可以利用城市快速路完成快速连续的交通出行,而镇江市历史城区的居民现阶段还无法享受到上述这两种交通服务,即居民出行方式的选择受到一定限制。由此可见,历史城区所在城市规模、性质和发展阶段对居民的出行行为有着较大的影响。

历史城区用地规模同样影响着人们对出行方式的选择。用地规模的不同直接影响区内居民出行距离的差异,而每种交通方式都有其相应的优势出行距离,导致不同规模的历史城区,居民的主导交通方式也有所不同。例如在 14.2 km² 的苏州古城内,小汽车、公共交通和非机动车成为其最主要的出行方式;在 5.09 km² 的扬州历史城区范围内,公共交通和慢行是其主要出行方式;而对于面积约为 2.25 km² 平遥古城来说,步行是其居民的主要交通和生活方式。因此,历史城区及其所在城市两者的用地规模共同影响着城区居民的出行行为选择。国内部分城市历史城区规模见表 3.1 所示。

表 3.1 国内部分城市历史城区规模

大城市历史城区	面积(km²)	中小城市历史城区	面积(km²)
南京老城(城南、明故宫、鼓楼—清凉山历史城区)	56(约 20)	淮安古城	7.3
苏州古城	14.2	平遥古城	2.25
北京旧城	63.8	绍兴古城	8.32
广州历史城区	20.0	常熟古城	3.0
福州历史城区	10.1	正定古城	6.6
扬州历史城区	5.09	聊城古城	1.0

2）空间形态

历史名城大多有着较为悠久的城市建设史,其历史城区空间构筑经历了相当长的历史演变过程,历史城区空间与新城空间有着明显的形态与结构差异。根据历史城区与城市空间拓展的关系,可将历史城区按空间发展类型划分为空间外展型与空间分立型。

（1）空间外展型

空间外展型历史城区是指城市空间拓展以历史城区为基础,保存城区空间格局相对完整和城市肌理清晰,并进行适度的保护和更新,城市向外渐进式地拓展空间。历史城区与新城之间在基础设施、公共设施、工作生活等方面都保持紧密联系。其主要的扩展模式有:圈层式、延续式和组团式。

圈层式扩展模式:以历史城区为核心,按照一定的时间阶段,城市空间逐步向外以同心圈层方式拓展,具有明显类"年轮"现象,如北京、西安、巴黎、伦敦等。

20世纪90年代,北京步入了快速发展的时期,城市空间不断向外围延展。城市轴线由旧城的南北轴线逐渐演变为传统南北轴线与现代东西轴线(长安街)的双轴线发展模式。城市空间的外拓直接体现在环路的建设上,北京城市环路已达六级,城市空间尺度超越了传统空间可以承受的范围。目前北京市规划市区面积达 1 040 km²,包括四环内外超过300 km²的市区中心城和其外围的 10 个边缘组团,已经形成分散组团式的布局,但其整体布局仍然以旧城为核心,环形加放射的干道网也以旧城为几何中心,如图 3.1 所示。

图 3.1 北京市以"旧城"为核心的城市空间发展演变图

延续式扩展模式:城市空间形态继续维持旧有空间形态与格局向外扩展,并延续既有的空间发展方向,与周边自然与地理环境协调发展,如扬州、宁波、常熟等。

新中国成立至 20 世纪 90 年代之前,扬州市城市空间发展缓慢,空间扩展形态基本呈现缓慢外延式发展。城市空间主要依托老城向外扩展,明确空间发展方向,延续老城格局,形成以老城为核心的空间布局结构。第一轮城市总体规划(1982—2000 年)确定的"依托旧城,边缘外延"的城市发展格局,城市向北发展;随后两版规划同样在以老城为核心的基础上,跳出老城,加强了外围空间组团的构建;最新的城市总体规划(2009—2020 年)确定了以历史城区为核心,以东西和南北"T"字型发展轴带为骨架,东、西和南部三区分合有致,构成"一核两轴三区"的空间结构,如图 3.2 所示。

组团式扩展模式:在历史城区向外拓展过程中,主要沿着历史空间和城市发展两条轴线,围绕历史城区构建不同的功能组团,并与历史城区组成完整的城市空间结构,如苏州、镇江、绍兴等。

随着经济实力的提高,苏州市城市空间开始迅速扩展,逐渐跳出老城、建设新城。1986 版

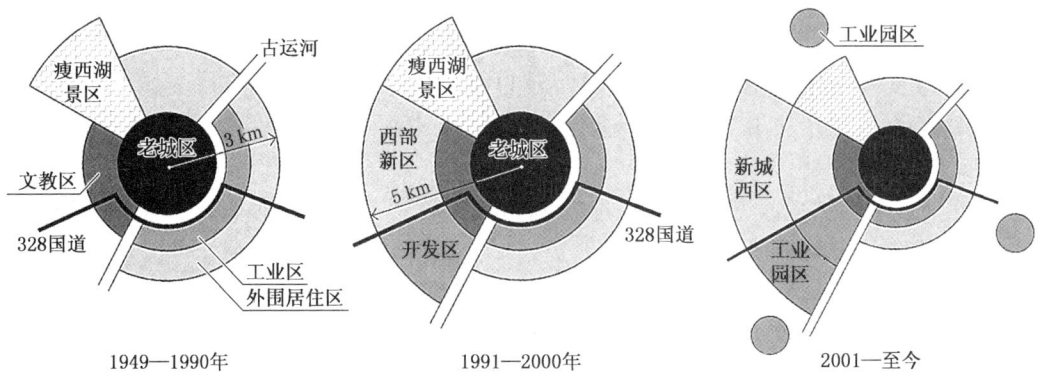

图 3.2　扬州市各个时期城市空间拓展方式与发展方向[95]

城市总体规划确定了"东城西区"的城市格局,将新区作为"高新技术产业开发区、经济集聚、现代化新城区三位一体"的苏州新城,形成了"古城新区、东城西市"的空间布局结构;1994 年以后,在苏州老城区东侧规划建设苏州工业园,构成古城东西各有大规模新城的轴向形态扩展方式,进入"古城居中,一体两翼"的时代;2001 年撤销吴县市设立苏州市吴中区和相城区,促使苏州对城市原有的"一体两翼"的空间发展战略进一步深化和完善,提出了"五区组团,四角山水"的空间发展战略,从而促使苏州空间扩展进入组团式的空间拓展期,如图 3.3 所示。

图 3.3　苏州市城市空间发展演变图

（2）空间分立型

空间分立型历史城区是对历史城区空间实行整体保护,新城与历史城区保持相对完整性和独立性。新城与历史城区在空间上相对独立,功能上相互补充,共同构成城市空间结构。新城承担大部分城市功能,历史城区进行适度的功能置换,保护和维持一定的城市功能和生活状态,如聊城古城、平遥古城、巴塞罗那古城。

聊城城市发展经历了三个阶段,以古城为主体的时期(20 世纪 60 时代以前)、古城与新城同级时期(70 年代中期—90 年代)和以新城为中心的时期(2000 年至今),如图 3.4 所示。空间布局上古城与新城相互独立,古城内保持完整的格局和环境,逐步改善居民生活条件,以居住和商业旅游为主,打造"中华水上古城"。新城按现代城市标准设置成为新的城市功能综合区。

20 世纪 80 年代编制的平遥总体规划中,在空间布局上将城市分成两个部分——古城和新区,如图 3.5 和图 3.6 所示。古城内保护完整的格局和环境,不做新的建设,逐步改善

居民生活条件。新区可按现代城市标准设置工业和居住,古城内的工厂和机关逐步迁出到
新区以减少古城的压力。

宋(992—1070年)—20世纪60年代   70年代中期—90年代   2000年至今

图 3.4   聊城城市空间演变图

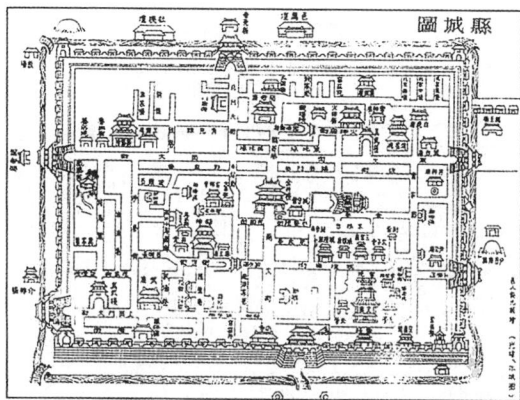

图 3.5   平遥古城图

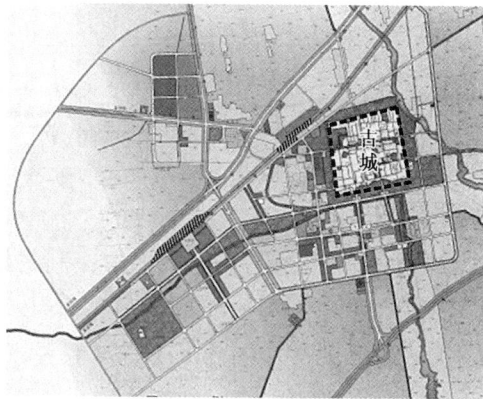

图 3.6   平遥城市总体规划图

我国大部分空间外展型历史文化名城的发展都已经大大突破了原来历史城区的范围,
形成了建成区、主城区等不同圈层范围,历史城区成为了其中的一个局部区域。但历史城
区与新城在城市基础设施、城市公共设施、城市工作与生活等方面联系仍然十分紧密,往往
蜕变成名城的核心区,是城市人口最密集、最繁华、最活跃的部分,又是政治、文化及商业活
动的集聚区。历史演变过来的街道空间和交通网络仍在城市交通体系中发挥重要的作用,
促使其成为交通发展与历史风貌保护之间矛盾的集中载体。

空间外展型历史城区交通发展关系到地区保护与更新、甚至整个城市的可持续发展,
是许多历史文化名城面临的重要问题。因此,必须重点针对这类历史城区进行交通系统与
设施配置规划进行研究。

3)区位特征

空间外展型历史城区所在城市大多采取的是新城围绕旧城发展的传统模式,为便于城
市整体的发展,旧城和新区之间的交通联系必不可少。但在这种以旧城为空间位置中心或
轴线中点布置的情况下,历史城区处于城市各大片区之间,同时也是各大交通区的中心或
中点,各区之间交通联系的最短距离期望线大多指向或经过历史城区,使得历史城区的交
通需求未降反增,极易受到向心交通集聚和穿越交通的影响。

苏州市按照"重点保护、合理保留、普遍改善、局部改造"的方针对古城进行保护和更新
的实践[87]。首先从城市总体规划上确定了"古城居中、东园西区、南吴北相、五区组团"

(图 3.7)的格局为古城减负提供了发展的空间,其次在古城内部对街巷进行重新梳理和规划,逐步更新。但由于"五区组团"的城市格局,不可避免地导致了古城沦为各组团交通中心,大量的到达和穿越性交通严重加剧了古城道路的负担,对先天不足的道路系统来说,无异于雪上加霜。

新城的建设完善往往需要较长的时期,现阶段部分新区、新城功能并不完善,新城区居民的工作、购物、休闲活动仍然依赖旧城,历史城区的中心职能并没削弱,反而因为处于交通中心的便利而得到加强。历史城区在城市中的空间中心、交通中心、职能中心地位相互影响,使得历史城区的人口、用地、交通等各方面的集聚作用不断增强。

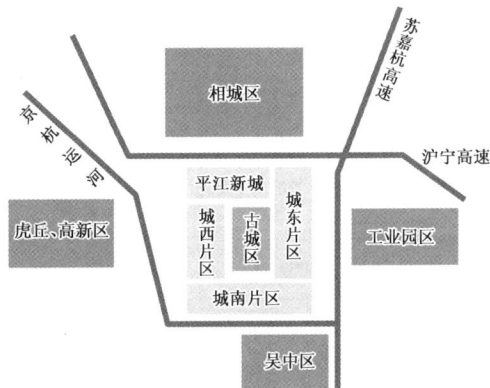

图 3.7　苏州历史城区区位图

3.1.2　功能定位与土地利用

城市发展战略的不同,历史名城在发展过程中职能也发生了变化,王景慧将欧洲历史文化名城按照承担城市功能的不同分为两种类型。一类是以巴黎、伦敦、巴塞罗那、罗马等为代表的区域中心大城市,这类城市既拥有丰富的历史文化遗产,又承担着国家或地区政治经济文化中心职能;另一类是以意大利的锡耶纳、博洛尼亚,英国的切斯特、莱切斯特、巴斯、约克,德国的雷根斯堡、亚琛等众多中小规模的历史文化名城为代表,这类城市在当代社会失去了其地理区位优势或历史功能,不再承担有国家或地区的中心城市功能,但古城中较为完整地保留有某一历史时期的风貌或保存有完整的历史文化街区,历史文化遗产资源作为城市文化特色的集中体现具有重要价值,因此需要在历史城区范围内采取保护控制措施,在城市化与机动化的冲击下保护好历史古城风貌格局的完整,完善城区内部必要的城市基础设施以适应现代化生活需要。另外也有一些城市,虽然城市边界扩大,城市风貌也趋向现代建筑风格为主,但城市范围内仍保持有较为完整的历史城区没有受到现代元素过多的侵扰,如我国的苏州、淮安等历史文化名城。

与巴黎、伦敦等历史名城类似,我国北京、上海等历史文化名城也在现代社会中担负有重要的地区中心城市使命,如北京是我国的政治文化中心,上海是我国重要的经济中心,因此对于这些历史文化名城应注意保持城市的功能需求,保护城市的历史文化精髓区域,完善城市基础设施以带动地区政治经济等功能发展。北京是中国古代都城规划史上的经典之作,在世界古代城市规划史上可圈可点,作为历史上辽、金、元、明、清几代都城,北京的历史文化建筑数量众多且城市格局严整、规模宏大。但由于历史原因,古都北京的改造方针选择了以北京旧城为中心逐步扩建的方案,城市内的一些道路被打通拓宽以满足城市交通及市政设施改造,造成了对历史文化建筑风貌的一定损害。历史文化大都市未来保护工作的重点是保护好城市内的历史街区以避免城市格局风貌特点的继续流失,同时合理布置城市用地,对重点保护地区实施交通管理控制以减少交通流量,对城市道路系统的功能及交通路线进行合理设计,保障新建或改建城市道路与城市格局风貌的相互协调[86]。

历史城区往往是包含一定区域的公共活动中心,同时也容纳不同社会阶层的住宅区。随着时间推移,这类地区的建筑和空间风貌特色与价值进一步被认识和挖掘,相当部分原有的居住和产业用地向公共设施用地转化,成为城市的政治、经济、商业和文化中心。南京老城以占主城不到 1/3 的建设用地,分布着主城 60% 的人口、67% 的就业岗位、77% 的三产就业岗位、近一半的公共设施用地和商业服务业用地(2004)[108]。北京市旧城区仅占中心城面积的 5.7%,但是常住人口 160 多万,约占中心城总人口的 17%,人口密度接近 3 万人/km²,总就业岗位数约 150 万,几乎占全市就业岗位的 20%。同时,旧城区用地功能过度集聚,包括了行政办公、文化娱乐、商务办公、商业购物、旅游、教育、医疗、居住等众多功能[109]。杭州市 12 km² 的老城区,承担城市行政、商业、医疗、服务、金融、旅游等众多职能,城市总体规划仍将全市 42% 的星级宾馆以及省、市机关、金融集中在中心区,仍是城市唯一的市级商业中心。

扬州市表现出明显的单中心特征,历史城区首位度偏高,作为商贸、金融、文化、医疗、科教、旅游景点及配套服务的中心,同时承担着一部分行政职能,集中了优质的医疗、教育资源,老城内有 3 家大型医院、7 所中学、6 所小学和 14 个市区政府机关。文昌商圈是全市最大也可以说是唯一的商贸中心,扬州市历史城区土地利用现状与规划如图 3.8 和表 3.2 所示。

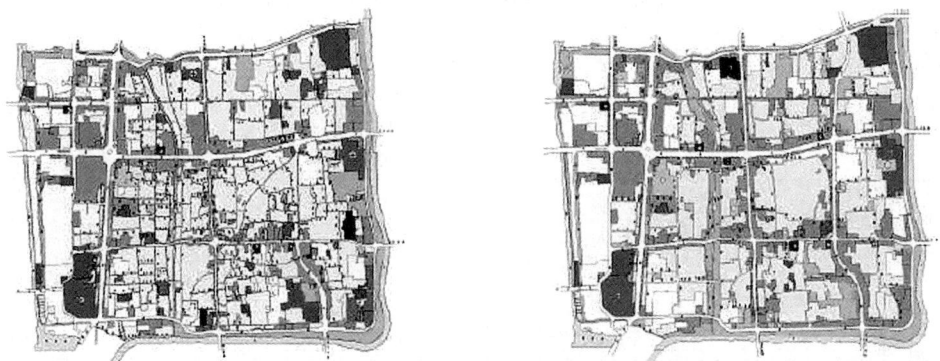

图 3.8　扬州历史城区土地利用现状与规划图

表 3.2　扬州市历史城区土地利用现状与规划表

	居住	行政办公	商业金融	中小学校	医疗卫生	工业
现状(hm²)	277.0	20.0	51.0	33.0	12.0	19.0
比例(%)	67.2	4.9	12.4	8.0	2.9	4.6
规划(hm²)	231.0	26.0	75.0	39.0	13.0	5.0
比例(%)	59.4	6.7	19.3	10.0	3.3	1.3

根据西安市城市总体规划,为了降低中心区密度,更好地保护历史城区内历史风貌,规划历史城区内发展将以商贸、旅游为主,逐步降低古城墙以内区域的居住人口密度。到 2010 年,古城墙内人口降为 25 万;增加绿化面积,提高环境品质,改造市政基础设施;对城内的文物、文脉、文化进行综合性的系统保护,体现西安独特的文化特色和内涵。在古城墙以内,逐步弱化行政功能,强化文化、旅游、商贸、娱乐功能,恢复历史文化古城风貌,彰显古城特色。目前,分布在周边的明城墙、位于其中心位置的钟楼、鼓楼及钟鼓楼广场吸引着大量的中外游客和市民。

明城墙区域土地利用比较充分,已建设用地中居住用地比重最高,为 46.57%;其次为商业金融用地,比重为 10.55%。此外,绿地、行政办公用地分别占 10.54%、7.41%。根据西安市城市总体规划,明城墙区域未来用地将取得有效调整和均衡,如图 3.9 所示。

图 3.9　西安市明城墙区域土地使用规划

随着城市规模扩张和区域发展,历史城区作为城市活动和经济运行的核心地区,服务范围不断扩展,新兴的职能继续增加。历史城区规模与开发强度如表 3.3 所示。

表 3.3　历史城区规模与开发强度

城市	历史城区规模(km²)	历史城区人口密度(万人/km²)	占全市人口密度比值(%)	历史城区功能	区位
南京	56.0	3.2	28.0	主中心	居中
北京	93.0	2.22	23.7	主中心	居中
上海	97.0	3.39	12.1	主中心	居中
苏州	14.0	1.95	26.6	主中心	居中

历史城区人口、就业岗位和功能的高度集聚,使得历史城区具有较强的出行吸引力和辐射力,由此决定了历史城区居民出行需求的高度集中,导致高密度的交通量。例如,1996—2004 年 8 年间,北京旧城区车辆出行强度增加了 1.6 倍,旧城区机动车出行强度是近郊区的 3.6 倍,机动车产生吸引强度是近郊区的 3.2 倍,旧城区吸引的出行量占市区总量的 47%[110]。另外,对于历史文化名城的历史城区而言,在担负大量城市日常生活性交通重任的同时,还承担着相当数量的旅游性交通,其交通矛盾更为激烈,城区的交通、人口、环境与历史文化名城保护之间的矛盾明显。

3.1.3　历史城区与非历史城区异同

历史城区是历史文化名城所特有的一类区域,因此,在特征上与其他类型的区域有所不同。由于历史城区所处区位、边界范围、功能定位等方面原因,其与城市老城区、旧城区、中心区等类型的概念区域既有相似性,也有差异性。

1) 相似性

从城市空间拓展和结构特征分析,对于历史文化名城,其历史城区与老城区、旧城区具有很强的相似性,主要体现三个方面:

　　首先,都是历史文化资源的主要分布区域,且历史保护和控制用地占据了老城区或旧城区的大部分。因此,历史保护范围控制时,多将老城区和旧城区视为历史保护地区,即可将三者视为同一概念,而在研究对象范围划分时,也常将三者视为同一类区域进行研究。如北京旧城内历史文化保护区和控制地带总面积约占旧城面积的 42%;南京老城内划定的三大历史城区总面积超过 20 km²,加上其他非历史城区内部文物保护单位和地区,历史保护地区范围也占据了老城面积的一半以上,如图 3.10 所示;扬州 5.09 km² 的历史城区也基本是老城区范围。

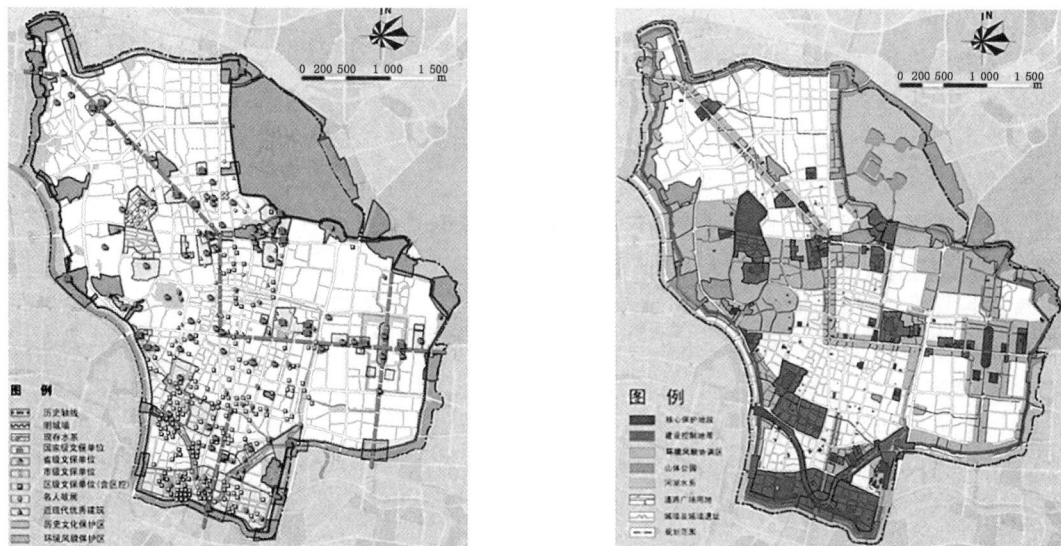

图 3.10　南京老城内历史文化资源分布与保护区划图

　　其次,在城市空间拓展过程中逐步成为城市的核心区。众多历史名城的空间结构是以老城或旧城为核心,向外拓展,形成空间外展型历史名城,因此老城或旧城也就相当于城市的历史城区,而这三者基本上扮演着城市中心区的角色。这也是非历史名城老城区或旧城区所具有的共性特征。区位特征方面,三者都位于城市的核心区位;功能定位上,是城市的功能集聚中心;土地利用方面,用地开发强度较高,且多以商业、居住用地为主。

　　区位、功能定位和用地特征的相似性使三者在交通系统特征上存在许多共性。包括交通需求和交通运行特征上存在相似性,交通服务体系构建以公共交通和慢行交通为主。

　　2) 差异性

　　历史城区由于历史文化保护的约束,使得在城区范围、更新改造、开发建设及交通系统方面与非历史城区有所区别。

　　城区范围上存在一定的差异性,总体上呈现老城区或旧城区范围较历史城区大。对于历史城区本身而言,其空间范围和功能也有所区别。功能定位上,空间外展型历史城区与空间分立型历史城区的区别在 3.1.1 已经详细阐述。空间范围上,历史城区有大有小(表 3.1),这主要与城市规模、原有古城规模有关。城市规模和城区规模的不同,适应的交通系统不同。

　　历史城区内部大量历史文化遗产分布其中,无法采用大拆大建和推倒重来的建设模式,只能在保护历史遗产、空间肌理和历史风貌的基础上,采用局部的、小范围、渐进式微循环改造模式,改造难度较大。非历史名城的老城区或旧城区由于没有需要严格保护或控制的区域,因此,为提高地区利用价值,多采用全部更新的大规模建设模式进行地区更新,打造新的城市中心区。

交通系统上存在明显差异。历史城区交通系统构建应遵循其原有的道路交通网络结构特征,即交通建设按照保护优先的首要原则进行;而非历史名城的老城区或旧城由于缺乏保护控制的约束,交通建设上可采用交通优先的发展模式。

3.2 交通系统与历史文化遗产保护的相互关系

城市历史文化遗产保护按照范围划分为历史城区、历史街区和文保单位(历史建筑)三个层次。历史城区涵盖较大面积的地域范围,不仅作为城市的一个区域与城市整体的交通系统发生纵向和横向的联系,而且其内部密集的道路或街巷系统,是影响区域交通发展的重要因素。因此,历史城区交通系统与历史文化遗产之间有着密切的关系。

1) 交通系统是历史文化遗产生存发展与价值传播的基本条件

1933 年颁布的《雅典宪章》将城市活动分为居住、工作、游憩与交通四类,并要求通过城市规划构建有效联系居住、工作和游憩的交通网络。道路作为交通运行的主要载体,是行人与车辆来往的专用空间。城市用地之间生产、生活活动的运转,居住、工作、游憩三大活动之间的联系产生交通活动,而道路为这些主体提供了出行所需的交通空间,因此,交通处于城市功能运转的核心地位。

历史城区作为城市的重要组成部分,其生存和发展要依靠道路交通系统,完成其内部之间及与城区外围地区之间人员和货物的流动和流通。交通系统对于历史城区生存发展的作用主要体现在以下几个方面:一是满足内部居民、工作者、游客交通出行的基本需求,完成各类群体多样化的出行活动,提供最为基本的交通服务;二是支撑城区内部生产、生活物资的运输;三是为居民和游客提供重要的交往和游憩空间;四是作为防灾减灾、应急疏散和救援抢险的重要通道与场所,防止人生财产安全受到损害。

历史城区拥有的历史文化遗产记载和见证着历史的发展演变,在现代生活中扮演着重要的角色。这些遗产以其原真性、文化内涵和精神影响成为现代生活中公众最易于接近的"实体",同时,其蕴含的历史文化价值、科学研究价值、经济与可持续发展价值,也成了最迫切需要接近的对象,而交通是实现人们接近这些实体的基本条件。因此,道路交通系统是实现历史城区内历史文化遗产价值展示、传播的基本条件和最重要的途径之一。

2) 街巷空间是城市意象与空间肌理的真实反映

道路流通空间与两侧的建筑空间构成了城市空间。一方面,城市历史文化遗产需要道路提供与其接触的通行条件;另一方面,历史街巷所体现的城市格局与空间肌理本身反映了城市历史与风貌,也属于历史文化遗产。通过历史街巷,形成对历史城区乃至整座城市的认识。城市空间形态的认知心理学研究表明,街道、小巷、运输线等道路交通的"道路"是形成城市意象的五类要素之首[31]。在很大程度上,街道(沿街立面、性质、形式)是一座城市的映象[111]。因此,历史城区内街巷空间是城市意象与风貌延续的真实反映。

道路和街巷不仅反映了城市的意象,也是城市空间结构组成的骨架。如前所述,道路与两侧建筑形成了城市的空间,即路网确定了城市的空间格局。对于历史城区,其密集的街巷空间决定了其高密度、小街区的空间特征。街区可以定义为公共用地和道路通行权多边围绕的地区,以道路、广场为主的公共通行权形成的网络、路线和轴线组成了带有几何形态的城市网络结构,即通常所说的"城市空间肌理"[8]。因此,历史街巷空间形成了历史城区的空间肌理。

3)历史街巷是遗产保护的重要内容

历史街巷反映了城市的意象与空间结构,是历史真实遗存的重要组成部分,其体现出来的历史文化、科学研究价值,是历史保护的重要内容。《华盛顿宪章》中指出,历史城镇和城区保护中所有保存的首要特性就是"用街区和街道说明城市的形制"[2]。因此,历史街巷以其对城市意象与形制的反映价值决定了其在历史遗产保护中的重要地位。

《历史文化名城保护规划规范》中规定:历史城区道路系统要保持或延续原有道路格局;对富有特色的街巷,应保持原有的空间尺度。在条文说明中对历史城区道路空间保护进一步明确,提出:历史城区所形成的道路格局是其历史风貌和历史文化遗产的重要组成部分,道路格局与城市格局密切相关,维护历史道路格局是历史文化名城的关键措施之一。《江苏省历史文化街区保护规划编制导则》(2008)对历史街区保护规划编制明确规定:历史文化街区的传统街巷空间格局、肌理与环境风貌应被列入重要保护对象,重点保护历史文化街区内街巷空间构成关系、水系的自然形态和生态特征,保护街巷与水系的空间关系,对重要特色街巷空间,明确基本的空间尺度、空间界面的整体特色与两侧建筑高度、形式、体量、色彩等控制要求,保持现状或恢复历史的风貌特色。在我国历史文化保护过程中,"历史城区与历史街区的街道(道路系统)是历史文化名城要保护的重要内容"已经形成共识。

3.3 历史城区交通发展方向与对策

在城市现代化发展过程中,历史文化名城往往是国家与地区发展的重点。而历史名城在自身发展中,在空间结构上往往形成四面拓展、历史城区被新城区包围的单中心或多中心的发展形态,导致现代城市机动化交通的快速发展与历史城区保护的矛盾十分突出[74]。

《华盛顿宪章》指出,"保护历史城镇与城区意味着这种城镇和城区的保护、保存和修复及其发展要和谐地适应现代生活所需的各种步骤"。这表明,历史城区保护与更新的核心目标都是为了促进自身的发展与整个城市的发展。历史文化名城保护的核心是历史城区,随着历史保护问题越来越受到重视,历史文化名城保护与交通发展之间的冲突问题日益凸显。各种破坏与毁灭历史文化遗产与风貌的交通建设行为愈演愈烈,道路交通建设已经成为破坏历史文化遗产的主要原因。

对于历史城区的交通问题,片面地采取某一种交通政策或者改善措施,无法从根本上解决交通困境,必须在全面分析历史城区交通发展要求基础上,明确交通发展方向,采取组合策略制定历史城区交通策略与服务体系。

3.3.1 满足交通可达性和机动性要求

根据美国"维多利亚交通政策协会"(Victoria Transport Policy Institute)的定义,机动性(mobility)指采取某种交通方式的空间移动,而可达性(accessibility)指能够到达理想地点的能力或机会。机动性与可达性有着相互影响的关系。一般来说,机动性提高可以带来更大的可达性,但是影响可达性还有一个重要的因素就是土地利用,机动性和合理的土地使用能够带来较高的可达性。不同交通方式可达性范围如图3.11所示。

历史城区在交通网络系统中,一般也处于网络的中心,对系统运行起着至关重要的作用。从地区发展的角度,如果历史城区为满足现代机动交通的通行需求而无限制地新建、

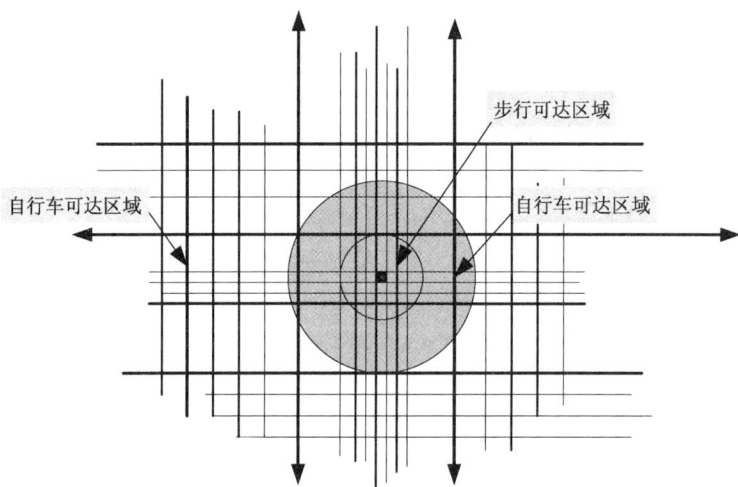

图 3.11　不同交通方式与可达范围

(来源：Victoria Transport Policy Institute)

拓宽道路,势必会破坏城区的历史格局和历史环境,这显然是不可取的;而完全限制机动化交通的通行,又不能满足和适应现代城市生活的需要,对地区出行效率的提升和活力的维持无益。因此,历史城区交通系统构建应以交通可达性为主要目标,同时兼顾部分地区机动性的需求。

历史城区密集而狭窄的路网体系往往成为区域路网的关键瓶颈,而其原有的以慢行交通模式为主的路网结构,形成了对机动性的重要约束,更重要的是制约了可达性。因此,不同程度地出现了交通拥堵,制约了地区的健康发展。

历史文化遗产丰富的价值使得遗产保护尤为重要,任何建设行为都必须在保护优先的前提下开展,因此历史城区交通发展受较多因素约束。如历史城区交通承载力无法满足巨大的交通需求;道路拓宽取直受原有历史街巷体系及两侧保护建筑的制约;通过历史城区的轨道交通线路和站点的建设相对一般地区成本较高,站点多布设在城区边缘,一定程度上降低了可达性等。机动化的快速发展对以可达性为主要要求的历史城区交通系统构建提出了严峻的挑战,也影响到其交通区位优势的发挥。

历史城区作为城市重要的公共资源,公共活动中心、人文旅游、创意产业、特色居住是其功能发展的重点,功能置换需要地区交通通达能力的支撑[85]。但是这些发展要求受到交通可达性的影响而制约目标的实现。因此,提高交通可达性已经成为历史城区交通发展的首要要求。

随着人们对出行效率要求的提高,机动化交通已经成为一种重要的出行选择方式。适度的机动性是历史城区经济社会活动效率和活力的重要支撑要素,也是满足居民出行多样化选择的必要条件,因此,在历史城区保持适度的机动性也已经成为重要的发展需求。

3.3.2　平衡交通供给与交通需求

历史城区交通资源有限,路网容量不足,交通供给与需求之间的矛盾越来越突出。许多历史城区以功能定位及人口容量为主要依据预测未来交通需求量都远远超过了现状需求。如上海市山阴路风貌区的路网容量仅能承担未来交通需求量的 5%～10%[85]。多数历史城区道路交通趋于饱和的状态。

究其原因,在历史城区的交通供需关系处理上,一是未能充分认识到城市土地利用对交通需求的重要影响,在城市空间结构布局上多数仍然以历史城区为中心,不但没有疏解功能,反而造成了历史城区的功能集聚,加大了交通压力;二是城市、历史城区交通服务体系研究重视满足机动化交通的供给,对交通结构的优化和公共交通及慢行交通系统的建构缺乏足够的重视。

扬州市历史城区在城市发展过程中,一直处于功能高度集中、地区首位度高的状态,各种交通问题也随之日益突出。由于历史城区外围缺乏机动车分流道路,大量东西向通过性交通贯穿城区内部,而内部交通空间有限,交通拥堵严重。城区内外道路网体系衔接不畅,交通瓶颈较多。历史城区机动车通过性交通达40%,主要集中在干道和关键节点上,对于适宜慢行的街巷系统利用率较低,绝大多数慢行交通仍集中在主要干道上,混行现象严重。图3.12给出了扬州市历史城区机动车交通分布与道路负荷情况[95]。

历史城区交通供给的总量十分有限,而有限的交通供给如何满足日益增长的交通需求总量和结构多样化的趋势,使供需关系实现新的平衡,已经成为一个亟待解决的问题。平衡交通需求与交通供给的关系,不能仅仅单方面地从提高交通供给或者抑制交通需求角度着手,而应该从供需双方面进行合理调控,使两者双向趋于平衡。

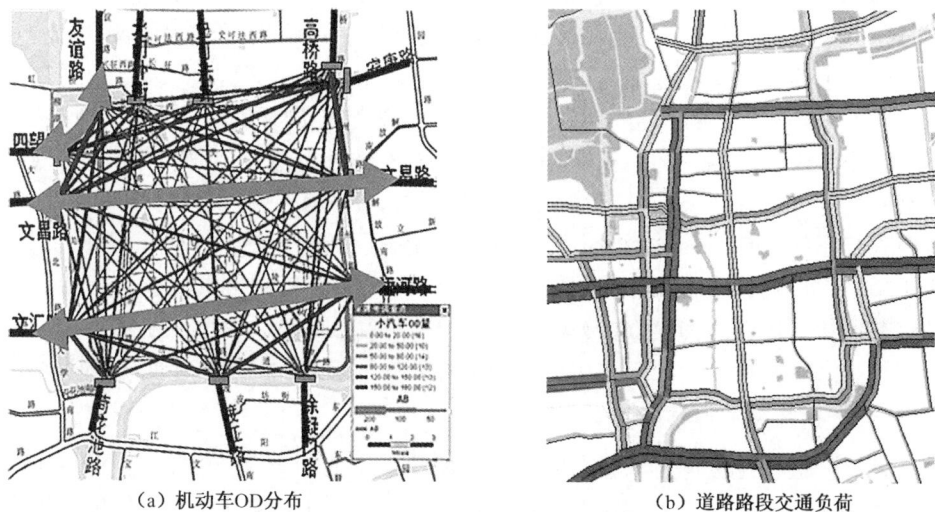

(a)机动车OD分布   (b)道路路段交通负荷

图3.12 扬州历史城区主要道路交通运行状况图

3.3.3 实现交通规划与旧城更新相匹配

城市交通规划在大量的研究与实践中取得了丰富的成果,其政策理念、技术方法体系也日趋完善,但是对于特定区域、特定类型的交通规划,尚缺乏有效的规划体系。在历史文化名城保护规划编制过程中,历史城区交通规划编制缺乏具有针对性的规范标准与技术方法。现有交通规划编制体系,因受到规划理念、目标、层次、政策、技术方法等方面的约束,无法适应历史城区特殊性的要求。

尽管"人本位"的思想在交通规划中越来越受到重视,但是在过去的城市交通规划实践过程中仍然存在着不同程度的"车本位"倾向。人本位规划理念的落实不足,造成的结果往往是在城市更新过程中,以机动化交通作为历史城区交通服务体系构建的首要目标,道路交通基础设施建设也以机动化需求为主,更易导致历史城区的传统肌理、保护建筑等遭受破坏。国内已有部分城市历史城区交通建设中存在这样的现象,造成了历史格局与风貌的破坏。这也是许多城市在旧城更新过程中逐渐失去过去记忆的主要原因。

传统的交通规划设计主要偏向宏观控制与引导,缺乏较强的操作性与可实施性。由于强调与城市总体规划衔接,交通规划研究侧重于政策引导,强调对城市整体交通模式的研究,并深化用地的落实,对于不同区域的差异性考虑不足。对历史城区的特征、特色缺乏针对性研究,导致难以研究出创新性的成果。对于历史城区交通规划,应以地区土地利用和功能定位为基础,以遗产保护为前提,结合城市的有机更新,深入调查研究交通设施供给与交通需求特性,明确地区交通政策与发展对策,研究相适应的多方式交通模式与交通服务体系,并制定道路交通基础设施的规划方案与交通组织方案。

由于交通规划的法定化定位问题,在我国城市规划编制体系中没有形成合法的地位与层次归属,这也是导致城市交通规划无法很好地落实的主要原因。从城市规划编制体系分析,分为城市总体规划、控制性详细规划与修建性详细规划,而城市交通规划分为城市综合交通规划、地区交通规划和交通改善与交通工程设计,两者之间尚未形成良好的衔接。历史城区属于城市的局部区域,规划层次上应属于地区交通规划,然而在具体实施过程中存在以下几个问题:①在城市规划编制体系中,历史文化名城保护规划偏重于对历史文化遗产的保护与控制,对于历史城区交通市政设施规划仅按相关规范和标准套用,成果相对较粗;②在历史城区与街区保护性控制规划中,对交通规划部分局限于基础设施的改造,偏向于以机动化为主的道路交通建设与组织,对整体交通系统缺乏研究与设计;③规划层次模糊,直接导致规划成果在实施过程中缺乏强制性,政策与机制保障不足,实施效果欠佳,交通发展与历史风貌保护相矛盾。因此,对于历史城区交通规划,应明确其在城市规划与交通规划编制中的合法地位,纳入控制性详细规划层面,并引入交通影响分析技术,按整体宏观组织模式与系统设计,设施规划,道路交通工程设施设计的编制工作体系展开。

历史城区正面临着更新改造的问题,过去传统的以慢行交通为主的道路交通正在被快速机动化交通所取代,原有的交通模式与现在的机动化交通需求之间存在着不相适应的矛盾。历史城区必须坚持基于城市有机更新的交通理性发展思路,研究交通发展问题。

3.3.4 协调交通建设与风貌保护

城市道路交通设施建设对于城市的发展发挥着重要的引导和支撑作用,在一定程度上推动了城市的快速发展。在大规模的交通建设的同时,往往容易引发城市整体格局和风貌的变化。这在我国快速城市化发展过程中逐步得到了印证。很多城市近年来城市道路交通总体建设水平和规模取得了长足的发展,但是城市的历史风貌、空间肌理、城市特色等也随着交通大建设逐步丧失,城市传统风貌遭到严重的破坏。

对于历史文化名城而言,众多历史城区和街区普遍存在交通基础设施建设对风貌保护的影响与破坏。有大修大建干道穿越城区内部,有为修建规整路网而打通断头路、去弯取直等破坏原有街巷空间肌理的活动。尤其是为提高城市道路标准和通行能力,修建城市快速干道穿越历史城区,快速的机动化交通和对两侧的割裂,严重破坏了城区原有的风貌和原本和谐的活动,历史城区本身的特色也逐渐消失。如苏州市过去以古城为核心,向东、向西发展新区,导致城市东西向轴向交通必须穿越古城内部,给古城保护带来很大的负面作用。以北京市为例,其道路红线规划对历史城区并未起到积极的保护作用,相反为旧城的破坏创造了重要的条件,在旧城改造中出现"道路红线实施到哪里就拆到哪里"的现象[112]。类似的现象还有对转弯半径、道路交叉角度与形式、停车位配建数量等等的规范化实施,都造成了为满足交通需求而对历史城区空间肌理和风貌的破坏。历史城区仅有的特色也因大规模的交通建设而得不到彰显,反而逐渐消失殆尽。

大规模的交通设施建设使大量历史城区和街区逐渐消失在人们的视野中,而这正是当前历史城区保护与发展所不希望出现的现象,也与保护优先的原则相违背。因此,历史城区交通发展必须协调好交通建设与历史遗产及风貌保护的关系,坚持以遗产保护优先为首要原则。

3.4 本章小结

本章首先分析城区规模、空间形态、区位等城市空间特征,将历史城区划分为空间外展型和空间分立型,明确主要研究对象为空间外展型历史城区,分析了该类历史城区的功能定位与土地利用特征以及基本的交通特征,总结了历史城区与非历史城区的特征差异;深入分析了交通系统与历史文化遗产保护的相互关系;从满足交通可达性和机动性要求、平衡交通供给与需求、实现交通规划与旧城更新的匹配以及协调交通建设与风貌保护四个方面,着重分析了历史城区交通发展方向及对策,提出应坚持基于城市有机更新的交通理性发展思路,研究历史城区交通发展问题。

第4章
历史城区综合交通承载力测算方法

交通承载力作为历史城区交通系统承载出行的基础,是衡量历史城区对交通需求承载能力的主要评估标准。研究交通承载能力的测算方法便于明确历史城区交通系统承载能力,有助于改进历史城区交通系统。

4.1 历史城区交通系统构成及特征

4.1.1 交通系统功能与结构

历史名城在长期的演变过程中,一直处于土地利用与交通系统动态作用的状态。城市交通系统由若干不同功能的子系统组成,每一个子系统又包含若干构成要素。子系统之间、子系统内各要素之间是一种相互依存与相互制约的关系,而且每一个子系统同时又作为另一个子系统的外部环境条件而存在。本书将历史城区交通系统主要分为交通方式与交通设施两个方面。

1) 交通方式特性

(1) 交通方式运输效率

城市居民出行需求呈现多样化、多层次的特性,每种交通方式有其各自的适用范围和相对优势,见表4.1,因此应充分发挥各种交通方式的优势,又使其相互协作、互为补充,以满足居民出行的不同需求,发挥交通系统的整体效能。

表 4.1 不同交通方式运输特性比较

交通方式 / 运输特性		单向运输能力(人/h)	运营速度(km/h)	适用范围	特点
自行车		2 000	10~15	短途	低成本,无污染,灵活方便
小汽车		3 000	20~50	较广	成本高,污染重,投入高,运量最小,受道路和停车设施影响大,占用道路资源最多
常规公交		6 000~9 000	12~20	中距离	成本低,投入少,人均资源消耗与环境污染小,出行方便
有轨电车		8 000~15 000	15~35	中长距离	介于常规公交与轻轨之间,具有节能、环保、方便、快捷、舒适、安全
轨道交通	轻轨	10 000~30 000	15~35	长距离	建设与运营成本较地铁低,运输成本较低,能源和环境污染小,运输效率较高
	地铁	30 000~90 000	35~40	长距离	建设和运营成本较高,运输成本较低,能源和环境污染小,运输效率高,适合于高密度城市中心区域

(2) 交通方式资源占用

城市居民出行选择的交通方式不同,占用的城市交通资源也不同。根据相关研究成果,交通方式对城市交通资源的占用可以用静态占用和动态占用两个方面来表示[113]。

城市交通资源一般指交通基础设施和交通工具,且轨道交通不占用地面道路资源,本书主要以道路交通设施(停车设施和道路设施)为主分析不同交通方式交通资源占用情况。不同交通方式运送单位乘客占用的道路交通设施面积不同,见表4.2和表4.3。

公交车单位乘客占用空间资源最小,小汽车占用空间资源最大,而自行车和步行介于两者之间。从静态占用角度分析,按照单位乘客静态占地指标计算停车场用地,小汽车是自行车的11～13倍,更是公交车的13～20倍;从动态占用角度分析,按动态单位面积客运效率对比,小汽车为自行车的6倍,为公交车的22～39倍[113]。

表 4.2 主要交通方式静态占用空间面积[113]

交通方式	车辆轮廓尺寸(m)			规定停车场车位占用面积(m²)	建筑物配建采用面积(m²)	单位乘客占用停车用地面积(m²/人)
	长	宽	面积			
步行	0.5	0.6	0.3	—	—	—
自行车	1.9	0.6	1.14	1.6	2.0	1.6～2.0
摩托车	2.0	0.8	1.60	2.5	3.0	2.1～2.5
小汽车	5.0	2.0	10.0	27	40.0	18～26.7
中型公共汽车	8.7	2.5	21.8	54	65	1.4～1.6
大型公共汽车	12.0	2.5	30.0	67	80	1.1～1.3
通道型公共汽车	18.0	2.5	72.0	108	120	0.9～1.0

表 4.3 主要交通方式常速时占用道路空间[113]

交通方式	常见速度(km/h)	车头间距(m)	车道宽度(m)	占用道路面积(m²)	车均载客数(人)	平均每位乘客占用空间(m²)
步行	4.0	0.6	1.0	2.2	1.0	2.2
自行车	12.0	7.4	1.0	7.4	1.0	7.4
摩托车	30.0	17.0	2.0	34.0	1.2	28.3
小汽车	40.0	23.3	3.0	69.9	1.5	46.6
中型公共汽车	30.0	23.7	3.5	83.0	40.0	2.1
大型公共汽车	30.0	27.0	3.5	94.5	60.0	1.6
通道型公共汽车	25.0	31.3	3.75	117.4	100.0	1.2

(3) 交通方式能源消耗与环境污染

不同交通方式同样存在能源消耗差异的特征,其单位运输量差异显著,见表4.4。以自行车单位运输量的能源消耗为1个单位,则测算出步行、小汽车、公交车和地铁的能耗分别为:5.2、43.8、11.2和5.1[113]。

表 4.4　主要交通方式单位客运量能耗测定值[113]

	自行车	步行	小汽车	公交车	地铁
kcal/(人·km)	63.8	328.9	2 795.1	714.0	322.4
与自行车能耗比值	1.0	5.2	43.8	11.2	5.1

能源消耗伴随有环境污染的影响,而城市环境是居民赖以生存的基础,也是可持续发展的基本前提。不同交通方式产生的污染物对城市环境质量的影响差别显著。

从表 4.5 数据可看出,以公交车单位运输量污染物排放量为 1 个单位,则小汽车是公交车的 19 倍,是地铁的 27 倍[113]。对于自行车交通,不产生污染物,但作为城市交通流的重要组成部分,其对机动车的干扰导致污染物排放量的增加。因此,从污染物排放总量最小的角度,自行车交通应尽量减少对机动车的干扰,实施机非分流是最佳途径。

表 4.5　主要交通方式单位客运量污染物排放量对比[113]

交通方式	步行	自行车	公交车	小汽车	地铁
与公共汽车污染物排放量比值	0.0	0.0	1.0	19.0	0.7

城市交通方式有其各自的特点,它与城市土地利用的性质和强度关系不同。步行交通方式适于短距离出行活动,容量大,有利于多方向交织、换向,且节约能源和用地资源,适用于紧凑的城市用地布局;自行车主要用于步行范围以外的中短途出行活动,比小汽车更适合于高密度的城市,但是其出行效率较公共交通低,资源占用较公共交通高,可作为公共交通的有益补充;私人机动化交通,出行距离一般较大,道路面积占用高,适宜于不同出行距离分布的低密度分散活动,容易导致城市布局向分散、低密度方向发展;公共交通,适用于中长距离的交通出行,其对规模效益要求较高,一般与城市中心联系紧密,有利于促进中心区的高密度发展与积聚。不同类型的交通出行方式,从运输效率、资源占用、能源消耗和环境污染等角度分析,各有优势,居民出行结构的组成应充分考虑这些特征进行合理选择。

2) 交通设施特征

交通设施系统构成了支撑历史城区交通运行的网络设施载体。交通网络形态与城市空间结构存在基本的耦合关系。历史名城正是在这种历史城区交通网络基础上发展形成的。历史城区道路交通网络受城区空间结构与文化遗产保护的约束而一直延续原有的格局和风貌。交通设施系统主要包括道路网设施、公交场站、停车设施等,这些设施共同承担着历史城区各交通方式的正常运行。交通设施系统结构功能及运行特征详见 4.1.3 节。

受城市空间格局、历史文化遗产保护的影响和约束,历史城区既有交通系统扩容有限,而机动化出行比例的提高,以及出行需求总量的增加,导致原有的交通服务体系无法适应新的交通发展趋势要求,交通方式系统和交通设施配置有待优化。

历史城区是城市中人气最旺的地区,历史文化遗产可接触性的要求较高,因此交通系统要突出强调的是提供良好的可达性,而非机动性。然而很多历史城区位于城市中心,其商贸、行政和交通中心功能重叠,大量的穿越性机动化交通通过城区内部,有的甚至超过50%以上。穿越性交通与以集散为主的可达性交通形成了严重冲突。一些城市为强化机动性,将快速干道直接引入城区内部,进一步加剧了历史城区交通矛盾,影响了其功能的正常发挥,对历史文化遗产也造成了严重的破坏作用。

4.1.2 交通发展技术政策

随着城市功能全面提升,产业与服务功能更加积聚,经济活动交流更加频繁,使得城市交通系统负担加重,交通供给一直滞后于交通需求,交通运行效率和服务水平与日益提高的出行服务质量差距越来越大,出行需求的多样化与服务质量的高要求成为当前的焦点问题。城市交通从交通系统管理技术政策阶段发展到需求管理与系统管理并重的阶段。历史城区作为城市的核心区域,其对交通系统服务的要求高于城市其他地区,对交通技术政策要求也高于其他地区。

1)交通技术政策体系

现行城市交通发展技术政策主要针对城市整体要求,对于历史城区这样的特殊性地区,尽管越来越受到重视,但是针对性的交通发展技术政策体系尚未真正形成。城市交通技术政策总体上可分为两类[114]。

第一类是相对较为全面的综合性技术政策,主要与城市整体发展要求相一致,引导城市交通可持续发展,为交通转型发展提供技术政策保障,其中部分技术政策以城市交通发展目标与考核标准形式提出,包括交通转型发展的理念和具体考核指标体系。2003年,住建部和公安部联合出台《绿色交通示范城市考核标准说明》,从规划、建设、组织管理等层面,重点针对公共交通、基础设施和交通环境等方面全面地提出我国绿色交通发展要求,主要为指导正在开展的大规模城市交通基础设施建设,进一步改善城市交通环境,应对交通发展对城市造成的负面影响[115]。为缓解社会经济快速发展对城市环境带来的冲击,北京市在2005年的城市总体规划中首次提出建设宜居城市理念,住建部于2007年颁布了《宜居城市科学评价标准》,进一步强调了交通系统应该为城市生产、生活各方面的内容提供高质量的出行服务,并且使这些服务能被广大市民便捷地享受,宜居城市交通发展理念更加突出强调了出行环境和社会公平的保障,体现"以人为本"。

第二类交通发展技术政策主要为指导道路网、停车、公共交通以及交通组织与管理等交通专项规划与设施建设。这类技术政策在各类城市规划与城市交通规划设计技术规范标准、国家及地方城市交通规划编制导则中均有明确要求和说明。另外,为应对交通拥堵问题及响应国家节能减排要求,相继出台了一系列公共交通发展政策性文件。2005年建设部等出台了《关于优先发展城市公共交通的意见》(国办发〔2005〕46号),对城市公交系统及设施规划建设提出了一系列的技术政策要求,进一步明确了公交优先发展政策。此后,为进一步巩固和强化公交优先发展战略的实施,相继颁布了《关于优先发展城市公共交通若干经济政策的意见》(建城〔2006〕288号)和《城市轨道交通运营管理办法》(建设部第140号)等公共交通发展技术政策文件。全国各省市结合本地区实际情况,在国家交通技术政策基础上,也提出了适应性的政策文件。

历史城区及街区交通建设一直坚持建筑遗产与风貌保护优先为前提。《华盛顿宪章》规定"历史城镇和城区内的交通必须加以控制,必须划定停车场,以免损坏其历史建筑物及环境;城市或区域规划中作出修建主要公路的规定时,这些公路不得穿过历史城镇或城区,但应改进接近它们的交通"。《历史文化名城保护规划规范》等相关技术规范对历史城区和街区初步提出了以慢行和公交为主的交通模式,道路交通设施建设应注重风貌保护与延续。随着城市的发展和人们认识的提高,对于历史城区的保护与更新模式研究开始受到重视。在北京、苏州等历史名城的历史城区更新与交通改善过程中,提出了一系列的交通发展政策,主要体现在三个方面:土地使用源头管理,进行用地功能置换,疏解历史城区城市功能;调整历史城区道路系统;优先发展公共交通,控制交通需求总量,优化交通方式结构[1, 116]。

2)交通技术政策的适应性

交通技术政策的出台和实施较为全面地为我国城市构建合理交通体系提供了有力的支撑和保障,但伴随着社会经济的不断发展以及交通矛盾的转移与复杂化,既有技术政策已经不能适应交通进一步健康发展的要求。

现阶段城市交通矛盾的综合性特征越来越明显,这与土地利用、方式结构、资源配置以及组织管理均有紧密的联系。尽管既有交通政策总体上涉及范围较广,但是各技术政策之间缺乏协同,难以形成合力去解决交通问题。如目前一系列公交优先发展政策的提出重在探索提升公共交通本身的竞争优势,对其他交通方式的发展政策缺乏融合,未能从整个交通系统的角度进行优化,也未将社会经济发展、交通设施配置和交通运营组织等层面进行统筹考虑。

城市规模的扩大和空间的拓展,不同区位地区土地利用特征与出行特征出现了显著差异,现有政策与技术指标未及时更新,在交通规划中采取统一的设施供给策略与技术指引,与城市发展不相适应。如在《绿色交通示范城市考核标准说明》中统一规定:建成区道路网密度大于 $8.5\ km/km^2$,主次干道密度大于 $4\ km/km^2$,对历史城区没有针对性的指标要求,导致交通建设难以满足地区发展要求。

追求交通的"畅通性"是当前交通技术政策的主要目标,偏向于机动车运行速度的提高,因此,道路设施建设也偏向于高等级干道,忽视支路网的规划建设。城市机动车运行空间越扩越大,而对占绝对主导地位的慢行交通保障不足。历史城区也同样把空间让位于机动车交通,这也是导致城市中心区和老城区交通拥堵的主要原因之一。

4.1.3 交通设施供给及运行特征

历史城区道路交通资源扩容余地非常有限,无法较大幅度提高交通承载能力。面对社会经济的快速发展和小汽车进入家庭,历史城区道路交通也面临着前所未有的挑战。结合历史城区特殊的道路交通网络系统,充分认识其特征与运行规律,挖掘和合理利用有限的道路交通资源,是实现交通系统功能和历史城区交通理性发展的有效路径。

1)特定路网结构下的有限容量

历史城区特定的路网结构和街巷体系决定了有限的路网容量。路网容量作为反映城市道路网交通供给能力的宏观体现,是衡量交通供需平衡关系的重要决策指标。历史城区路网容量取决于古代城市道路网系统规划,其中路网结构、路网密度、道路条件、交通条件等因素都对路网容量有一定的影响。

历史城区的道路网往往承袭于历史,这与我国城市道路系统规划科学的起源与发展有关。北京城自元代建都以来,经明、清两代的建设和演变,最终留存下来的棋盘式道路格局是由街道和胡同两部分造成,街道宽而稀,胡同窄而密,形成了一种熙熙攘攘的大街和安静幽深的小巷这一特殊的城市肌理;古城西安的城市道路继承了长安城的棋盘式道路网格局,随着现代城市道路建设,城墙内部的道路网络基本呈方格网结构;而江南水乡共有的特点之一便是前街后河,如苏州市古城区为路河平行的双棋盘格局。这些特有的历史发展与地理形态形成了历史城区独特的道路网格局。

如南京老城道路和街巷的格局,是以城市的三个历史轴线(中山路、中华路和御道街)为中心形成的棋盘式格局,局部地区受地形、水系影响,有所变通,具有工整而自由的特色,如图4.1所示。各个历史时期街道格局在方位略有不同条件下,紧密结合,主次分明,相互协调,反映不同历史时期城市建设思想和城市格局的变化。具体而言,南京作为六朝古都,历朝都城均位于明城墙围合范围内,城南地区仍沿袭六朝以来的街巷格局,明故宫地区主要道路走向基本延续明代道路走向格局,颐和路公馆区等地区仍保持民国时期的街巷格局。老城内各片区道路成长的机理存在差异性,路网自成系统,片区之间的道路衔接程度低,连通性较差。扬州历史城区的城市风貌呈现"逐水而成、历代叠加"、"双城街巷体系并存"、"河城环抱、水城一体"的特征。历史城区以明代旧城、新城为基础,经过完善,呈现出"东市西府"的双城格局,其中旧城街巷规整有序,新城街巷自由多变。特有的历史发展沿革与时代建设思想形成了历史城区特定的道路网格局(图4.2)。

图4.1 南京市老城路网布局图　　图4.2 扬州市历史城区路网图

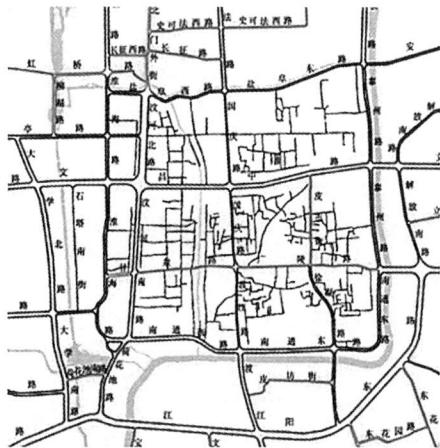

历史城区路网体系往往受到山、水和历史格局的阻碍,局部路网不能顺利向外延伸,除了极少数最重要的干道可能与外围干道贯通外,绝大多数的街巷都存在曲折、断头、封闭环状和"T"形交叉口等通而不畅的特征。街巷由古街坊发展演变而来,具有很强的组织性和完整性,其中相当一部分街巷连通性良好,且密度较高,如扬州老城街巷密度达到7.3 km/km²,这些街巷道路具有很高的交通价值,如图4.3所示。即使如经过严整规划的明清北京旧城,尽管内城(现前三门大街以北)是横平竖直的棋盘式街道格局,也只有两三条可以南北贯穿的道路,外城(现前三门大街以南)贯通东西、南北的道路各有一条,胡同的布局则更加自由、丰富,但老城区内部街巷具有较好的通达性,具有很高的交通价值(图4.4)。因此历史城区的街巷道路具有通而不畅的特点,"通"是区内交通出行可达性需求的保证,"不畅"是防止快速机动化交通盛行和外来过境交通畅通无阻穿行的措施,保证城区内部传统氛围不被破坏。通而不畅的街巷体系为历史城区组织多模式路网,提倡公交与慢行优先提供了设施载体。

历史城区道路系统多为慢行交通构建,道路等级偏低,路幅较窄,城市空间形制与道路宽度一般仅满足慢行交通出行。尽管为了适应机动车出行的需求,在旧城更新与改造的过程中对部分干道进行了改扩建,但是由于历史城区的沿街开发模式和历史保护的要求,拓宽的余地相当有限,不可能通过大规模地拓宽、修建道路来提高路网容量。与此同时,山脉、江河的自然阻隔、散落在城区内的文物古迹、传统的"大院文化"和"对景文化"等,使得历史城区的道路无法顺利延伸和连通,导致路网系统性较差、衔接不畅,影响路网整体效益的发挥。

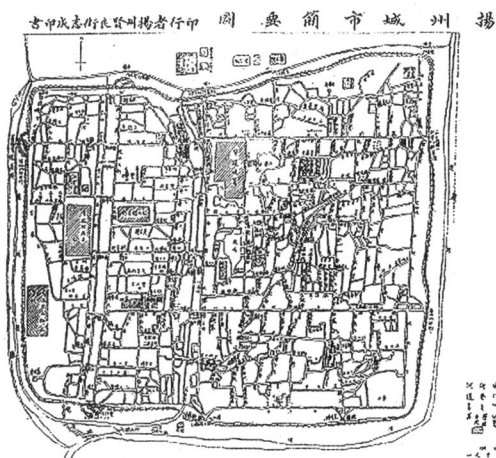

图 4.3 扬州民国时期的街巷体系

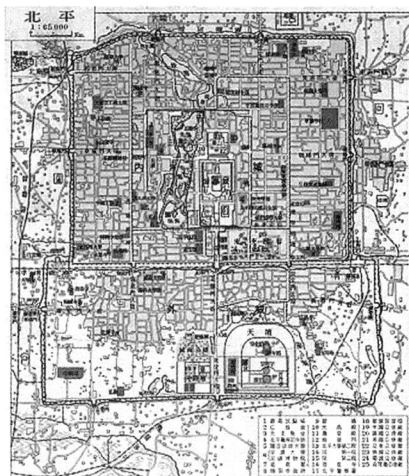

图 4.4 北京民国时期的街巷体系

在现代旧城更新改造的过程中,为适应和满足快速机动车交通的需求,打通区域交通瓶颈,大量的快速干道得到拓宽改建,而低等级道路(仅指次干道和支路,不包含街巷道路)的建设往往得不到重视,导致历史城区路网结构功能紊乱,城市交通机动性与可达性较低,不仅不利于机非分流系统的形成,也影响不同距离出行的相互分离,更影响不同类别道路系统交通功能的发挥,对于公交优先的实施也是很大的障碍。

低等级道路无法为干道交通进行有效分流,路网容量局限在历史城区仅有的数条干道上,未能实现网络效应,使得历史城区内道路容量不足的现象更为突出(表 4.6)。另外,历史城区高密度街巷体系由于未纳入城市道路体系,其服务交通的功能也未能得到发挥。因此,历史城区有限的路网容量将成为制约其更新发展的客观现实。

表 4.6 部分历史城区道路网密度指标 (km/km²)

	路网密度				
	快速路	主干路	次干路	支路	街巷
扬州历史城区	—	0.5	2.48	1.2	7.3
南京老城区	0.44	0.81	1.17	3.62	—
镇江老城区		1.62	1.10	1.25	4.4
苏州古城区		0.72	1.35	3.61	
中心区国标推荐值	0.3~0.5	0.8~1.2	1.2~1.4	10~12	—

历史城区丰富的街巷系统为慢行交通系统的构建提供了良好的设施载体,同时也为机非分离创造了条件。而由于支路和街巷道路功能与使用管理模式的原因,导致非机动车难以连续行驶,支路对于骑行者的吸引力低,非机动车交通仍主要集中在交通条件较好的主干路上;另一方面,路网结构不合理、次干路缺乏,使支路和街巷由于绕行距离较远而难以起到分流的作用。在城区主要道路上,普遍存在机动车与非机动车、行人争夺通行空间的

现象,快慢混行严重,慢行空间被挤占,路权得不到保障,连续的慢行网络无法形成。

由于历史城区不同道路功能界定及使用的不合理性,在现阶段机动化不断推进的背景下,多数道路让位于机动车交通,时空资源消耗大大增加,这使空间资源约束下的道路网承载力更显得不堪重负,大部分历史城区均出现了不同程度的拥堵现象。扬州市历史城区道路基本接近饱和,干路交通高峰小时负荷度已经超过 0.85,高于外围分区道路,尤其是其主轴线文昌路,超过 0.95。历史城区路网容量不足在一定程度上是由其道路尺度狭窄、路网密度不高等造成的,但究其本质却是以现代化的车行交通为主的交通模式、机动车流密度高的道路交通特征,取代了过去传统以步行交通为主的慢行交通特征。也就是原有的交通模式和机动化交通需求之间的落差和矛盾,导致历史城区空间资源约束下的道路网在机动化背景下显得力不从心。

2）进出交通成为地区交通瓶颈

历史城区人口和就业岗位的高度集聚,使其成为城市中首位度最高、辐射力最强和出行量最大的地区,这些因素将导致较高的交通出行量,这也是当前城市老城区交通拥堵的根本原因。如 1996—2004 年 8 年间,北京市旧城区车辆出行强度增加了 1.6 倍,机动车出行强度是近郊区的 3.6 倍,产生吸引强度是近郊区的 3.2 倍,而旧城区所吸引的出行量占市区出行总量的 47%[110]。根据 2010 年南京市交通调查,老城周边各片区居民跨区出行中,到老城的出行比例占到 42.07%,且这部分出行中,机动车出行比例超过 60%。另外,历史城区在担负大量城市日常交通重任的同时,还承担着相当数量的旅游性交通,交通压力更大。

城市化的发展带来了城市空间格局的调整,新城不断涌现,部分职能开始向新城转移,历史城区的用地性质和强度发生改变,通过用地置换和人口疏散,历史城区的人口密度和就业岗位分布强度也有所减缓。但是,对多数城市而言,由于新城的开发程度不够成熟,各种配套设施不够健全,历史城区仍然是城市政治、经济以及文化的中心,并且由于历史文化和生活习惯等原因,历史城区仍最具吸引力。作为城市的职能中心,历史城区的交通具有两重特性:一是对外具有集散特性;一是内部具有明显的轴向特性。两种特性的叠加导致有限的道路交通设施难以承受如此巨大的交通需求,对于历史城区与外围联系道路,成为了城区内外联系的主要通道。

由于历史文化保护的要求,历史城区的更新改造模式主要以局部细微改造和适度更新为主,因此,道路网仍将以"高密度—小街区"的路网布局形式为主,干路也主要为四幅路和两幅路。而在城市外围新城和组团建设中,道路网规划严格按照现有城市道路交通规划设计规范要求,许多新区在道路宽度上还坚持"适度超前"的原则。按照这样的规划,许多新城形成了"宽马路—大街区—稀路网"的路网格局,道路红线配置标准较高。

城市空间拓展导致新的交通出行空间分布的形成,呈现以历史城区为核心、向周围组团放射的分布特征。为适应这种交通需求分布形式,建设了大量联系历史城区与新城(组团)的放射性通道。由于新城道路配置标准较高,对接历史城区的主干路一般为六车道以上,而历史城区极少有六车道以上道路,且由于两侧用地开发已经成熟,改造可行性极小,致使内外道路通行能力不匹配,成为交通的瓶颈。

在历史城区强大向心吸引作用下,外围地区与城区间通勤交通需求仍持续增长,而道路有限的扩容能力相对于通道交通需求增长而言,可谓杯水车薪。随着外围副城人口规模增长,历史城区进出通道的供需矛盾进一步激化,大面积的拥堵蔓延,早晚高峰拥堵时间延长。如南京市目前形成的"一主三副、主城五大片区"空间结构下,老城核心区与外围 4 个片区联系道路历来都是关键通道,也是瓶颈地区。根据调查,现状老城到主城各片区共有 30

个通道,通道的单向车道数为67条,通道的瓶颈路段或处于桥隧,或处于连接通道两侧的道路,这些通道拥堵现象突出,早晚高峰拥堵时间接近2 h,见表4.7、图4.5和图4.6。

表4.7　南京主城内老城与周边片区关键通道高峰小时机动车交通量变化　　　　（pcu/h）

方向	通道名称	2006 年	2007 年	2008 年	2009 年	2010 年	增长率（%）
老城与河西通道	郑和中路	—	—	—	2 413	3 905	61.83
	三汊河桥	—	—	2 046	2 427	2 142	−11.74
	定淮门桥	—	—	2 594	3 617	4 476	23.75
	草场门桥	3 904	4 406	4 022	3 771	4 399	16.65
	清凉门桥	3 360	3 160	3 635	3 624	3 307	−8.75
	汉中门桥	4 590	1 890	2 509	2 857	2 816	−1.44
	水西门桥	4 663	4 113	4 805	4 016	3 024	−24.70
	集庆门桥	3 356	2 969	3 796	3 264	2 699	−17.31
	应天大街	—	—	1 316	1 699	2 096	23.37
	兴隆大街	—	—	—	586	897	53.07
	梦都大街	—	—	—	1 479	4 779	223.12
	河西大街	—	—	1 055	1 453	2 868	97.38
老城与城南通道	中山南路	3 798	4 318	3 928	4 300	3 493	−18.78
	中华门	4 620	3 630	3 960	2 952	2 481	−15.97
	武定门				3 669	2 190	−40.31
	通济门	3 178	8 361	10 775	121 756	11 359	−3.38
老城与城东通道	光华门				2 385	3 291	37.99
	光华东街				1 209	1 845	52.61
	后标营路	2 066	3 024	2 837	3 307	2 497	−24.4
	中山门	5 487	3 813	4 440	4 436	4 160	−6.22
	玄武大道	—	—	4 900	9 136	10 686	16.97
老城与城北通道	红山路	4 553	5 819	6 422	3 730	5 497	47.37
	中央北路	5 040	5 040	4 680	4 307	4514	1.80
	黄家圩路	—	—	900	1 206	—	34.00%
	幕府西路				4 022	3 965	−1.42
	墨香路				3 728	3 708	−0.54

数据来源:《南京市交通发展年报》(2011 年)

以扬州市为例,丰富的水系环抱着历史城区,历史城区14 座桥梁成为城区内外衔接的关键通道,由于桥梁与周边道路的车道数不匹配,不能满足交叉口渠化展宽要求,因此成为交通瓶颈。由于通行能力的不匹配,城区出入道路衔接的交叉口成为主要的拥堵区域(图4.7,图4.8)。

图 4.5 南京老城对外联系关键通道

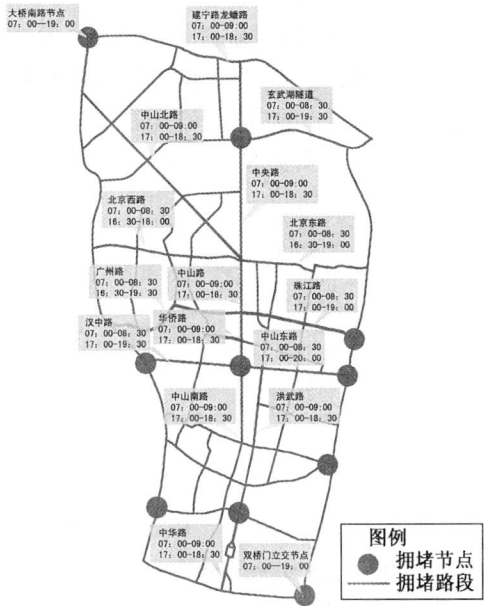

图 4.6 南京老城主次干道高峰拥堵时空分布

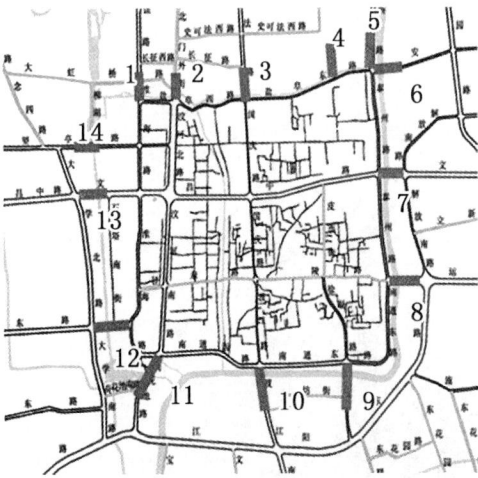

图 4.7 扬州历史城区主要对外联系通道

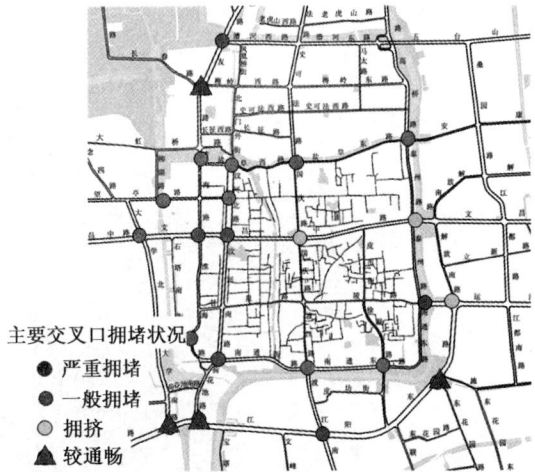

图 4.8 扬州历史城区主要交叉口高峰时段饱和度

3）城市客流走廊贯穿历史城区

空间外展型历史城区由于其独特的地理区位以及新城围绕老城的发展模式,导致城市客流走廊往往串联老城与新城,形成穿越历史城区的城市客流走廊。

城市客流走廊主要通过轨道交通和地面交通干道承担,轨道交通能够快速集散大量的客流需求,是缓解历史城区交通压力的最佳方式,但是目前多数城市并未建成轨道交通,导致城市客流只能通过地面交通承担。由于历史城区内部贯穿性交通干道相对匮乏,城市客流走廊一般以城区内部道路条件较好的城市干道为载体。但历史城区多为沿街发展,干道两侧用地强度高,城市主要建筑和单位部门林立,交通集散频繁,使得作为客流走廊的交通性干道往往同时承担历史城区内部集散功能,"通行"与"通达"要求并重。

扬州市为东西向带状发展的城市,一直以来,以东西向交通为主,蜀岗风景区、古运河、大运河等天然障碍却分割了东西向交通干道。而文昌路一线同时串联了新城西区、历史城区、城东以及河东 CBD 等多个组团中心,并且东接江都,西连仪征,成为扬州市主要客流走廊之一,如图 4.9 所示[117]。但由于文昌路横跨历史城区直通河东,穿越主城内几大商业和居住中心,道路两侧的用地布局导致这条交通干道上交通压力巨大,同时重大交通枢纽设施的边缘化布置也加剧了通道上的压力。

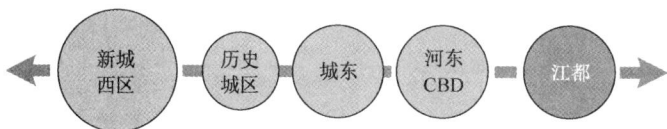

图 4.9　扬州市历史城区文昌路客流走廊示意图

苏州市由于其"古城居中、东园西区、南吴北相、五区组团"的城市格局,造成城市各组团之间的联系道路成为整个道路网络的瓶颈,外围四组团之间没有直接的交通联系,外围组团之间的联系均需要通过古城进行转换:其东西方向主要客流走廊为"主城中心 ⇔ 古城 ⇔ 园区 CBD ⇔ 新城中心 ⇔ 胜浦";南北方向主要客流走廊为"渭塘组团 ⇔ 相城区组团 ⇔ 古城 ⇔ 吴中组团 ⇔ 松陵组团"[118](图 4.10)。可见苏州市主要客流走廊形成以历史城区为中心的"十"字形布局,外围组团之间的联系均需要通过古城进行转换,古城进出通道成为整个道路网络的瓶颈。

图 4.10　苏州市客流走廊示意图

4) 公交系统服务质量有待提高

历史城区除了作为主要的城市功能聚集区外,还是具有悠久历史文化积淀的重要城市节点,应在充分保护的基础上,发展成为集文化旅游、商贸、休闲为一体的综合服务区。历史城区将吸引大量的人流、车流,而机动化的提高对城区路网产生巨大的冲击,道路交通问题日益严峻。交通需求总是趋于和超过交通供给,仅仅依靠扩建道路不能从根本上解决历史城区交通问题。在历史城区道路供给有限和历史保护的双重约束下,大力发展公共交通,是有效缓解交通压力,改善交通供需失衡,支撑历史城区有机更新和功能实现的必然选择。

公共交通作为一种大众交通工具,是大多数城市居民完成中、长距离出行的主要交通方式。随着人民生活水平的提高,经济因素已经不是制约城市居民出行方式选择的最主要因素,但现阶段大部分历史城区内居民公交出行比重相对较低,主要是公交系统发展有待完善,服务水平有待提高。居民对公交服务水平的本质诉求,是希望能同时得到时间可达和空间可达,即公交可达性。大部分历史城区往往没有充分考虑其空间布局、路网特征和衔接层次,挖掘潜在的公交驳运市场。同时由于历史城区道路网络结构失衡,易造成公交线网重复系数较高。虽然公交站点覆盖率较高,但市民与常规公交的接近程度并不高,这主要与支路网密度不高有关。如扬州市历史城区公交线网密度为 2.75 km/km^2(中心区国标推荐值:3～4 km/km^2),公交线路重复系数达 4.75,公交站点 300 覆盖率为 72%。表 4.8 给出了部分城市历史城区公交设施及运行指标。根据乘客问卷调查显示,居民公交出行平均耗时 34.27 min,其中车外时间 22.23 min,占总时耗的 64.9%,主要原因为居民步行到站时间、候车时间较长,同时换乘系数 1.75 也处于较高水平[95]。这些都可反映出历史城区存在公交盲区的现实以及提高空间和时间可达性的紧迫性。除此之外,由于历史城区内部道路机非混行严重,导致公交车的运行速度不高,公交车的准点率较低,即公交的时间可达性无法得到保障。

表 4.8　部分历史城区公共交通设施及运行指标

城市	公交线网密度(km/km^2)	公交线路重复系数	公交站点300 m覆盖率	公交出行时耗(min)	换乘系数	统计年份
南京市老城区	2.8	—	81%	—	—	2004
扬州市老城区	2.75	4.75	72%	34.27	1.75	2007
泰州市老城区	2.57	3.56	65.77	25.33	1.37	2009

综上所述,要发挥公共交通高效、集约的优势,缓解历史城区道路交通压力,吸引居民从个体交通方式转向城市公共交通,必须提供对于城区居民来说与个体出行相比具有竞争性的公共交通服务体系,保证公共交通的服务水平和可达性。只有真正落实"公交优先"战略,才能有效提高道路交通承载力,改善历史城区交通环境。

5)停车设施供给有限

历史城区用地紧张,建筑密集,缺乏公共空间用地而以道路作为社区的公共空间,但这也意味着城区范围内缺乏充分的停车设施,停车资源十分匮乏。历史城区停车设施发展缓慢,老旧建筑停车配建缺乏,改造余地较小,社会公共停车场建设用地的取得相当困难,高强度的土地开发使用普遍存在公共停车场数量不足和泊位数缺乏等现象。

历史城区的停车供给模式应首先强化配建停车的综合使用,但是目前城区内配建停车场严重缺乏,难以满足停车需求。即使拥有配建停车场的建筑单位,大部分都不对方开放,降低了停车设施的使用率。

对于公共停车设施,合理的停车供应应该是路外停车场为主、路内停车场为辅的结构。

但是我国历史城区为弥补路外停车的不足,在路边和路上利用可能的空间通过划线方式划定大量停车泊位,导致路内停车比例较高。如苏州古城区干将路、竹辉路等12条主要道路路边停车的占道长度超过道路长度的10%,其中东中市和凤凰街等道路更是超过20%。

尽管在历史城区道路上划设了大量的停车泊位,但是停车供需矛盾并没有得到真正缓解。在历史城区随处可见机动车违章停放现象,车辆随意停放在机动车道、非机动车道甚至人行道上,占用了大量道路空间,道路更加拥挤,严重浪费了有效的道路资源。特别是由于一部分居住区不存在配建停车场,大部分居民就将机动车任意停放在居住区的出入道路上,占用人们日常的活动空间,严重影响居住区的生活环境。南京老城由于配建停车缺口大,路内违章停车现象严重。据调查,支路违章占道停车长度约为49.4 km,占低等级道路长度的比例约为25.0%,违章停车占用了大量的道路空间资源,也影响了交通运行,动静态交通矛盾突出,见表4.9。

表 4.9　南京历史城区路内停车占用道路资源情况

路内停车类别	占道路长度(km)	占次支道路长度比例(%)
规划实施	80.9	40.1
违章停车	49.4	25.0
合计	148.1	65.1

注:上表中道路双侧停车的占用道路长度按其单侧长度乘以2计算。

4.2　交通承载力概念及系统构成

4.2.1　交通承载力概念与内涵

承载力(carrying capacity)一词最早出自于生态学,是指生态系统所提供的资源和环境对人类社会系统良性发展的一种支持能力,或者说是用以衡量特定区域在某一环境条件下可维持某一物种个体的最大数量。其在物理学中的界定是指物体在不产生任何破坏时所能承受的最大负荷,在不同的学科领域,承载力已经成为描述发展限制程度最常用概念。

《北京市城市总体规划(2004—2020 年)》中明确提出:"有效配置城市发展资源、合理规划城乡发展空间,促进北京经济、社会和环境的和谐、协调和稳定发展,有必要对影响城市发展的环境资源承载力进行科学分析,从而更好地指导城乡规划编制与管理工作。"城市综合承载力的概念被提出:指一定时期、一定空间区域和一定的社会、经济、生态环境条件下,城市资源所能承载的人类各种活动的规模和强度的阈值[119]。交通承载力作为城市综合承载力的一个重要方面,是确定城市土地利用强度的重要依据之一,对于协调城市土地利用与交通发展具有十分重要的现实意义。

1) 历史城区交通承载力概念

交通承载力作为地区发展所需的必要基础,一般被认为是基础设施承载力的一种,是社会经济的各种活动和行为能够得以正常运转而提供的必要资源之一。

已有的针对城市交通承载力的研究更多地考虑从硬件设施承载能力的角度出发,侧重于交通空间资源的利用。而对于特定区域交通空间资源受约束条件下的交通承载力分析,为充分发挥其资源利用效率,应突破传统的侧重于空间资源供给能力研究的思路,同时考虑时空资源的合理利用,即硬件设施承载力与软件设施承载力兼顾。因此,本书将历史城区交通承载力的概念界定为：在一定的交通时空资源调控和交通环境约束下，历史城区交通系统在设定的交通组织模式与服务水平下，所能实现的交通单元的最大空间转移能力，表示为给定约束条件下不同交通方式可利用交通时空资源的函数。

2）历史城区交通承载力内涵

由于受有限的时空资源约束，历史城区交通承载力大小与交通时空资源的调控与使用有关，即高效的时空资源使用方式有利于提高历史城区整体交通承载能力。交通环境容量约束历史城区设施容量，历史保护要求不以破坏历史城区空间格局和历史环境为代价提高交通承载力，这两个约束条件有力地控制了交通扩容。不同交通模式对交通支持系统的构建要求不同，产生的交通承载力大小也有所不同。历史城区特定的区域特征，应采用适应的交通发展模式，以最大效率利用有限的交通资源，因此应深入分析研究不同交通模式情境下的交通承载力，尽可能提高交通承载力，以适应日益增长的交通需求。据分析可知，历史城区交通承载力具有客观存在性、弹性和动态性的特征。

历史城区交通时空资源有限，尤其是路网容量较小，机动车交通受到限制，对于交通单元的度量指标的确定，应更多地考虑其他方式的衡量。交通的目的是实现人和物的空间移动，因此，交通单元即交通承载力的计量单位取"人公里"作为度量值更具针对性和合理性，即单位时间内实现的单位人移动量的多少。

4.2.2 交通承载力的属性特征

交通承载力是交通系统的固有属性之一。在某种状态下，城市系统资源、交通设施的供给能力、信息等方面都是一定的，因此交通承载力在质和量方面都是客观存在的，可通过一定的方法测度和计算。在一定时期内，道路网和轨道交通网络等都是固定的，其承载交通的能力也是存在且确定的；其次，同一时期交通环境承载力也是相对固定的，其承载约束是确定的。因此，城市交通系统在一定的时间段内，交通承载力是客观存在并相对稳定的，且可测量。

由于不同的城市交通设施之间的协调、交通模式、交通方式衔接等结构性差异，产生的交通承载力存在明显的区别，包括交通与地利用的协调、道路网设施动静交通之间的协调、机动车与非机动车之间的协调、个体机动化与公共交通的协调以及道路设施与轨道交通之间的衔接协调等等。这些内在的关系决定了城市交通承载力具有弹性特征。

交通承载力具有与交通设施容量相似的定义方法和内容，交通承载力分析的基础也是交通容量的属性存在，因此，交通承载力分析离不开交通设施容量的分析。但两者之间也存在一定的差别，主要体现在时空属性的差别以及系统性的差别。这也是交通承载力的属性特征所在。

1）空间属性

交通设施容量是交通设施能容纳的交通个体数，主要针对单个交通设施，是设施的固有属性，属于一种典型的时空资源。设施容量的度量可用设施的长度、面积、车道数、通行能力、停车泊位面积、泊位数等来度量，这一属性特征并不因为使用与否而改变。

交通承载力是交通系统在运行过程中满足各种约束和条件下，交通系统所能承载的最大交通个体数。路网容量可以理解为理想条件下的设计容纳能力，交通设施在使用中承载的交通量为承载量，其中能承载的最大的交通量为交通承载力，这个最大承载量是在各种交通条件和服务水平要求下的实际值。从空间属性来看，都属于空间资源的固有能力。

2）时间属性

根据交通设施容量的内涵,交通设施容量可以不受时间的影响,容纳能力固定;而交通承载力在不同时间下,随着交通工具、交通发展目标、科技水平和管理水平的不同,其承载力也会不同。因此,交通承载力是指在某一时间段内充分利用交通设施容量的水平,交通承载力越高,说明交通设施利用效率越高。

3）系统属性

交通设施容量一般是单个个体的容量,对不同交通设施之间的影响不做具体考虑;而交通承载力要更注重交通子系统中不同设施之间的匹配和协调关系,更注重系统性,因此,交通承载力将更加能够体现交通设施对交通需求的适应性。

4.2.3 交通承载力结构与系统构成

历史城区交通承载力系统根据系统组成关系,主要包括三大部分:交通支持系统(交通供给)、交通使用系统(交通需求)和交通约束系统。

交通支持系统主要表现为交通资源的供给系统,是历史城区自我维持和自我调节的能力以及交通系统的供给能力;主要表现形式是交通系统内的人口容量和交通容量。

交通使用系统指交通资源的占有者和使用者,是社会经济活动产生的人流与物流的发展能力,具体表现为交通需求的大小,也是交通承载对象;主要表现形式是交通系统内的人口数量和交通量。

交通支持系统和交通使用系统之间存在相互适应、相互引导的关系。交通使用系统的发展和变化会对交通支持系统产生一种需求上的变化,为适应这种变化的发展,要求引导交通支持系统向其发展所要求的方向进行调整;交通支持系统由于其本身属性及固有特性和影响因素的制约,决定了系统自身的变化和发展是有限的,无法无限制地区适应交通使用系统的要求,从而会制约或影响交通使用系统的变化发展方向,一定程度上要求交通使用系统去适应交通支持系统的最大供给能力。

交通约束系统是指对支持系统和使用系统的约束,包括设施容量约束、环境容量约束、旅游容量约束以及历史保护条件约束。这一约束系统同时作用于交通支持系统和交通使用系统朝着最有利的方向发展。三者之间的关系如图 4.11 所示。

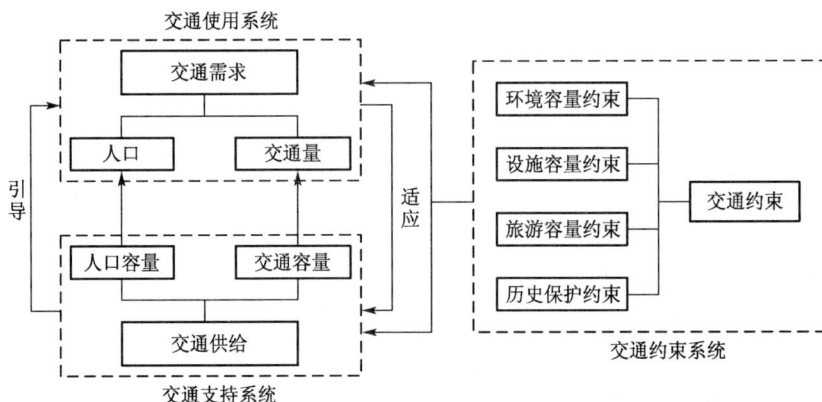

图 4.11 历史城区交通承载力系统相互关系

4.3 交通承载力要素

4.3.1 组成要素

城市交通承载力表现为交通系统载体与承载对象之间的协调与平衡,是人类生产生活活动产生的出行行为与交通基础设施、交通环境以及社会经济条件之间的有机结合。作为城市综合承载力的组成部分,表现为与综合承载力类似的特征属性。除资源基础、经济发展、基础设施等交通系统相关联的城市内在的承压能力外,人口及其出行需求是外加在交通系统的压力因素。在不同的出行压力条件下,会呈现出不同的承受能力,并且随着社会经济的发展,尤其是科学技术的创新以及社会管理的进步,交通承载力也会有一定程度的改善与提升。

自然资源——城市建设和发展的基础离不开自然资源,自然资源是人们活动不可缺少的前提和基础。

经济因素——城市是生产发展的产物,城市人口因经济因素而聚集;交通因经济活动而产生,根本出发点为服务人们的社会经济活动需求。

资源利用效率——在交通设施与环境资源总量一定的条件下,资源利用效率越高,资源产出的效益越大,所能承载的居民出行需求也会相应增加。

生活水平要求——生活水平不同,人们对交通资源的需求量和消耗水平不同,对交通系统造成的压力也会不同。在城市发展的一定阶段,城市交通承载能力不变的情况下,城市所能承载的出行需求也相对较少。

人口增长——城市的主体是人,因人的聚集而发展,因人口规模的扩大而扩张,因人的需求而产生供给,因人的活动而承受各种压力。

根据交通承载力的系统构成,历史城区交通承载力的组成要素可以划分为交通设施承载力、交通环境承载力以及历史城区特定的旅游交通容量。关于各要素承载力的介绍具体将在下文详细阐述。

4.3.2 交通设施承载力

1996年《北京宣言:中国城市交通发展战略研究》中提出的指导与中国当前社会经济发展相适应的城市交通规划、管理和运行的五项指导原则中的首要原则就是"城市交通的根本目的是完成人和物的移动,而不是车辆的移动"[120]。据此,交通设施承载力的定义为在一定时间内,一定交通状态下,城市或局部地区的交通设施所能实现的人或物的最大移动量。

根据城市交通设施系统组成,交通设施承载力也可分为道路设施承载力和轨道交通设施承载力。道路设施承载力根据服务对象又可分为机动车设施承载力、非机动车交通承载力和步行交通承载力,而机动车道路设施承载力可分为路网交通承载力和公共交通承载力。历史城区作为城市的局部地区,对应着城市局部交通设施承载力。从区域范围分析,历史城区交通承载力包括内部交通设施承载力和对外出入通道设施承载力。

交通设施承载力与交通设施容量在定义上具有相似性,但是由于前提条件的界定不同,两者之间有所差别。交通设施容量是交通设施能容纳的交通个体数,主要针对单一的交通设施而言,是设施本身固有的属性,不受时间影响,也是一种典型的时空资源,其容量大小比较固定,不会因为使用与否改变,是理想条件下的设计容纳能力。而交通设施承载力强调一种优化组合的思想,是交通设施系统在运行中满足各种约束条件下的各种设施能承载的最大交通个体数,是动态的量。交通设施承载力侧重考虑交通设施子系统之间的匹配与协调关系,更注重系统最优。总之,交通设施承载力反映交通设施利用率的高低及对交通需求的适应性[41]。

交通设施承载力是衡量交通系统能力的一个重要指标,反映交通设施利用效率的高低。交通设施承载力的计量单位为"人·km",因此,交通设施承载力与交通设施容量具有紧密的联系,交通设施容量是承载力分析的基础。

道路设施承载力和轨道交通承载力的相关概念和特性将在下文阐述。

4.3.3　交通环境承载力

城市化的快速发展与机动车的迅猛增长产生交通环境污染严重、交通资源消耗巨大等问题,城市环境受到威胁,因此各国都在探索交通的可持续发展道路。同时,城市交通不仅要遵循交通设施的承载要求,其发展也应该满足以人为本和可持续发展的要求。交通污染已经成为影响城市居民生活的关键因素之一,建立符合环境条件的交通服务体系是交通发展的主要目标之一。交通环境承载力(Traffic Environmental Carrying Capacity,TECC)正是基于此背景提出的,主要应用于交通系统规划与交通方式结构优化。

交通环境承载力(TECC)是指在一定时期和一定区域范围内,现实和特定的交通结构在交通环境系统的功能与结构不向恶性方向转变的条件下,交通环境所能承受的交通系统的最大发展规模,即交通系统的最大容量[121, 122]。根据上述定义,交通环境承载力可由两种交通环境承载力分量组成:交通环境资源承载力(TERCC)和交通环境污染承载力(TEPCC)[123]。

1) 交通环境资源承载力

交通环境资源承载力(TERCC)是交通环境承载力的支持条件,交通系统的正常运行必须建立在对自然资源利用的基础上。其中,主要用于交通系统的自然资源包括土地、能源和矿产资源。因此,TERCC定义为一定时期和一定地域范围内,特定交通结构条件下,不超过生态环境系统的自我恢复和自我维持的极限,交通环境系统所能支持的交通系统的最大发展规模[124]。

根据木桶理论,交通环境资源承载力应是下述三个资源承载力中的最小值:

$$TERCC = \min(\alpha_L LCC, \alpha_E ECC, \alpha_M MCC) \tag{4.1}$$

式(4.1)中,

　　　LCC——土地资源承载力(pcu/cm^2);

　　　ECC——能源资源承载力(pcu/m^3);

　　　MCC——矿产资源承载力(pcu/kg);

　　　α_L、α_E、α_M——LCC、ECC、MCC的相对权重。

2) 交通环境污染承载力

根据交通环境承载力的概念,交通环境污染承载力(TEPCC)的定义为一定时期和一定地域范围内,在特定交通方式结构条件下,满足一定服务水平和环境质量标准要求下,在不超过环境系统自我维持和自我恢复能力范围内,环境系统容纳交通系统排放污染物达到最大量时,所支持的交通系统的最大发展规模。交通环境污染承载力内容涉及环境标准、交通环境污染容量分担率和交通环保措施。

由于环境标准种类繁多,与交通环境污染承载力密切相关的是环境质量标准和污染物排放标准,但这两种标准不同,在计算时,应以相应的标准为依据。环境系统所能容纳的污染物中有一部分是交通系统排放的,因此,确定交通系统所排放的污染物数量占环境污染容量的比重,对交通环境污染承载力的计算至关重要。

交通环境污染承载力主要针对交通系统向环境排放的污染物而言,而交通系统排放的污染物主要包括机动车辆排放的废气和噪声等。不同的车辆、道路状况、交通状况、道路附属设施等因素直接影响交通系统的排放污染物的数量和成分。因此,采取不同的交通环保措施时,研究交通系统的排放因子十分重要。

明确交通环境质量标准和交通环境容量的阈值,以及采取的交通环境措施,可以确定一定区域内的交通环境污染承载力。因此,为提高交通环境污染承载力,在既定的交通环境容量前提下,应加强交通环保措施,减少污染物的排放。交通环境污染承载力(TEPCC)可用以下函数关系表示:

$$TEPCC = \min\left(\beta_A APC, \beta_N NPC\right) \tag{4.2}$$

式(4.2)中,

APC——大气污染承载力(g/km);

NPC——噪声污染承载力(dBA/cm);

β_A、β_N——大气污染承载力和噪声污染承载力的相对权重。

4.3.4 旅游交通容量

历史城区的形成与发展经历了漫长的历史时期,是城市历史文化的精髓和值得保护的财富。大量的文物古迹和历史遗存,是城市吸引外来游客、发展旅游业的基础,因此发展旅游业已经成为历史名城复兴的主要手段,也是重要的产业之一。历史名城凭借其独具魅力的历史文化资源,吸引着广大游客前来瞻仰历史和品位古老的文化。合理有效的开发利用历史古城的旅游资源,不但可以传播历史文化遗产及其蕴含的文化内涵,也可以彰显这些珍宝的历史价值、社会价值和经济价值,同时也是城市重要的复兴与发展之路。旅游业已经成为历史名城蓬勃发展的产业。在历史名城旅游业快速发展的同时,也给其历史文化保护带来了一定的负面影响。历史文化遗产作为旅游资源被开发利用,必须正确处理经济效益与保护利用的关系,遵循遗产保护优先的原则。对历史名城的旅游开发利用,应坚持保护利用为主、旅游开发为辅的利用模式,避免过度利用,才能实现历史文化资源的永续利用和维系城市的可持续发展。而研究确定适宜的城市旅游容量和承载力是关键。

与一般的景点或景区旅游容量不同的是,历史城区旅游容量或承载力很大程度上受到城市旅游交通容量及其他公共服务设施承载能力的约束,因此,需要保证旅游承载力与其他设施容量之间的协调。对于当前历史城区交通问题严重的形势下,研究历史城区旅游交通容量是保证旅游业健康发展的重要保障。

1) 旅游容量

旅游容量或旅游环境容量,是基于生态环境容量与可持续发展理念基础上提出的概念,国外研究起步于20世纪60年代[125]。Mathieson等认为旅游容量为能够使用游玩休闲环境的最大游人数量,而不会伴有令人不可接受的游憩体验质量的下降;O'Reilly认为旅游容量包括自然环境容量、经济容量和社会容量,是在当地居民感受负面影响之前和旅游客流衰退之前的旅游水平;Wall等认为旅游容量就是指一个地区在资源没有受到不可接受的破坏水平时所能维持的旅游水平等[126, 127]。国内学者在借鉴国外生态环境容量、旅游容量或承载力的研究基础上,在 20 世纪 80 年代开始了旅游容量和旅游承载力问题研究。保继刚等(1999)具体分析了颐和园旅游环境容量,提出了旅游环境容量概念体系中的五种基本容量:旅游心理容量、旅游资源容量、旅游生态容量、旅游经济容量、旅游社会容量[128]。

对于历史城区这样的特殊区域,合理确定和调控其旅游容量对于历史保护与城市建设都具有重要意义。历史名城中数量稀少且珍贵的历史文化资源,由于带有强烈的历史痕迹与意象,其场所与空间都具有较强的约束性,对活动空间也有较高的要求,因此能够提供给游客使用的活动空间相对有限。当游客数量超过其合理容量,必将破坏宜人的旅游环境,不仅降低吸引力,也会对历史遗产和历史环境造成破坏。另外,由于历史城区区位特征及交通条件的限制,交通系统能够承担的游客量与旅游容量相互制约。

历史城区旅游容量受到各方面因素的制约,既包括客观的实体影响因素,也包括主观的个人感知方面的因素,也有对于旅游及相关活动的管理水平等附加影响因素等,具体体现在城市内游览场所用地面积、旅游者个人游览空间标准、旅游管理政策的选取及道路交通路线的组织等几个方面[86]。

旅游容量的研究方法较多,归纳起来,主要有三种:一是运用生命周期理论对城市旅游发展阶段进行界定,考察其发展趋势及城市重大活动或事件对其旅游容量的影响;二是根据木桶理论,界定不同范围内城市旅游容量的阈值,并将城市旅游交通容量、公共服务设施容量等作为衡量旅游承载力的基本衡量指标;三是基于城市环境、土地、能源及交通等约束性条件,结合地区人口容量,基于人口总容量的约束,估算可容纳的旅游流动人口容量。

当众多的游客纷至沓来时,应将游客的数量控制在合理的旅游容量范围之内。当游客数量冲破了旅游容量的制约,旅游活动超过了地方社区的社会接纳程度,就会严重干扰城区居民正常的社会文化生活,而且也将导致历史名城文化资源特征的遗失,最终整个城市将丧失其自身的历史文化价值。

2)与旅游容量协调的旅游交通容量

历史城区的基础设施除满足城市居民正常的生活使用要求外,还要满足旅游带来的游客的使用需求,因此在确定城市基础设施规模时,既要考虑当地居民的使用需求,也要考虑地区旅游业发展需要的设施支撑。城市道路交通基础设施是维系历史城区正常运行的重要设施载体,除服务地区居民各类出行需求外,还要满足游客的旅游出行。历史城区需要提供足够的道路交通网络设施及停车设施,并采取适当的交通调控手段加以引导,以提高交通承载力。

对于旅游为目的产生的交通需求,历史城区应根据发展的阶段性提供足够的交通容量。而根据对旅游容量的研究,历史城区在确定合理的旅游容量的同时,需要配置适应的旅游交通设施承载旅游交通需求。

旅游交通容量(tourist transportation capacity)定义为一定地域范围内,一定时间和交通方式结构条件下,在旅游容量限制下,历史城区交通基础设施承载旅游业发展产生的最大旅游交通出行需求量。

旅游交通容量是交通设施承载力的一部分,是从城市交通设施中剥离出来承担地区旅游交通需求的一部分承载力。其影响因素除城市交通设施承载力的影响因素外,还与旅游容量、旅游业的发展有关。

历史城区旅游容量的确定,应综合每个旅游景点旅游容量,结合城市及历史城区整体容量,进行修正得到历史城区旅游容量。针对单个景点旅游容量的计算,很多学者根据旅游区内的规模面积,开放时间和游客的行为特征等因素提出旅游容量的计算公式[129,130]

$$TC = \frac{S \times \lambda}{S_{\min}} \tag{4.3}$$

式(4.3)中,

TC——旅游容量(人次/日);

S——旅游区实际可游览面积(m²/日);

$S_{\min}$——游客最低限度活动面积(m²/人次);

λ——旅游区游览周转系数(%)。

考虑交通对旅游容量的约束,将交通设施条件作为影响因子,对旅游容量进行修正,得到合理的旅游容量计算公式为

$$TC_a = \frac{S \times \lambda \times T \times \sum M_i}{S_{\min} \times t \times TTC} \tag{4.4}$$

式(4.4)中,

TC_a——合理旅游容量(人次/日);

M_i——投入旅游服务的某种方式交通设施的承载能力(人·km/h);

TTC——旅游交通设施容量(人·km/h);

T——某种方式平均工作时间(h);

t——往返所需时间(h);

其他参数同式(4.3)。

由于历史城区旅游容量中的每一人次增量将引发城市交通人次增量,二者成同步变化关系,因此确定城市的旅游容量,即可确定城市旅游交通需求增量,扣除城市居民日常生活游憩产生的旅游交通量之后,即为历史城区旅游交通出行量,其计算公式为

$$Q_t = \sum_i \frac{S_i \times T_i}{S_{\min,i} \times t_i} \times \mu_i \times \lambda_i \times \beta_i \tag{4.5}$$

式(4.5)中,

Q_t——历史城区旅游活动所产生的旅游交通出行量(人次/日);

S_i——第 i 个景点的实际可游览面积(m²/日);

$S_{\min,i}$——第 i 个景点每位游客最低限度活动面积(m²/人);

T_i——第 i 个景点每日开放时间(h);

t_i——每位游客游览第 i 个景点平均所花费时间(h);

μ_i——历史城区内景点 i 的游览不均匀系数,城市主要景点可取1,非主要景点按0.1
    逐级递减;

λ_i——景点 i 旅游活动人次所引发的城市交通出行比例系数;

β_i——景点 i 外地游客比例(%)。

因此,历史城区旅游交通需求总量为

$$C_t = \sum_{j=1} \frac{Q_t f_j l_j u_j K}{r_j} \tag{4.6}$$

式(4.6)中,

Q_t——旅游人口的出行总量(人次/日);

f_j——采用第j种交通方式的出行量占出行总量的比例;

l_j——采用第j种交通方式的平均出行距离(km);

u_j——第j种交通方式典型车型的换算系数(pcu/veh);

r_j——第j种车辆典型车型的平均实载人数(人/veh);

K——高峰小时系数;

j——旅游者主要出行方式,这里主要设定为公交车(包括各种类型公交车)、私家车、大巴车、非机动车、步行。

旅游出行产生的旅游交通需求C_t所需的旅游交通容量(TTC)与旅游容量(TC)必须保持协调,如果$C_t > TTC$,说明旅游人口超过历史城区交通承载能力,即旅游容量超过了旅游交通承载力,历史城区将会受到破坏;如果$Q_t < TTC$,表明旅游交通容量能够满足旅游交通需求,但是两者相差太多,说明历史城区旅游业没有得到充分发展。因此,应保证$C_t \leqslant TTC$,同时在较小的差值范围内,既能保证资源的合理利用,也能使旅游业得到充分合理的发展。

4.4 交通承载力的影响因素

1) 历史城区空间结构与土地利用

历史城区特定的空间结构,对内部交通设施的使用产生较大的影响。尤其是广泛分布的历史文化遗产资源,一定程度上制约了空间的调整与优化,只能遵循原有的空间机理和结构模式。交通模式和交通工具的使用必须适应这一空间结构模式,采取以公共交通与慢行为主的交通方式。这也就间接决定了交通承载力计算时应重点考虑公共交通与慢行交通两种方式承载能力。

历史城区土地利用性质与功能布局是交通需求产生与分布的根源。土地利用的容积率高低直接影响着交通需求的强度,也就要求交通承载力必须与交通需求相适应。从用地指标看,调整容积率,实现对土地开发强度的增减,影响区内人口密度和就业岗位密度的大小,决定交通需求强度。这一因素从总量上对综合交通承载力的计算和优化提出了要求。土地使用性质和功能布局上,要求从交通供给与交通需求在空间上的平衡出发,针对地区对外交通需求总量、出行距离、公共交通覆盖率及公交出行比例等方面进行调节,优化交通承载力。

2) 历史遗产分布与保护

历史城区内除建筑环境外,历史环境一个非常重要的部分就是道路街巷系统,从历史文化遗产与风貌保护利用的角度出发,必须全面保护历史城区的历史环境,维持原有的历史风貌。这对内部道路空间肌理、道路设施使用要求及服务水平、特定街巷道路的使用等都提出了较高的要求,减少现代机动车快速交通对历史环境的冲击,维持以非机动车交通环境为主的道路街巷系统,这些无疑会影响内部交通承载力的计算。另外,历史建筑和遗址的分布,一定程度上会影响到道路交通网络的疏通和局部瓶颈的改造,制约着交通承载力的提升。

3) 交通设施结构

不同交通设施都对应一定的交通容量,这是承载交通的前提,也是分析交通设施承载力的基础。对于道路网而言,路网容量是分析基础;对于轨道设施,每条轨道线路的断面运输能力是计算轨道承载力的基础。

城市交通设施是一个系统构成,任何一个交通设施系统都不是由单一的交通设施组成,动态交通设施需要与静态交通设施匹配,动态交通设施之间需要与交通方式结构对应的设施配置要求相适应,交通一体化要求各种交通设施之间形成无缝衔接。因此这些都是关系和影响交通承载力的重要因素。

根据交通系统出行构成,历史城区的交通出行主要分为过境交通、内部交通和出入交通,而过境交通在历史城区属于无效交通,必须剥离过境交通,减少对城区内部道路交通设施的压力。因此,交通出行构成上进行纯化有利于提高内部交通承载力。

4）出行方式结构

不同交通方式组合,交通系统运输效率不同,采取高效的交通方式,运输效率高,交通设施承载的交通个体数就高,实现的交通单元总体空间转移能力大;反之,采取效益低、占用资源大的交通方式,交通设施承载的交通个体数将会变小,承载力也就降低。

5）交通政策

历史城区在交通设施资源有限的背景下,必须根据交通发展的需求对内部的交通进行特定的需求管理或者系统管理,这些管理策略组合形成了各种约束因素,对交通承载力产生不同的影响。

以公交优先政策为例,大力发展公共交通,提高公共交通的出行比例和网络服务范围,可以大大提高公共交通承载力,提高综合交通承载力总量中公共交通运输服务的能力,提升历史城区交通系统的承载能力。

4.5 交通承载力测算模型

4.5.1 交通承载力测算的主要问题

根据4.4节分析,交通承载力与历史城区空间结构和土地利用、交通设施、交通环境、出行结构等因素有关,因此要实现可持续的历史城区交通承载力分析要重点考虑并解决以下主要问题。

1）不同交通设施约束条件下的历史城区交通承载力计算方法

交通设施是交通承载力的基础,历史城区要实现可持续发展,交通需求不能超越交通设施的承载能力是必需条件。但是交通承载能力并不是城市交通个体交通容量的简单组合,从系统工程学角度出发,只有各种交通基础设施在合理协调配置的条件下,才能发挥系统的最大承载能力。

2）交通环境承载力对历史城区交通承载力的影响

制约交通发展的环境因素很多,空气环境是主要的环境因素。交通与空气污染的关系已经有比较成熟的研究结论[124]。城市不同区域用地功能需要不同的环境质量标准,而不同用地环境容量不同,对交通承载力影响也不一样。因此需要研究交通环境承载力约束下的历史城区交通承载力。

3）历史城区交通承载力与旅游容量的协调

满足旅游交通需求是历史城区交通设施建设的重要因素。交通承载力系统中,在保障历史城区内部居民及城区与其他城市组团之间的出行需求外,应将旅游交通出行需求总量控制在城市道路交通设施剩余承载能力之内,并且应满足旅游交通对历史城区产生的交通环境污染与城市居民出行产生的交通环境污染总和在交通环境承载力范围之内。另一方面,为保障旅游业的健康发展,历史城区提供的旅游交通容量应尽量适应适宜的旅游容量产生的交通需求。

4) 交通结构对历史城区交通承载力提升的影响

历史城区交通承载力的分析分为两个部分,一是城市交通资源承载力所能提供的资源和环境数量;二是交通的分配方式。交通资源承载力决定着地区所能支持的交通活动量,而对其在交通方式结构中的分配则体现了城市交通配置城市人流与物流的能力。公共交通优先的方式结构能够实现更大的运输能力,也就提升了交通承载能力,而发展小汽车交通会刺激出行需求的增加,增大城市交通系统的负担。因此,采取公交优先的交通模式对提升历史城区交通承载力具有积极作用。

4.5.2　既有的路网容量计算方法

交通承载力计算的核心是交通设施承载力,交通环境承载力是重要的约束条件。道路设施承载力和轨道设施承载力是交通设施承载力的主要组成部分,本节重点探讨交通设施承载力的计算方法。

1) 道路设施承载力

城市道路设施承载力直接关系到城市交通发展水平。道路设施承载力主要包括机动化承载力、非机动车承载力和行人设施承载力,机动化承载力是衡量地区活力和提高城市功能的重要指标,因此,计算机动化承载力是重中之重。路网容量是衡量道路设施承载力的主要指标。

（1）机动化路网容量

目前路网容量研究采用的研究方法主要有:时空消耗法、线性规划法、割集法、交通分配模拟法等。

考虑历史城区通常范围不大,其特定的地区位置、交通条件及功能构成决定了进出历史城区的交通量相当大,尤其是高峰时期,历史城区的多数路段和交叉口都处于饱和状态。其中,出入口成为了主要的“瓶颈”,制约了历史城区交通的有序运行。历史城区边界较为明确,多为交通干道围合而成的区域,出入口通道约束下的路网容量成为其机动化承载力的控制性指标。明确历史城区出入口通行能力和服务出入交通的机动化路网容量,可以作为调节出入境交通需求的重要依据。因此,采用出入口通行能力法研究历史城区机动化路网容量,这种方法计算简单,又避免了大量的交通调查。同时,历史城区位于城市核心区域,因此交通承载力分析应适当扩大其影响范围,以周边主要过境及分流干道为界。

出入口通行能力法的思路如图 4.12 所示,其控制下的历史城区机动化通行能力为

$$C_v = C_{in} + C_{out} \tag{4.7}$$

$$C_{in} = \sum_i C_i N_i \tag{4.8}$$

$$C_{out} = \sum_r G_r N_r \tag{4.9}$$

式(4.7)、(4.8)和(4.9)中,

C_v——历史城区机动化通行能力(pcu/h);

C_{in}——历史城区进口道通行能力(pcu/h);

C_{out}——历史城区出口道通行能力(pcu/h);

C_i——第 i 条入口道路的机动车道在一定服务水平下的通行能力(pcu/h);

G_r——第 r 条出口道路的机动车道在一定服务水平下的通行能力(pcu/h);

N_i——入口道路的机动车道数量(pcu/h);

N_r——出口道路的机动车道数量(个);

i 和 r——分别表示入口道路和出口道路数量(条)。

以出入口道路通行能力为机动化交通的控制指标,结合出入交通在历史城区的平均出行距离,得到历史城区机动化路网容量 V_c 为

$$V_c = \sum_i C_i N_i S + \sum_r G_r N_r R \qquad (pcu \cdot km/h) \qquad (4.10)$$

式(4.10)中,

S——入城机动车交通平均出行距离(km);

R——出城机动车交通平均出行距离(km),其他参数同式(4.8)和式(4.9)。

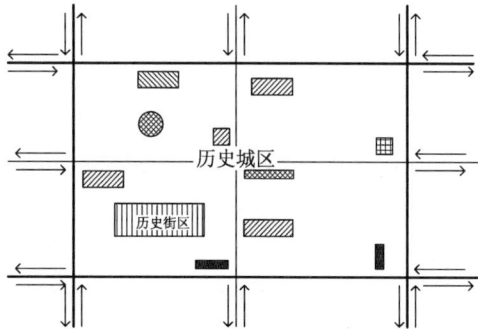

图 4.12　历史城区机动化路网容量构成示意图

历史城区机动化交通主要分成内部交通、出入境交通和过境交通三个组成部分,对应的路网容量应与之相匹配,路网容量匹配关系见图4.13。其中过境交通占据历史城区一定的路网容量资源,不为历史城区交通服务,应将这部分容量扣除,剩下的为服务历史城区的

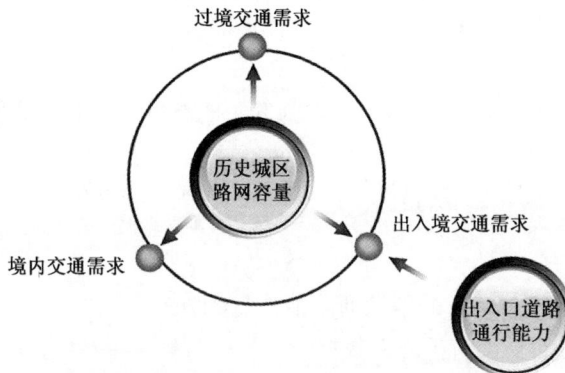

图 4.13　历史城区道路网容量匹配分析

有效路网容量,因此,服务历史城区的有效路网容量V_E为

$$V_E = V_c - V_P \qquad (4.11)$$

式(4.11)中,

V_E——历史城区的有效路网容量(pcu·km/h);

V_P——过境交通所占历史城区路网容量(pcu·km/h),其他参数同式(4.10)。

对于历史城区而言,过境交通属于无效交通,过境交通量越小越好,但是完全隔离过境交通不太实际。V_P值的大小与历史城区用地布局、城市功能、路网布局及路网容量等因素有关。因此降低过境交通量是改善历史城区交通与地区发展的重要举措,采取适当的措施将其最小化,而将更多的交通空间给历史城区的有效交通使用。

综合式(4.10)和式(4.11),得到服务历史城区发生和吸引交通所需要的有效机动化路网容量为V_E为

$$V_E = \sum_i C_i N_i S + \sum_r G_r N_r R - V_P \qquad \text{(pcu·km/h)} \qquad (4.12)$$

式(4.12)中,C_i和G_r并非直接采用进出口道路的通行能力。因为本研究是在一定时间和交通条件下,满足一定服务水平标准下的路网容量,需要根据pcu/h不同服务水平采取相应的数值进行修正。

(2)历史城区路网容量

历史城区路网是承载交通出行的主要设施,根据研究范围、服务对象等约束条件和影响因素,将路网容量界定为历史城区内部路网(街巷道路)在一定服务水平条件下,单位时间内道路网系统所能通过的最大车公里数或人公里数。

在计算历史城区机动化承载力的同时,其内部丰富的狭窄路网体系也承载着部分机动化交通和绝大多数的慢行交通。其中街巷道路是历史城区路网体系的主要组成,这里提到的街巷是指在历史城区中具有交通价值的街巷胡同等,道路宽度一般在5 m以上,即可以允许小汽车通行的道路。在计算街巷道路的通行能力时,首先根据其道路宽度,确定其可行的道路断面形式,例如对于宽度在7~10 m之间的街巷,可以考虑组织机动车单向交通,即作为单车道城市道路考虑其通行能力,而宽度在10 m以上的道路就可以组织双向机动车交通,作为双车道城市道路。另外考虑其通行能力时,要充分考虑街巷道路一般处于历史城区内部的现实,故为了历史城区内特有的氛围不被破坏,故一般需要将其速度控制在10 km/h左右,由此可根据道路的"设计速度"、"车道数"等参数,按车头间距估算街巷路网容量。

考虑行程车速、服务水平的要求,采用较为简单的路网容量计算方法,公式为

$$V_A = \sum_{i=1}^{5} C_i I_i N_i \alpha_i \beta_i \gamma_i \qquad \text{(pcu·km/h)} \qquad (4.13)$$

式(4.13)中,

C_i——第i类道路一条车道的理论通行能力(pcu/h);

α_i——第i类道路的交叉口折减系数;

β_i——第i类道路的平均饱和度(一般根据对历史城区交通状况的要求确定);

γ_i——第i类道路的综合折减系数;

I_i——第 i 类道路的车道里程(km);

N_i——第 i 类道路的车道数;

i——道路等级,其 1、2、3、4、5 分别代表快速路、主干路、次干路、支路和街巷。

快速路上的机动车道两侧不设置非机动车道,与之相交汇的道路数量受到严格的限制并且主要采用立交方式,其交叉口折减比较轻微,折减系数较大。主干路、次干路、支路和街巷则平面交叉口较多,在信号交叉口,一个时段往往只能满足一个方向的通行需求,因此其交叉口折减系数比较明显,折减系数较小,如表 4.10 所示。

表 4.10　交叉口折减系数

道路类型	快速路	主干路	次干路	支路	街巷
交叉口折减系数	0.9	0.6	0.5	0.5	0.5

快速路、主干路和次干路一般都是单向多车道,同向车流之间存在着相互影响,由于对历史城区道路容量的计算属于宏观分析的范畴,所以模型中需要引入车道综合折减系数对其进行宏观上的折减,支路和街巷一般是单向单车道,故可忽略此项影响,如表 4.11 所示。

表 4.11　道路车道综合折减系数

道路类型	快速路	主干路	次干路	支路	街巷
综合折减系数	0.9	0.9	0.9	1.0	1.0

（3）道路设施交通承载力

历史城区道路设施交通承载力应为出入口通道容量约束下的机动化承载力 VC_E 与内部路网体系在一定的交通结构与时空条件下的最大路网承载力 VC_A。需要说明的是,内部路网体系承载力中有一部分也承担着出入口通道容量约束下的机动化交通,计算时需要考虑进去。因此,历史城区道路设施交通承载力 VC_r 为

$$VC_r = VC_E + VC_A = \sum_i \frac{C_{Ei} \times l}{h_s \times l} \times \alpha_i \times \beta_i \times \gamma_i + (V_A - V_E) \times \varphi \qquad (4.14)$$

式(4.14)中,

C_{Ei}——第 i 类出入口道路机动车容量(i 一般取 1、2、3、4,分别代表快速路、主干道、次干道和支路);

α_i——第 i 类出入口道路类型综合折减系数;

β_i——第 i 类出入口道路车速折减系数;

γ_i——第 i 类道路的服务水平修正系数(一般根据对历史城区交通状况的要求确定);

φ——历史城区内部路网服务水平修正系数(这里的路网主要包括不与出入口通道相连的主干道、次干道、支路和街巷)。

2）轨道交通设施承载力

轨道交通方式的介入能够大大提高历史城区交通承载力,因此研究轨道交通承载力对缓解历史城区交通压力具有积极的作用。

轨道交通容量是指各条线路在高峰时期每小时经过某一点的所有列车所能运载的客流量总和(人次/h),可分为设计容量、实际容量和潜在容量[131]。设计容量是轨道交通在高峰期单向所能运载的最大客流量,是轨道交通最大容量,是提升轨道承载力的上限;实际容

量是指某一时间段内轨道线路实际运载的客流量总和;潜在容量是未来在交通系统结构发生变化的情况下,其他交通方式可能向轨道交通转移的客流量,这是提高轨道承载力的关键所在,也是轨道交通线路建设的依据,但受多种不确定因素的制约。

轨道交通容量主要包含两个部分:线路容量和列车容量。线路容量指轨道交通单方向单位时间经过某一站点的车辆数,主要受发车间隔和车站停留时间等影响因素制约。轨道交通系统容量与线路容量成正比关系[131]。而列车容量指每条列车的最大容纳乘客数。历史城区轨道交通承载力主要指历史城区影响区内各条轨道交通线路承载运输量之和,承载能力大小主要与线路容量、交通分布以及轨道站点与其他交通方式的衔接、历史城区内部及周边轨道站点的步行距离有关。

轨道交通承载力的大小不仅与轨道线路布局、站点所经过的区域及站点影响范围有关,而且与乘客行为的主观因素有关。在研究轨道交通承载力时,必须从轨道交通系统的设施和乘客主观需求以及相互关系方面加以研究,力求系统运营效率和乘客出行成本最佳时的最大承载力,才能提升轨道交通的吸引力,提高历史城区机动化交通向轨道交通的转移率。因此,以轨道交通承载运输量最大为目标,得到轨道交通承载力计算模型

$$\text{Max}V = \sum_r \sum_s q_{rs} L \tag{4.15}$$

$$\text{st}: q_{rs} \leqslant \varphi C_{rs}, r, s \text{ 表示经过历史城区轨道线路站点}$$

式(4.15)中,

q_{rs}——轨道交通线路站点 r, s 之间的断面流量(人次/h);

C_{rs}——最大可承载的断面客流量(人次/h),与发车间隔及列车容量有关;

L——历史城区轨道乘客平均出行距离(km);

φ——轨道交通服务水平系数(小于1的常数),与乘客主观需求有关。

4.5.3 综合交通承载力测算模型

1) 交通承载力计算流程

交通承载力的分析主要为揭示历史城区交通与有限的空间资源和环境之间的关系,建立空间资源和环境承载力约束下的历史城区交通承载力宏观计算方法,为历史城区交通发展研究提供依据。因此,必须明确交通承载力计算流程与方法,如图4.14所示。

2) 综合交通承载力计算模型

根据式(4.14)计算得到的是历史城区道路设施交通承载力,其中包括机动化承载力,而在机动化承载力固定的前提下,历史城区交通需求一定时,除机动化交通承担的出行需求外,其他出行应向公共交通、步行、自行车甚至是轨道交通转移和承担。因此,衡量历史城区交通承载力,不能仅限于机动化交通,应更多地侧重于整个交通系统运输量的提高。

由于对交通承载力界定时以"人·km"为计量单位,这里计算历史城区交通综合承载力应以高峰小时系统最大运输量进行

$$V_r = \sum_{i=1}^F K_i N_i P_i L_1 + K_v \alpha_v L_2 + K_0 \alpha_0 L_3 + \sum_r \sum_s q_{rs} L_4 + K_b \alpha_b L_5 + \alpha_p L_6 \tag{4.16}$$

$$\text{st}: \theta_1 \sum_{i=1}^F K_i L_1 + K_v L_2 + \theta_2 K_0 L_3 \leqslant VC_E$$

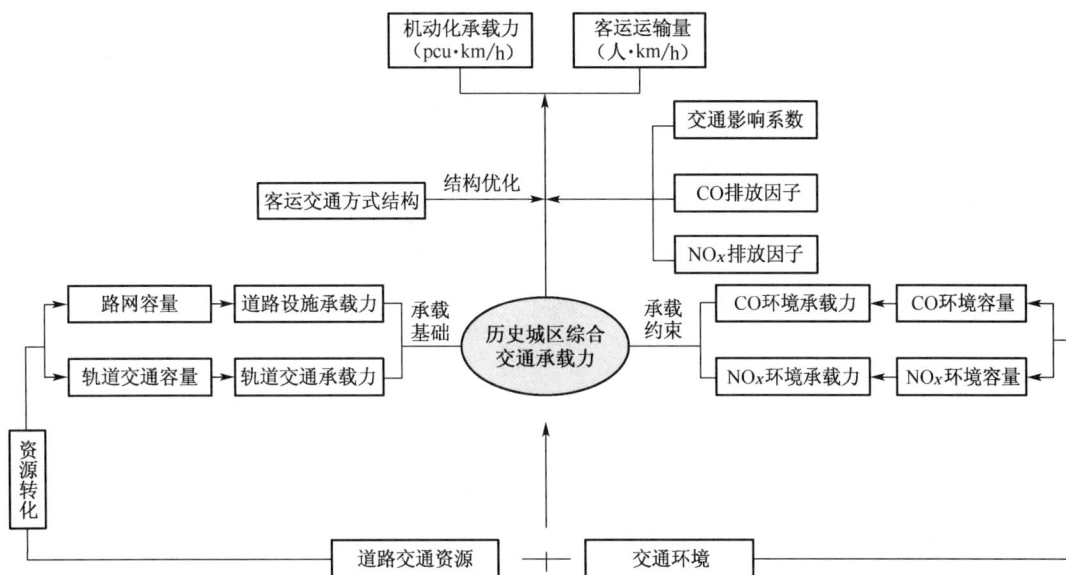

图 4.14　历史城区综合交通承载力计算流程图

式(4.16)中,

V_r——高峰小时历史城区交通承载力(人・km/h);

VC_E——历史城区道路设施机动化交通承载力(pcu・km/h);

K_i——现行的公交管理和控制下 i 路公交车的高峰小时最大周转次数;

N_i——常规公交在历史城区的车站数;

P_i——高峰小时 i 路车每站平均下站人数;

F——为历史城区内公交车路线数;

K_v——高峰小时历史城区小汽车数(pcu/h);

α_v——高峰小时小汽车的平均载客数(人/pcu);

K_0——高峰小时其他类型车辆数(辆/h);

α_0——其他类型机动车辆的平均载客数(人/辆);

q_{rs}——历史城区内部及周边轨道站点间客流量(人次/h);

K_b——高峰小时非机动车辆数(辆/h);

α_b——非机动车辆的平均载客数,一般取1(人/辆);

α_p——高峰小时行人流量(人次/h);

L_i——各交通方式平均出行距离(km), i 取 1,2,3,4,5,6。

θ_1,θ_2——分别为公交车与其他类型车辆的当量系数。

交通承载力的确定应充分考虑交通环境承载力约束的影响,这主要与交通方式、交通出行量和出行距离有关,为此建立交通环境承载力约束条件

$$\begin{cases} \sum_{i=1}^{N} k_{iCO} Q x_i L_i \leqslant E_{CO} \\ \sum_{i=1}^{N} k_{iNO_x} Q x_i L_i \leqslant E_{NO_x} \end{cases}$$ (4.17)

式(4.17)中，

k_{iCO}、k_{iNO_x}——分别为第 i 种交通方式单位里程 CO、NO_x 的排放量($g/p/km$)；

Q——交通出行总量；

x_i——第 i 种交通方式承担交通出行量的比例(%)；

L_i——第 i 种交通方式在历史城区内的平均出行距离(km)；

E_{CO}，E_{NO_x}——分别为历史城区 CO、NO_x 污染使用的上限(g)。

根据交通结构对交通承载力的影响，历史城区应优化交通结构，每种交通方式有其上限约束和下限约束，具体约束条件为

$$x_{imin} \leqslant x_i \leqslant x_{imax} \tag{4.18}$$

式(4.18)中，

x_{imin}——第 i 种交通方式承担客运需求总量比例的下限(%)；

x_{imax}——第 i 种交通方式承担客运需求总量比例的上限(%)。

4.5.4　交通承载力的提升路径

通过上节综合交通承载力测算模型公式(4.16)分析发现，$\sum_{i=1}^{F} K_i N_i P_i$ 和 $\sum_r \sum_s q_{rs}$ 是客流运输量中最主要的两个部分，也是提高交通承载力的主要途径。因此历史城区综合交通承载力主要可以从以下几个方面进行优化提升。

首先是制定历史城区交通政策，优化交通方式结构，提倡"公交+慢行"的交通模式，引导居民采用大容量的公共交通方式和空间资源占用少的慢行方式出行；其次通过完善历史城区道路交通网络，在现有路网及保护要求允许条件下，适度拓宽道路或打通断头路等来提高路网的承载能力；实施公交优先，通过设置公交专用道和公交优先信号等方式将道路交通资源优先分配给公共交通，以提高地面常规公交的承载力；重点通过改善轨道交通网络的覆盖范围和服务的便捷性，促进其他方式向轨道交通转移等措施提高轨道交通承载力；对于小汽车交通，在机动化路网容量限制的条件下，通过鼓励合乘方式提高乘客数量，提高交通承载力；对于慢行交通，通过创造便捷安全舒适的出行环境，提高出行比例。

另外，在出行总量和交通容量一定的条件下，应合理分配不同方式的交通承载力，既保证良好的可达性，也保障适当的机动性，并控制总的交通流量最小，降低历史城区交通压力。

4.6　本章小结

本章提出并分析了历史城区交通承载力系统，界定交通承载力的概念、内涵，分析了构成及主要的表征变量(交通设施承载力、交通环境承载力和旅游交通容量)；总结分析了历史城区交通承载力的重要影响因素；探讨了历史城区交通承载力计算需要研究的四个主要问题，综合路网容量及轨道交通承载力的计算方法，基于线性规划模型，建立了交通承载力定量化分析方法，构建了以交通设施承载力为主要指标，考虑交通环境承载力与交通方式结构约束，与旅游交通容量协调的历史城区综合交通承载力计算模型，并探讨了提高交通承载力的主要路径。

第5章
历史城区交通需求分析方法

历史城区交通主体构成、出行空间分布有别于整个城市,在出行方式选择时受到历史城区各种因素的影响,这一特征决定了开展历史城区交通规划时应把握城区特有的需求特征,研究针对性的交通需求分析方法。

5.1 历史城区交通出行基本特征

5.1.1 历史城区交通需求特征

交通需求特征分析是交通模式选择与服务体系配置研究的重要依据。尽管对于历史城区应合理引导和调控交通需求,但明确交通需求特点并适度满足不同居民的出行需求十分必要,这也是提倡以人为本、服务均等化、满足需求多样性的要求。历史城区存在不同类型的出行主体,这些出行主体社会经济属性不同,交通需求特征不同,因此采用需求市场细分的策略分析各类出行主体的需求特性。交通出行强度、出行方式结构、出行时空分布和出行活动类型是反映历史城区交通需求特性的关键指标。

1) 出行主体分类

交通出行分类方法较多,应用目的不同,居民出行的分类方法也不同,常见的分类方法有出行目的划分方法、出行起讫点性质划分方法、出行规律划分方法三种[132]。

历史城区由于其区位和功能的特殊性,与城市居民出行特征分析有所区别,因此,交通出行分类应采用与城市居民出行不同的分类方法,必须交叉考虑出行主体属性、出行目的和出行起讫点。

历史城区涉及的交通群体复杂多样,从起讫点性质将出行主体划分为内部居民和外部居民,综合出行主体的属性和主要出行目的,可以继续划分为六类(图5.1)。

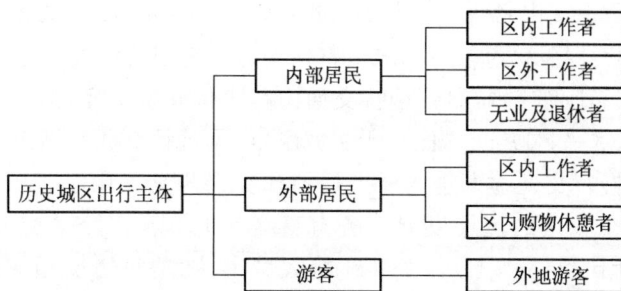

图5.1 历史城区出行主体分类

许多历史城区社会结构复杂,出行者的经济属性变化较大。在具体的出行需求特性分析中,为更进一步体现公平性,满足不同群体出行需求,可考虑将出行主体的经济属性作为细分因素进一步细分,以体现需求分析的准确性和更好地设计交通服务体系。

2）交通出行活动类型

上班、上学及派生的回程出行通常占居民全日出行总量的70%，这部分出行基本上每个工作日都会发生，而且出行的起讫点、时间、方式、路径等特征较少发生变化，所以又称为非弹性出行。与非弹性出行对应，其余目的的出行如购物、探亲访友、休闲娱乐等，无论是出行频率还是出行的时空分布均显示出较强的随机性，故又称弹性出行。

历史城区是城市中功能复合型最强的区域，其居民出行活动类型具有与城市及其他片区不同的特征。从表5.1的数据进行分析可知：

（1）历史城区居民出行目的中生活购物、文娱体育的出行需求明显高于主城区平均水平，而上班出行低于主城区，这也说明了历史城区人口年龄结构出现"哑铃式"结构；

（2）非弹性出行比例仍占居民出行的主体地位，而弹性出行比例明显增加，并呈现历史城区高于城市其他区域的趋势，表明历史城区居民对精神文化生活需求的提高；

（3）由于历史城区特殊的文化遗产和旅游潜能，以旅游为主的出行占到一定比例，其他活动出行中历史城区均高于城市其他地区。

历史城区所表现出的不同的出行目的结构，与其区位、功能定位以及其丰富的历史文化遗产密切相关。

表 5.1　部分历史文化名城主城区及其历史城区居民出行目的结构　　　　　（%）

区域	上班	上学	公务	生活购物	文娱体育	探亲访友	看病	回程	其他活动	统计年份
扬州历史城区	21.5	7.0	1.0	9.9	5.6	2.4	0.7	47.2	4.8	2007
扬州主城区	30.4	6.8	3.2	6.2	0.6	2.2	0.2	46.6	3.9	2007
苏州古城区	19.35	9.54	1.03	10.23	5.42	2.31	0.42	46.78	4.92	2000
苏州主城区	23.46	10.03	1.73	8.15	3.45	2.00	0.78	46.44	3.96	2000
常熟古城区	17.35	6.00	1.74	13.65	6.65	3.07	0.69	48.35	2.49	2001
常熟主城区	19.08	6.17	1.45	12.57	5.94	3.17	1.02	48.72	1.87	2001

3）交通出行方式结构

根据国内部分历史文化名城交通调查数据（表5.2）显示，历史城区交通方式结构与城市规模、城市规划、社会经济发展水平、城市整体交通系统密切相关。

从交通方式出行比例分析，尽管慢行交通出行比例有所下降，但无论在主城区还是历史城区，仍维持较高水平，且历史城区高于主城区，可见慢行交通在城市交通出行中具有绝对优势。这与当前慢行交通逐渐进入城市规划和交通规划的中心视野、规划高品质的慢行交通系统成为每个城市的重要发展任务有着必然的联系。公共交通作为城市交通发展的第一要务，出行比例逐年上升，尤其在特大城市，随着轨道交通的建成，其与常规公交联合承担城市交通出行的比例越来越高；机动化的发展导致小汽车出行比例迅猛增长，从无到有、从有到占到主要地位，短短几年时间，城市交通已经面临机动化带来的严峻挑战。

从城市特征看，特大城市历史城区交通方式系统主要由小汽车、轨道交通、常规公交、非机动车和步行组成，多数大城市历史城区交通方式系统主要由小汽车、公交、非机动车和步行组成,中小城市主要由小汽车、常规公交和慢行交通方式构成。从各城市出行数据分析,慢行交通方式仍占历史城区交通出行的主导地位,并高于主城区出行比例;公共交通出行日益成为历史城区的主要方式之一,尤其对于有轨道交通的城市;而机动化方式出行比例低于主城区或中心城区出行比例。这与历史城区交通系统容量有限及所采取的交通调控政策有关。

根据出行起讫点分布情况,出入历史城区和内部出行的交通方式结构也有所区别,突出表现在慢行交通方式的差异和公共交通的差异上。以南京老城区为例,区内交通出行中慢行交通比例较高,达到79.48%,而出入交通出行方式以公共交通为主,其次是非机动车,步行的比例较低;小汽车出行比例方面,出入交通高于区内出行。

居民出行方式结构反映历史城区现状居民对交通方式选择的倾向性。根据表5.2中数据统计结果,不同类型城市,出行方式结构组成有所区别,主要体现在是否有轨道交通上;慢行交通方式仍是交通出行的主体,基本都超过50%,并高于城市外围地区和整体平均水平;公共交通方式出行比例日益提高;由于历史城区采取交通需求管理策略,私人机动化出行比例降低,但从对道路资源的使用分析,仍占据主要地位。

表 5.2　部分历史文化名城主城或历史城区交通方式结构　　　　　　　（%）

城市		步行	自行车	电动自行车	常规公交	轨道交通	小汽车	出租车	其他	统计年份
北京中心城区		24.6	21	3.7	23.7	8	12	3.5	3.5	2005
		31.93	39.6		11.76	0.94	1.19	—	8.55	2000
南京主城区		25.43	37.61		19.11	2.75	6.89	2.58	5.63	2009
		26.81	42.65		18.61	0.68	2.57	3.88	4.80	2006
		24.1	41.1		22.6	—	3.02	1.32	7.84	2005
		23.23	43.79		24.74	—	0.42	1.01	7.24	2002
南京老城区	起终点在老城内	28.99	50.49		14.90	—	1.28	0.62	3.72	2004
	起点或终点在老城	4.15	34.94		47.37	—	3.40	1.45	8.70	2004
上海中心区		36.8	22.5		20	3.8	8.7	6.9	0.6	2007
上海山阴路风貌区		17	21		43	9	3	6		2007
扬州主城区		16.4	28.5	25.1	6.3		3.1	0.7	19.9	2007
		11.2	60.6		4.3	—	1.1	1.2	21.6	2002
扬州历史城区		25.5	33.6	18.2	6.3	—	2.1	0.6	13.5	2007
苏州主城区		27.7	41.8	12.6	6.4		2.1	0.7	8.7	2000
		26.5	17.9	20.7	10.4		8.7	4.4	11.4	2006
苏州古城区		28.69	41.59	13.62	6.71	—	1.27	0.56	7.56	2000
杭州主城区		30.8	33.6		20.6	—	6.5	0.8	7.7	2005
福州主城区		28.3	14.6	14.0	16.7	—	9.2	4.6	12.6	2010

城市	步行	自行车	电动自行车	常规公交	轨道交通	小汽车	出租车	其他	统计年份
镇江主城区	21.20	26.40	17.93	17.64	—	1.79	1.15	13.89	2007
	34.12	58.14	—	3.58	—	—	0.16	3.98	1993
常熟主城区	19.04	23.57	19.39	3.82	—	10.43	0.75	22.99	2007
	34.36	45.58	2.18	4.16	—	1.45	0.59	11.68	2001
常熟古城区	38.57	43.98	2.13	2.88	—	0.94	0.05	11.46	2001

数据来源:各城市交通发展年报或城市综合交通规划报告

4）不同主体出行方式关联性

不同的出行群体由于在出行过程中会发生一定的交叉性从而产生许多内在的联系,包括交通资源的占有、享受各种交通服务的机会等方面。而这些都是城市的公共政策资源,任何出行者都有平等享受这些资源的权利,历史城区交通发展与改善正是有限交通资源的再分配和不同出行主体利益的协调过程。这种资源的再分配和利益调整需要适度向弱势群体倾斜并考虑不同出行主体的可接受度,对不同群体进行适当的替代或补偿。

历史城区居民出行采用的交通方式的关联性可分为方式联系与方式冲突,如图 5.2 和图 5.3 所示[36]。交通方式联系主要体现在区内居民与区外居民可能选择的交通出行方式的对应性上,并且在使用同一种交通方式时可能产生的联系。如采用公共交通出行时,两类大的出行主体间将会共同使用同一道路交通资源。交通方式冲突主要体现在两类区域出行者选择的不同交通方式间可能产生的冲突,重点体现在私人机动化交通对慢行交通空间的侵占上。两类关系都表现为对道路交通资源的占有和使用上。

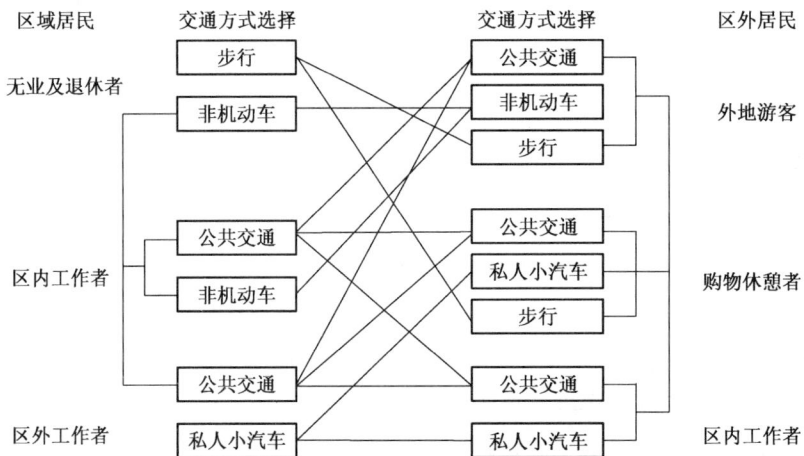

图 5.2　历史城区不同出行主体间交通方式联系

5）交通出行强度

交通出行强度是衡量居民出行需求大小的主要指标,通过交通出行强度的分析判断交通供给与需求之间的平衡关系。交通出行强度的主要反映指标是人均出行次数。根据部分历史名城老城区出行调查分析,历史城区居民人均出行次数与所在城市规模大小、空间结构以及其作为中心区、用地强度等因素有关,较城市平均出行次数高,这也表明历史城区

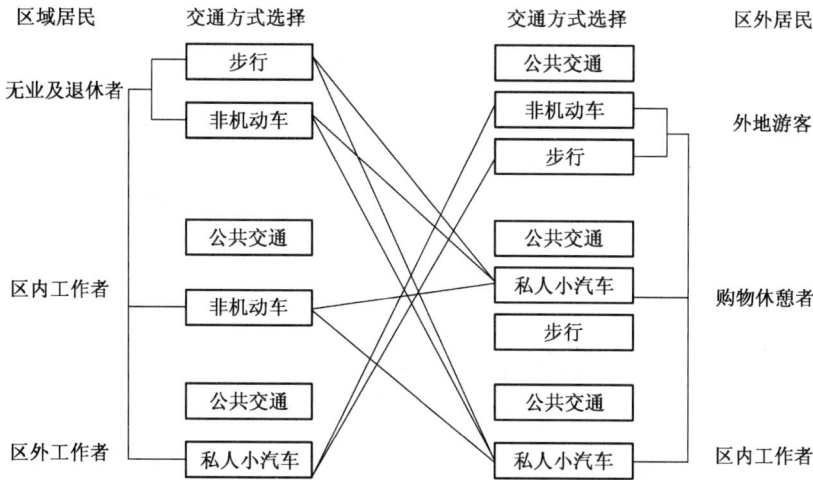

图 5.3　历史城区不同出行主体间交通方式冲突关系

是城市交通需求强度较高的区域。土地利用和功能定位是交通需求产生的本源,对于历史城区,疏解地区功能和控制用地开发强度,是降低交通需求的根本措施。表 5.3 给出了部分城市历史城区人均出行次数统计。

表 5.3　部分城市历史城区人均出行次数比较表

城市名称	南京主城	扬州市历史城区	常熟古城
出行者人均出行次数(次)	2.77	2.91	3.21
统计年份(年)	2009	2010	2001

5.1.2　交通系统出行特征

将历史城区视为一个独立的个体,其交通出行空间组成可分为过境交通出行、出入交通出行和内部交通出行,如图 5.4 所示。其中,过境交通又可分为市区车辆过境交通和外地车辆过境交通,这两种交通流都与历史城区无关,然而却是交通流中的一大主角。

以扬州市为例,2010 年调查数据显示,历史城区通过性机动化交通(不含公交和出租)达到总交通流量的 40%,将近占到半壁江山,而这些交通对城区来说却是无效交通。根据客流空间分布特征分析,城区内部出行约占 48%,出入交通出行约占 52%;对外出行中,不同方向的比例不同,这主要与周边片区功能、用地性质有关。南京老城周边各片区居民跨区出行中,到老城的出行比例为 42.07%,且至老城的跨区出行中,机动车出行比例超过 60%,导致老城与周边各片区通道交通压力较大(表 5.4)。因此,交通系统构成及分布特征是交通组织模式与设施配置的重要影响因素。

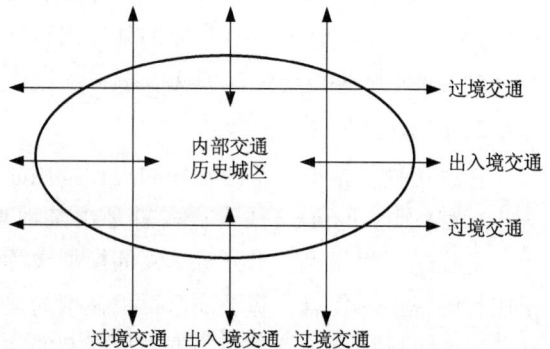

图 5.4　历史城区交通出行构成示意图

表 5.4　南京老城与各片区联系通道平均交通负荷

通道名称	早高峰进城方向交通负荷	晚高峰出城方向交通负荷	平均负荷
河西—老城	0.89	0.71	0.80
城东—老城	0.96	1.13	1.10
城北—老城	0.87	0.69	0.73
城南—老城	0.99	0.88	0.91

5.2　历史城区交通需求分析的基础理论

5.2.1　基于活动的交通需求分析理论

活动安排、出行时间和出行方式选择是基于活动的出行需求分析的三个基本要素,在出行者一天的活动中三者互相约束和影响,并共同决定了出行者一天的基本活动模式。因此,为了分析出行者的现状出行特征,预测其未来年的主要出行特征,并进一步分析其根据某些交通需求管理政策对出行模式的调整,需要建立一个能全面反映这三大出行要素的出行需求预测模型系统。

这个模型系统是以活动安排、出行时间和出行方式三个要素为基础建立的一个完整的NL 模型系统,系统的整体结构如图 5.5 所示。此模型系统的输入为个人及家庭的属性以及研究区域内各小区的统计数据;通过各阶段的模拟,系统可以输出比较具体的日活动情况,如一天中的主要及次要活动的目的,出行的起止时间段及采取的交通方式等,这些参数可以基本满足出行需求预测和交通规划分析的需要[133,134]。

首先针对图 5.5 中的基本概念给出必要的说明。

1) 出行

出行,也就是通常所说的从一个地点到另一地点的移动过程,在这两点之间没有任何第三停留点,出行的方向总是从发生端指向吸引端。出行是组成交通系统的基本要素,而把出行作为基本分析单元的模型被称为基于出行的模型。

另外,根据出行起点的不同,可以把出行分为基于家(以家为起点)的工作出行(home-based-work trip,HBW)、基于家的其他出行(home-based-other trip,HBO)、非基于家的出行(not-home-based trip,NHB)三类[135]。

2) 往返行程

往返行程是指把一系列有序的出行按照先后顺序依次首尾连接起来,因此有时也被称为出行链(trip-chain)。往返行程总是由某地点出发,经过一系列的出行后又回到此出发点。把往返行程作为基本分析单元的模型被称为基于往返行程的模型,此类模型融合了基于出行的模型的优点。基于往返行程模型的建模思想,正是基于活动的模型思想的关键所在。我们可以按照出行目的的不同把所有的往返行程分为三类,分别为工作(包括上班、上学、公务等)、生活(购物、探亲访友等)和娱乐往返行程(娱乐、旅游等)。同时,也可以按照组成往返行程的具体出行及驻停的排列结构的不同,把往返行程分为一阶往返行程、二阶

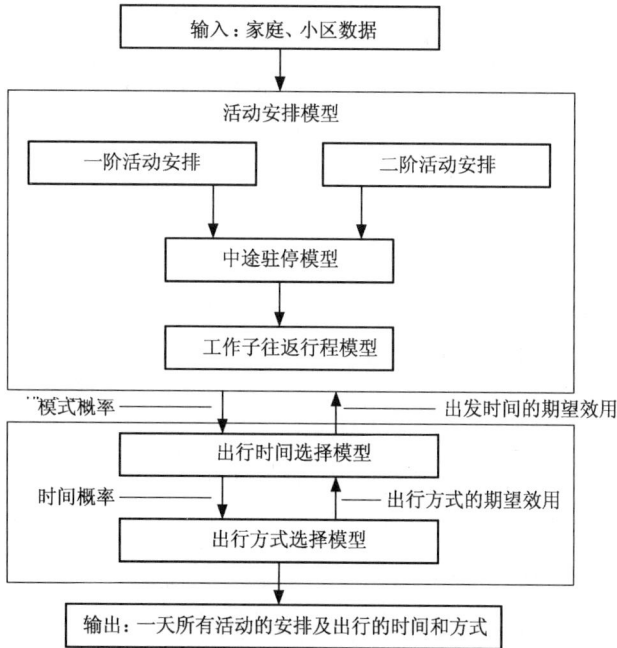

图 5.5　基于活动的出行需求分析框架

往返行程、子往返行程等。

3）一阶活动（目的地）、二阶活动（目的地）

出行者一天的活动可能由很多次往返行程组成，可以按照时间上的先后顺序和活动的重要程度等原则将这些往返行程分为一阶活动和二阶活动，分别表示一天中进行的最主要的往返行程和其他几次往返行程的总称。例如，在一天的活动安排中，某人早上从家出发上班，中午回家吃午饭；下午又从家出发去上班，晚上下班途中购物后回家。这样，前一个从家出发上班、回家的过程称为一阶活动（或称为一阶往返行程），后一个上班—购物—回家的往返行程被称为二阶往返行程。而一、二阶往返行程中的主要活动目的地分别被称为一阶目的地和二阶目的地。

4）子往返行程

前面介绍的往返行程的起终点可以是不为家的，但是在实际预测分析过程中，由于基于家的往返行程占大多数，因此以下提到的往返行程就是指基于家的往返行程。而把模型中将要用到的另一类往返行程，即以工作单位为起终点的往返行程称为工作子往返行程，也即子往返行程，如出去吃午饭等。这个往返行程就称为工作子往返行程。之所以把工作单位而不是把其他场所作为子往返行程的起终点，是因为活动链方法中的起终点，无论是对个人还是对于家庭来说通常是位置比较固定并作为出行的端点有规律地被使用。显然，工作单位、学校和家一样满足上述要求，而购物场所、娱乐场所等对多数个人和家庭来说通常是不固定的，因此不符合上述要求。

5）中途驻停点

连接往返行程中各出行之间的结点叫做驻停点，出行者一次往返行程所包含的所有驻停点中最主要的出行目的地叫做主要驻停点。比如对于活动超过一定时间的工作出行来说,单位就是主要驻停点。从家到主要驻停点的这部分往返行程叫做半个往返行程,从主要驻停点到家的一部分叫做另一半往返行程。除了主要驻停点之外的其他驻停点都叫做中途驻停点。在这些中途驻停点的活动时间通常都小于在主要驻停点的活动时间。

6)活动

活动,指个人在一个连续时间段内为达到某种出行目的,采用一定的到达方式和优先权在某个地点去实现此目的的过程。它是基于活动的出行需求理论的根本。由于每个人都要根据自己的意愿安排活动,而为了把各个在时间和空间上存在差异的活动连接起来就需要出行。由此可见,活动是最基本的,它引发了出行,同时也影响了目的地、时间等出行要素。活动概念的引入,研究时处理的对象不再是简单的出行(物理移动),而且还要考虑个人和家庭的各类决策以及引起出行的原因等等,使研究范围得到了扩展。

应用该模型预测时由上到下进行,先预测出行安排,再依次预测出行时间和出行方式;而模型标定时由下到上进行,即先标定方式模型,算出所有方式的效用后,再依次代入时间选择模型和出行安排模型,进而依次进行时间模型和出行安排模型的标定。

5.2.2 历史城区交通需求分析框架

国内外对城市居民出行者的交通需求已有较多的研究,并取得了丰硕的研究成果。但是历史城区由于其用地、路网等相比整个城市有着很大的差别,这些研究结论不能够很好地反映历史城区出行者的出行需求产生的机理和特征。因此,需探究历史城区交通需求的分析方法,并结合具体的案例来论证。总体的交通需求分析框架主要包括以下三个方面:

一是通过对历史城区出行者的日常出行行为进行问卷调查,得到基础数据来研究出行者的活动模式选择行为。根据历史城区出行特征和一般的活动模式分析的方法,对活动模式进行分类,选择个人家庭特征作为影响因素,建立多项 Logit 模型,并对结果进行分析,探究出行者活动模式选择特征及影响因素。

二是研究基于活动模式下的历史城区出行者交通方式选择行为。选取出行者的个体特征、家庭特征以及出行特征作为影响因素,通过建立活动模式和方式选择的协同进化 Logit 模型得到两者相互选择的关系。

三是基于市场细分的策略,采用结构方程模型研究历史城区交通需求特征。将历史城区出行者进行细分,选取个人特征和家庭特征作为外生变量,生存活动、维持活动和出行行为作为内生变量,建立结构方程模型,根据模型结果和分析,最终给出相应的模型预测结果的评价。

图 5.6 给出了历史城区交通需求分析框架。

5.3　历史城区出行者活动模式选择模型

传统的出行行为集计建模方法(如"四阶段"法)通常以交通小区作为研究对象,难以体现特定区域内部特定人群的出行行为差异。随着非集计建模技术的日益成熟,基于个体出行者的建模方法已成为研究特定区域、特定人群的出行行程安排、路径选择、活动模式选择及出行链特征等问题的重要研究方法和工具[136-139]。随着活动理论的引入和对出行行为分析的深入,学者开始借助活动—出行链理论对出行行为进行研究[140-146]。然而国内外多数研究主要针对整个城市层面的居民出行特征,未能聚焦历史城区这一特定区域居民出行和

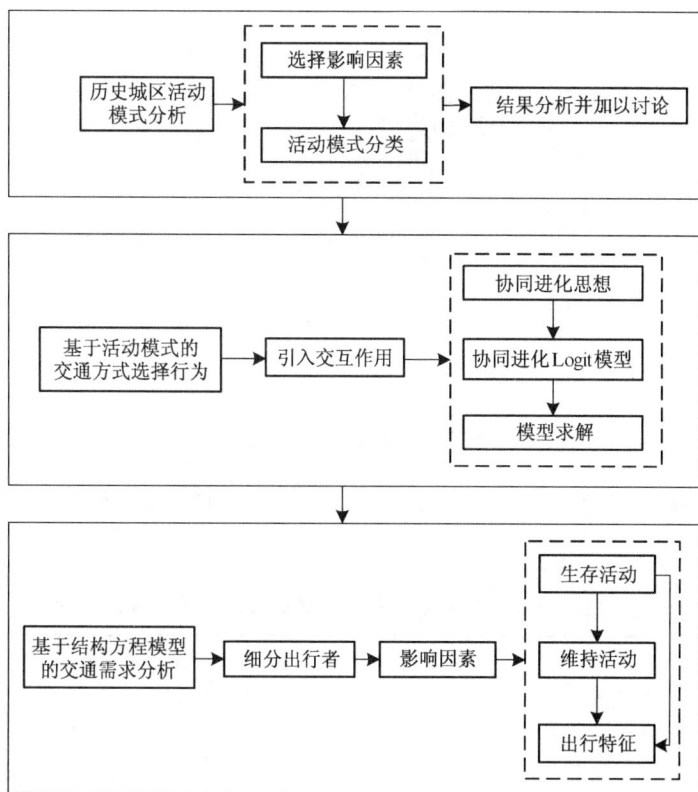

图5.6　历史城区交通需求分析框架

活动模式。历史城区居民活动模式和出行行为特征有别于城市整体及其他区域,因此以往研究成果无法为构建科学合理的历史城区综合交通体系提供指导和建议。

本节以扬州市历史城区居民出行调查数据为基础,采用多项 Logit 模型分析居民出行活动模式与个体及家庭属性特征之间的关联性,探讨历史城区与城市总体出行模式的差异性,以及产出差异的原因。

5.3.1　研究区域及数据采集

扬州市历史城区由古运河、护城河和二道河所围区域,面积 5.09 km^2,位于扬州市中心位置,是商贸、金融、文化、医疗、科教、旅游景点及配套服务的中心,同时承担部分行政职能,集中了优质的医疗、教育资源。扬州市历史城区区位如图5.7所示。扬州市为东西向带状发展的城市,以东西向交通为主,蜀岗风景区、古运河、大运河等天然障碍却分割了东西向交通干道。而文昌路一线同时串联了新城西区、历史城区、城东以及河东 CBD 等多个组团中心,成为扬州市主要客流走廊之一。

扬州历史城区目前约有 10 万人,年龄结构呈现"哑铃式",老年人与未成年人偏高。经济能力较强的中青年人已经或者倾向搬出历史城区去新城区置业安居,留在城区生活的人口有很大部分是退休老人、工商企业管理普通员工和自就业者,属于中低收入人群。扬州市较好的中小学多集中在老城区及其周边地带,因此未成年人比重也高。总的来说历史城区人口密度高于市平均水平。

扬州市历史城区的高人口密度、占主体的中低收入人群、年龄结构中老年人和未成年

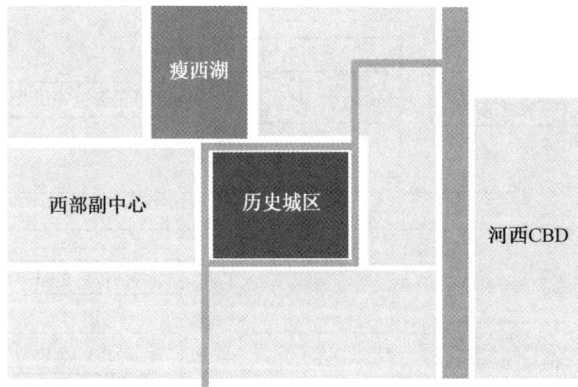

图 5.7　扬州市历史城区区位图

人比例决定了历史城区内居民出行特征有别于整体城市情况,居民出行特征对比如表 5.5 所示。

表 5.5 扬州市区及其历史城区居民出行特征对比

类　别		扬州市区	扬州历史城区
日平均出行次数(次/日)		2.81	2.99
出行方式选择(%)	步行	16.4	27.4
	(电)自行车	53.9	50.3
	小汽车	5.5	3
	公共交通	6.3	8.5
	摩托车	15.5	9.9
	其他	2.4	0.9
出行目的(%)	上班	24.7	19.3
	上学	6.8	6.3
	回程	47.1	47.3
	其他	21.4	27.1

由表 5.5 可以看出扬州市区和历史城区内居民出行特征具有明显差异:

(1) 平均次数方面,市区日平均出行次数(2.81 次/日)低于历史城区日平均出行次数 (2.99 次/日);

(2) 出行方式结构方面,历史城区内步行比例(27.4%)明显高于市区平均水平 (16.4%),主要是由于历史城区范围内出行距离一般较短;

(3) 出行目的方面,市区和历史城区的上班出行和其他目的出行的比例差异较大,回程 和上学差异较小。造成差异的原因可能为历史城区退休人员占了较高比例,因此历史城区 上班出行比例低于市区平均水平。

表 5.5 表明,历史城区居民出行特征与出行行为明显有别于市区整体情况。因此,以往 基于城市总体的出行行为研究并不适用历史城区,需要对历史城区居民出行进行专属研

究,探索历史城区内居民出行活动模式及影响因素。

5.3.2 历史城区出行活动模式

活动模式分析的基础是基于活动的出行需求分析理论,该理论认为活动的参与产生了出行需求,而活动和出行者的家庭及个体特征是影响活动和出行行为模式的重要因素。出行者的个体、家庭特征的差异性会导致活动模式的差异,历史城区也不例外。但是,相比整个城市,该地区出行者的活动模式有着自身独特的性质。因此,有必要探讨历史城区居民的主要活动模式,为该地区出行生成预测分析奠定基础。

活动模式分析的基础是基于活动的出行需求分析理论,该理论认为活动的参与产生了出行需求,而活动和出行者的家庭及个体属性特征是影响活动和出行行为模式的重要因素。通过历史城区居民出行主体的划分,可以将历史城区居民出行活动模式分为家—工作(内)—家(H-W(I)-H)、家—工作(内)—其他—家(H-W(I)-O-H)、家—工作(外)—家(H-W(E)-H)、家—工作(外)—其他—家(H-W(E)-O-H)和家—其他—家(H-O-H)五种。其中H代表家,W代表工作地,O表示次要活动发生地,I代表工作活动位于历史城区内部,E代表工作活动位于历史城区外部。表5.6给出了五种典型活动模式的图示及解释。

表 5.6　5种典型活动模式结构示意

活动模式	H-W/S(I)-H	H-W/S(I)-O-H	H-W/S(E)-H	H-W/S(E)-O-H	H-O-H
描述	工作/学习在历史城区内部,仅含上班/上学和回程	工作/学习在历史城区内部,包含其他出行目的	工作/学习在历史城区外部,仅含上班/上学和回程	工作/学习在历史城区外部,包含其他出行目的	出行目的无工作/学习
图示					
占比	41.3%	15.0%	7.9%	1.9%	33.9%

注:1. 其他指除工作/学习等生存型活动外的其他活动(维持型活动和休闲型活动)。
　　2. H-O-H 主要发生的历史城区内部,历史城区外部比例很小,故不作考虑。

以扬州市历史城区居民出行调查数据为基础,得到5种出行活动模式的比例,如表5.6所示。历史城区居民出行活动模式主要以家—工作/学习(内)—家(H-W/S(I)-H)和家—其他—家(H-O-H)为主导,分别占了41.3%和33.9%。历史城区作为城市中心,内部集中了主要的就业就学、休闲购物和公共服务等活动,居民的主要活动也主要围绕以上两种模式展开。

表5.7给出了每种活动模式的出行方式的比例。历史城区居民主要的出行方式为非机动车交通方式,这一方式在每种活动模式中都占了较大的比例;公共交通方式在每种出行活动模式的出行比例都较小,说明扬州市历史城区居民更倾向于选择私人交通工具;另外,

摩托车交通方式在居民出行活动中也占据了较大的出行比例。

表 5.7　每种活动模式主要出行方式选择比例　　　　　　　　　　（%）

活动模式	步行	非机动车 （电动车）	小汽车	公共交通	摩托车
H－W(I)－H	5.3	65.6	4.4	6.1	18.6
H－W(I)－O－H	10.5	50.9	6.7	7.4	24.5
H－W(E)－H	0	58.6	4.0	8.1	29.3
H－W(E)－O－H	13.0	34.8	26.1	4.3	21.8
H－O－H	35.2	39.7	9.1	10.7	5.3

5.3.3　活动模式选择的多项 Logit 模型

多项 Logit 模型的适用范围为因变量为无序种类变量,适合 3 种及 3 种以上因变量情况下建模,能够得到自变量与因变量之间的关联和影响。本研究针对历史城区出行活动模式展开,其因变量为 5 类出行活动模式,符合多项 Logit 建模要求。采用多项 Logit 模型来分析历史城区居民出行活动模式与个人属性和家庭属性的关系,便于了解个体及家庭属性对活动模式的影响机理。

1) 模型结构

根据随机效用理论,假设第 n 个个体选择第 i 种出行模式的效用为 U_{ni},J_n 为选择集合,且 $i \in J_n$,则效用 U_{ni} 可以表示为:

$$U_{ni} = V_{ni} + \varepsilon_{ni} \tag{5.1}$$

式(5.1)中,

V_{in}——个体 n 选择第 i 种出行模式效用函数中的固定项;

β——待估参数;

ε_{ni}——第 n 个个体选择第 i 种活动模式效用函数中的随机项。

当 V_{in} 与其中包含的解释变量之间呈线性关系时,可以表示为:

$$V_{in} = \theta' X_{in} = \sum_{k=1}^{K} \theta_k x_{ink} \tag{5.2}$$

式(5.2)中,

K——解释变量个数;

θ——参数矩阵;

θ_k——第 k 个变量所对应的参数;

x_{ink}——个体 n 选择第 i 种活动模式的第 k 个特性变量。

则个体 n 选择第 i 种出行模式的概率 $P_n(i)$:

$$
\begin{aligned}
P_n(i) &= Prob(U_{ni} > U_{nj}, j \in J_n, i \neq j) \\
&= Prob(V_{ni} + \varepsilon_{ni} > V_{nj} + \varepsilon_{nj}, j \in J_n, i \neq j)
\end{aligned} \tag{5.3}
$$

假设 ε 服从参数(0.1)的 Gumbel 分布,则有以下的一些性质:

效用误差项的密度函数为:

$$f(\varepsilon) = \lambda e^{-\lambda \varepsilon_{ni}} \exp(-e^{-\lambda \varepsilon_{ni}}) \tag{5.4}$$

累计密度函数为:

$$F(\varepsilon_{ni}) = \exp(-e^{-\lambda \varepsilon_{ni}}) \tag{5.5}$$

ε 最频值 $M(\varepsilon) = \eta$,均值 $E(\varepsilon) = \eta + \dfrac{\gamma}{\omega}$,标准差 $\mathrm{var}(\varepsilon) = \dfrac{\pi^2}{6\omega^2}$。

其中,γ 为 Euler 常数。

另外,当 ε_1 和 ε_2 分别服从参数为 (η_1, λ) 和 (η_2, λ) 的 Gumbel 分布,则有:

$$F(\varepsilon^*) = \frac{1}{1 + e^{\omega(\eta_1 - \eta_2 - \varepsilon^*)}} \tag{5.6}$$

当 $(\varepsilon_{n1}, \varepsilon_{n2}, \cdots, \varepsilon_{nj})$ 为两两相互独立的、分布服从分布参数为 $(\eta_1, \lambda), (\eta_2, \lambda), \cdots, (\eta_J, \lambda)$ 的 Gumbel 分布。

$$
\begin{aligned}
P_n(i) &= \mathrm{Prob}(U_{ni} > U_{nj}, j \in J_n, i \neq j) \\
&= \mathrm{Prob}(V_{ni} + \varepsilon_{ni} > V_{nj} + \varepsilon_{nj}, j \in J_n, i \neq j) \\
&= \mathrm{Prob}(V_{ni} + \varepsilon_{ni} \geqslant \max_{j \in J_n}(V_{nj} + \varepsilon_{nj}))
\end{aligned} \tag{5.7}
$$

定义:$U_n^* = \max_{j \in J_n}(V_{nj} + \varepsilon_{nj}), j \in J_n, i \neq j$ 则有:

$U_n^* = V_n^* + \varepsilon_n^*$,根据以上 Gumbel 分布的性质,有 $V_n^* = \dfrac{1}{\lambda} \ln \sum_{j=1}^{J_n} e^{\lambda V_{jn}}$,则

$$
\begin{aligned}
P_n(i) &= \frac{1}{1 + \exp(\lambda(V_n^* - V_{in}))} = \frac{\exp(\lambda V_{in})}{\exp(\lambda V_{in}) + \exp(\lambda V_n^*)} \\
&= \frac{\exp(\lambda V_{in})}{\exp(\lambda V_{in}) + \exp\left(\ln \sum_{j=1}^{J_n} \exp(\lambda V_{jn})\right)} \\
&= \frac{\exp(\lambda V_{in})}{\exp(\lambda V_{in}) + \sum_{j=1}^{J_n} \exp(\lambda V_{jn})}, i \neq j
\end{aligned} \tag{5.8}
$$

2) 模型算法

对式(5.8)参数进行估计时,可以先定义某一选择方案作为参照水平,其他方案均与其进行对比,建立 $J_n - 1$ 个非集计模型。假设以方案 1 作为参照水平,根据式(5.8),则有:

$$\ln \frac{P_n(i)}{P_n(1)} = \alpha_1 + \beta_{11} x_{11} + \cdots + \beta_{11} x_{1j}, \qquad i = 2, \cdots, J_n \tag{5.9}$$

为了对模型参数 β 进行估计,假设个体 n 选择第 i 种出行模式时,$\delta_i^n = 1$,否则 $\delta_i^n = 0$,则有似然函数:

$$L^* = \prod_{n=1}^{N} \prod_{i \in J_n} P_n(i)^{\delta n} \tag{5.10}$$

将式(5.8)代入到式(5.10)得到对数似然函数

$$L = \ln(L^*) = \sum_{n=1}^{N} \sum_{i=1}^{m} \delta_i^n \left(\sum_{k=1}^{K} \beta'_k x_{nik} - \ln \sum_{j \in J_n} \exp\left(\sum_{k=1}^{K} \beta'_k x_{nik} \right) \right) \quad (5.11)$$

对式(5.11)的待估参数求偏导可得：

$$\frac{\partial L}{\partial \beta'_k} = \sum_{n=1}^{N} \sum_{i=1}^{m} \delta_i^n \left[x_{nik} - \frac{\sum_{j \in J_n} e^{\beta'_k x_{nj}} x_{njk}}{\sum_{j \in J_n} e^{\beta'_k x_{njk}}} \right] = 0 \quad (5.12)$$

通过式(5.12)的方程，则可求出待估参数 β'_k。

3）特性变量的选择

居民活动模式选择是居民个人属性、家庭属性和城市空间用地布局等作用的产物。居民个体和家庭属性是活动模式的主要影响因素，同时也决定了出行行为及偏好。特性变量解释和变量的描述性统计如表 5.8 所示。

表 5.8　特性变量的解释和描述性统计

属　性	变　量		样本数	占总量的百分数（%）
个人属性	性别（GEN）	男	653	53.5
		女	568	46.5
	职业（OCC）	退休人员	273	22.4
		学生/职员/服务人员	599	49.1
		私营/个体	349	28.6
	年龄（AGE）	<30 岁	579	47.4
		30~49 岁	118	9.7
		50 以上	524	42.9
家庭属性	家庭人数（HS）	<3	397	32.5
		>3 人以上	824	67.5
	学龄前儿童（CH）	没有	1 021	83.6
		有	200	16.4
	拥有小汽车（CAR）	没有	1 153	94.4
		有	68	5.6
	家庭自行车数（BIC）	没有	254	20.8
		1~2 辆	855	70
		>3 辆	112	9.2
	家庭电动车（EBIC）	没有	498	40.8
		1~2 辆	698	57.2
		>3 辆	25	2

续　表

属性	变量		样本数	占总量的百分数(%)
家庭属性	家庭摩托车（MOT）	没有	744	60.9
		有	477	39.1
	家庭收入（INC）	<1	190	15.6
		1万~5万	900	73.7
		>5万	131	10.7

个体属性主要包括性别、职业和年龄,而家庭属性包括家庭人口数、是否有学龄前儿童、是否拥有小汽车、家庭自行车数、家庭电动自行车数、家庭是否拥有摩托车和家庭收入。在这些因素的影响下,居民安排一天活动,采取适当的出行模式,从而满足个体的生存、维持、休闲等各类需求。根据多项 Logit 对于变量设置要求,将有 k 个类别的多分类变量设置为 $k-1$ 个二值哑元变量,其中一类为参考变量。

5.3.4　模型结果分析

模型估计采用统计分析软件 SPSS 中的 multitude logistic 回归模块对模型进行参数计算。多项 Logit 将 k 个类别的多分类变量设置为 $k-1$ 个二值哑元变量,其中一类作为参考变量。最终的活动模式选择模型各个变量的影响系数以及显著性如表5.9所示。模型以活动模式 H－O－H 作为参考类别。

表 5.9　模型参数估计结果

	H－W(I)－H			H－W(I)－O－H			H－W(E)－H			H－W(E)－O－H		
	系数	P值	Exp(B)	系数	P值	Exp(B)	系数	P值	Exp(B)	系数	P值	Exp(B)
常数	/			/			−3.469	0.002		/		
[GEN=1]	0.76	<0.001	2.138	−0.559	0.027	1.75	0.891	0.007	2.437	/		
[OCC=0]	−2.604	<0.001	0.074	−1.443	<0.001	0.236	−2.076	0.008	0.125	/		
[OCC=1]	2.297	<0.001	9.947	2.191	<0.001	8.941	2.687	0.000	14.694	1.624	<0.001	5.074
[AGE=1]	1.521	<0.001	4.575	1.091	0.024	2.978	1.51	0.005	4.525	/		
[AGE=2]	1.143	<0.001	3.136	1.297	<0.001	3.66	1.421	0.000	4.141	/		
[HS=1]	/			/			/			/		
[CH=0]	/			/			/			/		
[CAR=0]	/			/			/			−2.064	<0.001	0.127
[BIC=0]	/			/			/			/		
[BIC=1]	/			/			/			/		
[EBIC=0]	/			/			/			−2.177	0.040	0.113
[EBIC=1]	/			/			/			/		
[MOT=0]	/			/			/			/		
[INC=1]	/			/			/			/		
[INC=2]	/			/			/			/		

注: / 表示变量不显著。

1）个体特征影响分析

（1）个体出行者属性中的性别和年龄因素对于家—工作（内）—家、家—工作（内）—其他—家和家—工作（外）—家这三种出行活动模式的选择有显著的影响，职业变量对四种活动模式均有显著影响。

（2）性别变量的系数在模式家—工作（内）—家和家—工作（外）—家估计值分别为0.76和0.891，而在模式家—工作（内）—其他—家为估计值为－0.559，表明更多男性选择模式家—工作（内）—家和家—工作（外）—家，其可能性分别是女性的2.138倍和2.437倍，而女性倾向选择模式家—工作（内）—其他—家，发生比是男性的1.75倍。产生这一现象的主要原因是：女性在家庭中可能更多地承担家庭购物等出行，因此女性较多地选择工作和回程之间进行其他目的的出行活动。

（3）职业（OCC＝0）变量在模式家—工作（内）—家、家—工作（内）—其他—家和家—工作（外）—家的系数全为负值，职业（OCC＝1）的系数全为正值，主要因为学生/工作人员参与工作/上学出行而退休人员没有这类出行，这与实际情况相符合。出行者年龄（AGE＝0和AGE＝1）变量系数在模式家—工作（内）—家、家—工作（内）—其他—家和家—工作（外）—家均为正，因为年龄小于50岁居民主要是工作者和学生，与职业变量吻合。

2）家庭特征影响分析

家庭属性变量中，有无小汽车和电动车数目对家—工作（外）—其他—家有显著影响，其中有无小汽车和电动车数目主要影响模式家—工作（外）—其他—家，变量系数估计值均为负值，说明没有小汽车家庭和没有电动车家庭较少选择模式家—工作（外）—其他—家。而家庭收入、家庭人口数、有无学龄前儿童、自行车数目和是否拥有摩托车则对活动模型影响不显著。

3）已有研究对比分析

通过和已有城市居民出行活动影响因素研究的结果对比得到个人属性对活动模式影响结果相同，而家庭属性则不完全相同[147-151]。例如，穆蕊（2010）对北京市居民出行调查数据分析得到家庭属性中的家庭月收入通过影响居民出行方式选择从而影响居民的出行活动；宗芳（2007）认为家庭属性变量中的儿童情况、家庭收入、有无摩托车和自行车均显著影响居民出行活动模式。

通过研究得到了历史城区内居民出行活动模式与个人及家庭特征之间的关联性。根据居民出行调查数据，将出行活动划分为五类典型模式，包括"家—工作（内）—家"、"家—工作（内）—其他—家"、"家—工作（外）—家"、"家—工作（外）—其他—家"和"家—其他—家"。建立了多项Logit模型分析了各因素对于居民进行活动模式选择的影响。

主要得到以下结论：以家—其他—家为参照类，男性更倾向选择活动模式家—工作（内）—家和家—工作（外）—家，而女性更倾向选择模式家—工作（内）—其他—家；无小汽车家庭和无电动车家庭较少选择活动模式家—工作（外）—其他—家；年龄小于50岁和学生/职员/服务人员更多地选择活动模式家—工作（内）—家、家—工作（内）—其他—家和家—工作（外）—家。研究发现，家庭属性变量中仅有无小汽车和电动车数目显著影响历史城区居民出行活动模式选择，而家庭收入、家庭人口数、自行车数、有无摩托车和有无学龄前儿童对活动模式选择的影响并不显著，有别于以往基于城市总体的居民出行活动模式选择的研究结论。

基于活动模式的研究，是以活动为视角，以出行链为单元，以个体社会经济属性为解释变量,用非集计模型对出行生成进行了新的阐述,能够预测历史城区出行者的交通需求的总量,对于将基于活动的分析方法融入出行者的交通需求预测具有重要意义。具体的预测步骤为:根据模型参数可以得到出行者典型活动模式效用函数,按照概率集计法对选择结果进行集计分析,能够得到各个交通小区所有个体选择每种活动的总数,将活动模式总数乘以活动模型平均长度就可以进行出行生成预测。

5.4 基于活动模式的交通方式选择行为

传统的居民出行方式选择预测研究一般以单次出行作为分析单元。随着基于活动的出行需求预测方法得到推广,越来越多的学者将活动模式、出行链等决策过程与出行方式选择的决策过程相结合,来进行出行行为的预测研究。研究的关键问题就是模型中出行链/活动模式与出行方式选择决策的先后顺序关系。相关的研究方法可以分为以下类:

1) **同时决策**(simultaneous choice model)

该方法的假设出行者同时确定若干选择内容。比如,对于决策集 A 和 B,包含的选择肢为 a_1, a_2, $\cdots$, a_m 和 b_1, b_2, $\cdots$, b_n,则构建一个新的决策集 AB,其选择肢为 a_{ij},其中 $i=1, 2, \cdots, m$; $j=1, 2, \cdots, n$。该方法的缺点在于:可能由于选择肢数量较多,导致新的决策集 AB 选择肢的数量过多;假设出行者同时进行选择不符合实际情况。

2) **先后决策**(sequential choice model)

该方法假设出行者按照一定的顺序进行选择决策,在模型中事先确定了决策顺序。

3) **高低层决策**(nested choice model)

假设出行者在决策时具有一定的层次性,建模时事先按照一定原则将不同决策分为若干层次,底层决策嵌套在高层决策中。常用的模型有 Nested Logit model(NL),如图 5.8 所示。

先后决策方法和高低层决策方法无论事先确定一定的顺序还是事先确定选择的层次有悖于一般的决策过程和规律。

4) **其他决策研究**

比如,宗芳等(2007)将活动特征作为 Logit 模型的效用函数中的效用项,通过对模型参数的估计,得到活动特征的出行方式选择的影响[151]。

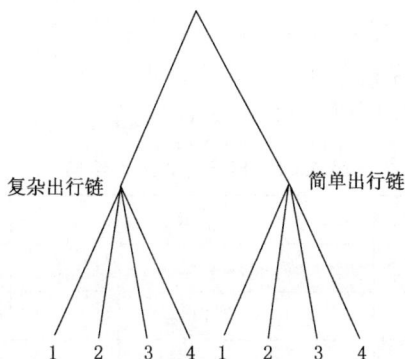

图 5.8 出行链复杂程度与出行方式选择的 Nested Logit 建模示意图

基于活动的出行需求预测方法认为出行者对于出行的需求源于对活动的需求,大多数研究者在模型中一般是优先进行出行链/活动模式的决策,或将它们作为上层决策而将出行方式选择嵌套其中。一些学者对事先确定决策顺序的方法提出了疑问,并进行了相关的验证和模型的改进。Krygsman(2007)研究认为大部分出行者的活动决策优先于出行方式的决策[152];万霞等(2009)通过对沈阳的活动模式和小汽车选择的决策研究发现,65%以上的出行者先选择小汽车方式,然后再确定相应的活动模式[153]。

5.4.1 数据及变量

研究数据源于2010年扬州市历史城区出行者出行调查。调查表随机发放到每个小区,除了调查每个出行者工作日的完整出行信息外,还有出行者的个人特征、家庭特征以及出行特征作为研究变量。个人特征包括出行者的性别、职业、年龄和工作区位,家庭特征为家庭人口数、家庭收入、家庭自行车、电动车、机动车数量等;出行特征则为出行者的工作出行时间和是否有公务出行等。调查期间一共发放调查表2 000份,有效样本为1 039份。

1) 影响因素的选择

根据相关建模和分析经验,确定 Logit 模型的特性变量应包含个体属性、家庭特征和活动及出行属性。个体属性主要包括出行者的年龄、性别、职业、文化程度等变量,而家庭特征包括家庭结构和规模、交通工具的拥有情况、家庭收入和工作地等,个体属性和家庭特征对出行者的活动安排和方式选择具有显著的影响。表 5.10 给出了用于分析的特性变量。

表 5.10 特性变量的选择

特 征	具体变量
个人特征	性别、职业、年龄、工作区位
家庭特征	家庭人口数、是否有学龄前儿童、家庭收入、有无电动车、有无机动车、有无自行车
出行特征	是否在早高峰出行、是否在晚高峰出行、出行花费时间、是否有公务出行

2) 活动模式和出行方式数据分析

根据调查统计结果,部分出行者对于不同类型的出行往往会选择不同的出行方式,也就是所说的多方式出行,但是多方式出行的样本虽然具有研究价值,但是因样本量过少,故被舍去。最后,被用作研究的出行方式有以下四种:慢行方式(包括步行和自行车)、电动车、公共交通和机动车(包括摩托车和小汽车),每种方式的统计结果如表 5.11 所示。慢行方式和电动车有着较高的分担比例,为34.8%,机动车为25%,而公共交通仅占5.3%。

表 5.11 出行方式统计结果

出行方式	频率	百分比(%)
慢行方式	362	34.8
电动车	362	34.8
公共交通	55	5.3
机动车	260	25.1
合计	1 039	100.0

研究居民活动模式时,通常把活动分为生存活动(工作或工作相关)、维持活动(生活购物、探亲访友和看病)、娱乐活动(文体娱乐)和其他活动。根据调查数据统计分析结果,由于娱乐活动(2.7%)和其他活动(1.8%)所占比例较少,因此将这两种活动当做一种活动考虑。最终研究的活动主要有三种:生存活动、维持活动和其他活动。

出行链是指一日内出行者从自家出发最终回到自家的一系列出行所构成的封闭链,可形象描述为多次出行的链接,按照活动数目可以划分为简单链和复杂链。结合调查数据,用于分析的典型活动-出行链有以下四种:工作出行链(H-W-H 和 H-W-H-W-H)占所有出行的84.6%,简单出行链 H-W-H 比例最高为59.5%,出行链 H-W+M-H 和 H-W+O-H 比例分别为10.9%和4.5%,每个出行链所占比例如表5.12所示。

H-W-H:简单通勤出行模式,无其他停留;

H-W-H-W-H:包含基于家的通勤出行往返停留;

H-W+M-H:主要为通勤出行,同时包含有维持活动;

H-W+O-H:主要为通勤出行,同时包含有其他活动。

表 5.12 活动模式统计结果

活动模式	频率	百分比(%)
H-W+M-H	113	10.9
H-W+O-H	47	4.5
H-W-H	618	59.5
H-W-H-W-H	261	25.1
合计	1039	100.0

该部分主要探讨出行方式与活动模式的相互影响关系,首先,表5.13给出了每种活动模式下对应的方式选择的比例。不同活动模式下的出行方式选择有一定的差异,活动模式 H-W+M-H,H-W-H,H-W-H-W-H 对应的出行方式整体差别不大,活动模式 H-W-H 的公共交通分担比例略高;而活动模式 H-W+O-H 慢行方式较低,电动车和机动车比例高于其他活动模式。有链接非工作活动的通勤出行链(H-W+M-H 和 H-W+O-H)机动车比例较高,其次为活动模式 H-W-H-W-H。

扬州市历史城区简单出行链 H-W-H 的比例较高(59.5%),一般研究结论公共交通在 H-W-H 中的比例应较高。但是根据表5.13,公共交通比例远低于慢行方式和电动车,这点和国内以非历史城区为对象的研究结论不同,这主要和历史城区更适合慢行方式和电动车出行有关,公共交通由于服务水平和方便性的原因,使得分担比例较低。

表 5.13 活动模式对应出行方式比例

活动模式	慢行方式	电动车	公共交通	机动车
H-W+M-H	38.9	34.5	2.7	23.9
H-W+O-H	24.1	38.3	3.6	34
H-W-H	34	35.4	7	23.6
H-W-H-W-H	37.9	33	1.9	27.2

图 5.9 给出了四种不同方式的出行者选择的活动模式比例情况。从图 5.9 中可以得到出行者选择公共交通出行时,大多数的通勤出行链为 H-W-H;若选择机动车出行,H-W-H 所占的比例较低,其他较复杂活动出行链 H-W-H-W-H、H-W+M-H 和 H-W+O-H 的比例较高,因为机动车出行的可达性和方便性较高,该类出行者更倾向选择其他目的的出行。电动车和慢行方式对应的简单活动出行链和复杂活动出行链的比例相差不大。结合表 5.13 中的数据可以发现,出行者的出行方式和活动模式选择之间存在一定的交互作用,也就是说活动模式和出行方式有着相互选择的关系。

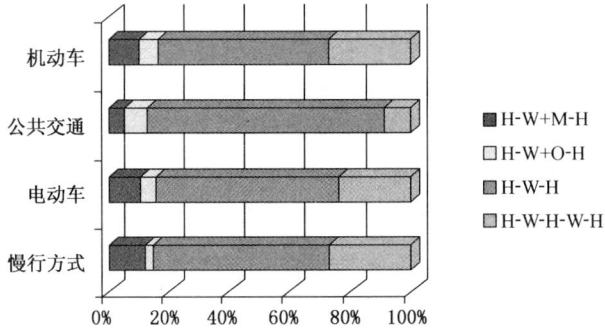

图 5.9 不同出行方式选择活动模式比例

5.4.2 模型建构

1）协同进化 Logit 模型

将协同进化思想引入出行方式选择与活动模式的交互作用建模研究,即认为二者之间存在相互适应、相互影响、相互协同、共同"进化"的作用关系,在此作用下最终产生决策结果,而并非事先假设活动模式决定了使用某种出行方式或者是某种出行方式的使用决定了活动模式。

个体出行者面临一系列相关选择,$D_i \in D$。每类决策包含若干选择肢,选择肢之间相互独立。基于 Logit 模型基础,假设效用最大的选择肢被选中,效用的形式为:

$$E\{U^t(d)\} = \sum_r \beta_r \sum_{s \in S} P_s^t X_r(d \mid s) \quad \forall d \in D_i, \forall D_i \in D \tag{5.13}$$

式(5.13)中,

t——决策过程中的时刻指数;

$E\{U^t(d)\}$——在 t 时刻的选择肢 d 的期望效用;

S——决策 D_i;

$\forall i' \neq i$——所有可能结果的集合;

$X_r(d|s)$——给定状态下 s 下的选择肢 d 的特性 r 的特征值;

β_r——与特性 r 有关的参数;

P_s^t——在 t 时刻状态 s 的感知概率。

P_s^t 则可以被定义为如下形式:

$$P\{I^t(d)\} = \sum_{s \in S} P_s^t I(d \mid s) \quad \forall d \in D_i, \forall D_i \in D \tag{5.14}$$

式(5.14)中,

$P_s^t I(d|s)$——t 时刻在选择 D_i 中选择肢 $d \in D_i$ 被选中概率的估计值;

$I(d|s)$——选择肢 d 在 D_i 的选择状态 s 确定下被选中的概率。

则在模型中,选择肢 d 被选中的概率 $p^t(d)$ 为:

$$P^t(d) = \frac{P\{I^{t-1}(d)\}\exp[E\{U^{t-1}(d)\}]}{\sum_{d' \in D_i} P\{I^{t-1}(d')\}\exp[E\{U^{t-1}(d')\}]}, \forall d \in D_i, \forall D_i \in D \qquad (5.15)$$

当 $t = 0$ 时,每个选择肢 d 被选中的概率为:

$$P^0(d) = \frac{1}{|D_i|} \forall d \in D_i, \forall D_i \in D \qquad (5.16)$$

在模型中 t 表示了预测中的迭代次数,而这个次数是取决于前一次的计算结果。在第 t 次的一次迭代中,将 $t-1$ 次结果输入式(5.16)进行计算。在每一次循环迭代之后,对每个选择结果 D_i 的不确定性用熵法进行计算,即

$$H^t(D_i) = -\sum_{d \in D_i} P^t(d) \times \log_2\{P^t(d)\} \forall D_i \in D \qquad (5.17)$$

同时也要对模型的收敛性进行计算,即

$$C^t = \sum_{D_i \in D} \frac{1}{\sum_{d \in D_i} |p^t(d) - p^{t-1}(d)|} \qquad (5.18)$$

式(5.18)中,

$p^t(d)$ 和 $p^{t-1}(d)$——相邻两循环中选择肢 d 被选中的概率。

该公式是选择结果的吻合度评价函数。

2) 求解步骤

根据前面定义,模型的求解步骤如下:

(1) 初始化,令 $t = 0$,并设置各选择肢属性变量的相关系数 θ_k;

(2) 计算每一个选择肢被选择的可能性 $p^t(D_i)$,且 $d \in D_i, D_i \in D$;

(3) 计算 C^t,如果 $C^t < C_0$,令 $t = t+1$ 从步骤(2)开始继续计算,C_0 为事先确定的模型最顶收敛水平;

(4) 根据式(5.18)计算各选择的熵值,熵值最小的选择确定其选择肢,其中概率最高的选择肢被选中,其被选中的概率为 1,其他选择肢的可能性为 0;

(5) 从步骤(2)开始重复 $t = t+1$ 过程,直到所有的选择肢被确定。在步骤(4)一旦某个选择做出决定,在最后的计算不能再更改。

5.4.3 模型结果及分析

1) 模型估计结果

协同进化 Logit 模型分析通勤者出行方式选择和活动模式间交互作用的步骤为:

(1) 初始化自变量和因变量,将出行方式和活动模式转化为虚拟变量;

(2) 分别采用多项 Logit(MNL)模型分别估计出行方式和活动模式选择概率;

(3) 初始化协同进化模型中的变量,开始迭代过程;

（4）记录迭代过程中方式选择和活动模式结果，出行者所有决策均确定后结束迭代过程；

（5）对出行者的出行方式选择和活动模式选择结果进行统计分析。

出行方式选择模型中，以机动车作为参考；活动模式选择模型中以活动模式 H-W-H-W-H 为参考。最终模型估计结果如表 5.14 所示。

表 5.14　出行方式与活动模式交互模型结果

变量	出行方式选择（MNL 模型）						活动模式选择（MNL 模型）					
	慢行方式		电动车		公共交通		HWH		HW+MH		HW+OH	
	系数	P 值	系数	P 值	系数	P 值	系数	P 值	系数	P 值	系数	P 值
常数项	−1.874	0.000			−16.818	0.000	2.450	0.000				
男性			−2.159	0.000	−1.866	0.000			−1.426	0.000		
工人/服务人员												
职员/公务员							−1.159	0.005				
年龄小于 30 岁												
区内工作者	0.582	0.048					−0.435	0.017				
家庭人口≤3 人					−0.899	0.038			0.804	0.008		
没有学龄期儿童												
家庭收入≤3 万	0.707	0.006										
没有电动车			−1.758	0.000								
没有机动车	3.401	0.000	2.787	0.000								
没有自行车	−1.505	0.000										
不在早高峰时段出行	1.417	0.002	0.992	0.032	2.440	0.000						
不在晚高峰时段出行					−1.008	0.038			1.619	0.000	1.891	0.000
出行时间≤15 min			−0.580	0.050	−1.901	0.000	−1.660	0.000				
出行时间≤30 min			−0.573	0.038	−1.299	0.001	−0.771	0.001				
没有公务出行	1.632	0.003	0.815	0.041			−0.868	0.041				
HWH					1.074	0.050	—	—	—	—	—	—
HW+MH			−0.394	0.037	1.564	0.050	—	—	—	—	—	—
HW+OH			−0.138	0.049			—	—	—	—	—	—
慢行方式	—	—	—	—	—	—					1.052	0.027
电动车	—	—	—	—	—	—			−0.303	0.015	−0.107	0.05
公共交通	—	—	—	—	—	—	0.967	0.043			−1.4	0.049
Cox & Snell（残差）	0.524						0.551					
McFadden（似然化）	0.300						0.339					

注：空白表示该变量影响不显著；"—"表示不是该模型的影响因素。

2）结果分析

（1）模型命中率

模型估计结果表明,出行方式选择和活动模式之间存在相关性,某一决策的选择受到另一决策结果的影响。因此,在离散选择模型中考虑两类交互作用下有助于提高模型命中率。表5.15为考虑和不考虑交互作用下的出行方式和活动模式选择的整体命中率对比结果。从表5.15得出考虑交互作用后对通勤者出行方式选择的预测精度从74%提高到84.5%,活动模式的预测精度从83.7%提高到87.5%。

表5.15　模型命中率　　　　　　　　　　　　　　（%）

	不考虑交互作用	考虑交互作用
出行方式总体命中率	74	84.5
活动模式总体命中率	83.7	87.5

（2）交互结果分析

出行方式选择的模型估计结果表明:男性通勤者不倾向电动车和公共交通,区内工作者和家庭收入较少的家庭选择慢行方式的概率更高。如果通勤者不在早高峰时段出行,则更倾向选择慢行方式、电动车和公共交通,通勤者不在晚高峰时段出行,则更少选择公共交通;另外,若通勤者的出行时间小于30 min,他们选择电动车和公共交通概率更小;没有公务出行的通勤者,选择慢行和电动车的概率更大。

基于MNL模型的活动模式选择结果表明:男性较少选择活动模式HW+MH,职员、公务员、区内工作者、工作出行时间小于30 min和没有公务出行的通勤者更少选择活动模式HWH。家庭人口较少的通勤者更多选择活动模式HW+MH,若通勤者不在晚高峰时段出行,他们大多数会进行非生存出行,活动模式为HW+MH和HW+OH。

根据文献表明进出历史城区的主要干道,特别是在早晚高峰时段拥堵严重,除了外围居民的通勤出行外,还有就是区外工作者。因此文中将通勤者的工作区位作为研究变量,将其分为区内工作者和区外工作者,图5.10(a)和(b)所示分别表示这两类群体出行方式和活动模式分担比例,并且有着较大的差别。结合模型估计结果:区内工作者更倾向选择慢行方式出行,活动模式较少为HWH,与图5.9统计结果相符合。

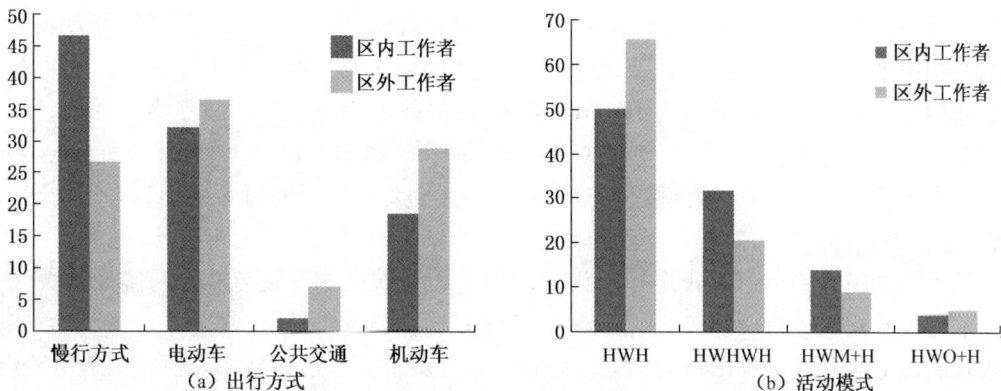

图5.10　区内工作者和区外工作者对比

表5.14 中出行方式和活动模式的交互结果表明通勤者包含非工作出行,很少选择电动车出行。活动模式为 H－W－H 和 H－W＋M－H,该类通勤者更倾向公共交通出行。若通勤者工作出行采取公共交通,则该类群体多数会选择简单链 H－W－H,较少选择家和工作地之间有其他活动的出行(H－W＋O－H)。慢行出行的通勤者较多会选择活动模式 H－W＋O－H,电动车出行的通勤者,选择活动模式 H－W＋M－H 和 H－W＋O－H 的概率较低。

为更好的说明上述交互结果,根据调查数据统计扬州市历史城区通勤者不同出行目的对应的方式选择,如图 5.11 所示。

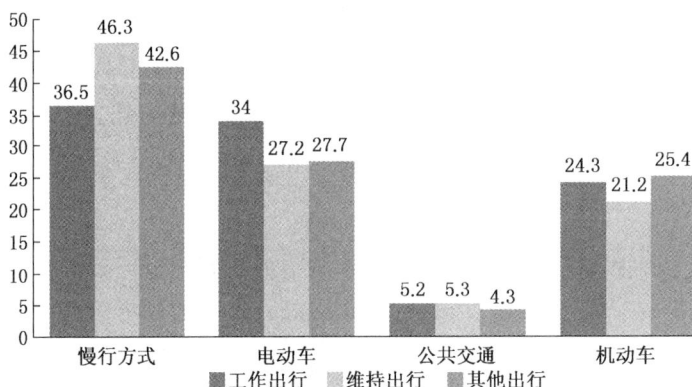

图 5.11　不同出行目的对应出行方式比例

三种出行目的,出行方式变化较大的是慢行方式和电动车,公共交通比例变化不大。主要原因电动车相比慢行有着速度优势,价格低于机动车,方便性优于公共交通,同时工作单位往往提供充足的电动车停车位,因此工作出行时电动车比例较高;非工作出行时往往停车困难,历史城区面积不大,街道密集,功能齐全,更适合慢行出行,因此会有部分电动车通勤者选择回家后变换慢行方式完成购物、娱乐等目的的出行,这点与已有研究结论相反,解释了电动车出行者与活动模式 H－W＋O－H 和 H－W＋M－H 负相关。结合现有研究结论,出行者的活动模式为简单链 H－W－H 时更加倾向选择公共交通,而公共交通出行者的活动模式也多为 H－W－H,这点与本研究结论相符,同时也说明了公共交通比例变化较小原因。

依据协同进化 Logit 模型研究了扬州市历史城区通勤者出行方式和活动模式选择的交互作用,并且提高了模型的整体命中率。根据调查数据将出行方式分成四类,活动模式也分为四种类型。交互结果表明,选择公共交通与活动模式 H－W－H 互为正相关。同时,公共交通的通勤者不倾向活动模式 H－W＋O－H;慢行出行的通勤者较多会选择活动模式 H－W＋O－H,电动车出行与活动模式 H－W＋M－H 和 H－W＋O－H 互为负相关,原因是非工作出行时,由于历史城区区位特殊性,更多通勤者会选择慢行方式出行,不同于已有对整个城市的研究结论,对公共交通与活动模式的结论则和已有结论相符合。

基于活动模式的交通方式选择行为可以用于历史城区的交通方式出行需求预测和交通需求管理政策的评价两个方面。在进行出行需求预测时,可以运用非集计的调查数据,直接预测出非集计的某种出行方式,比如小汽车的使用模型选择概率,进而得到小汽车出行的属性数据,之后再对非集计数据进行集计分析,具体的过程和5.3节的活动模式的预测过程类似。国内外学者也多将非集计模型应用于交通需求管理政策的评价中。基于活动的出行需求预测模型通常采取模拟—比较—评价的方法来预测和评价交通需求管理政策的实施效果。比如增加历史城区停车费,可以通过该模型预测小汽车的使用分担的变化。

5.5 基于结构方程模型的历史城区交通需求分析

5.5.1 结构方程模型

结构方程模型是基于变量的协方差矩阵来分析变量之间关系的一种多元线性统计技术,也称为协方差结构分析。该建模技术起源于 20 世纪初,其核心概念在 20 世纪 70 年代才被相关学者专家提出,属于比较新的研究方法。大多应用于心理学、社会学、生物科学、教育学、政策科学和市场研究中。20 世纪 80 年代起,结构方程模型开始应用于交通行为研究。

结构方程模型是一种能够处理大量内生变量、外源变量、潜变量的建模技术。回归、连列方程式、路径分析、因子分析和典型相关分析均属结构方程模型的特例。

含潜变量的结构方程模型最多有三套同时估计的连列方程式:内生变量的测量模型、外源变量的测量模型和结构模型。

内生变量和外源变量的测量模型可分别写成如下形式:

$$x = \Lambda_x \xi + \delta \tag{5.19}$$

$$y = \Lambda_y \eta + \varepsilon \tag{5.20}$$

式(5.19)和式(5.20)中,

x——外源变量的指标变量向量;

y——内生变量的指标向量;

Λ_x——外源指标变量与外源变量的关系系数矩阵;

Λ_y——内生变量与内生变量的关系系数矩阵;

ξ——外源变量向量;

η——内生变量向量;

δ——外源指标变量 x 的误差项;

ε——内生指标变量 y 的误差项。

用于描述外源变量与内生变量或者内生变量之间的因果关系。其数学形式可写成:

$$\eta = B\eta + \Gamma\xi + \zeta \tag{5.21}$$

式(5.21)中,

η——内生变量向量;

ξ——外源变量向量;

B——内生变量间的关系系数矩阵;

Γ——外源变量对内生变量的关系系数矩阵;

ζ——结构模型的残差项。

结构方程模型具有下述优点:①同时处理多个因变量;②容许自变量和因变量含测量误差;③同时估计因子结构和因子关系;④容许更大弹性的测量模型;⑤估计整个模型的拟合程度。

结构方程模型分析步骤可分为模型构建、模型拟合、模型评价和模型修正四个步骤:

(1)模型构建包括制定:指标变量与潜变量的关系;各潜变量间的相互关系;在复杂模型中,可限制因素载荷或因子相关系数等参数的数值关系。

(2)通常使用最小二乘法拟合模型,相应的参数估计即为最小二乘估计。目标是求参数使得模型隐含的协方差矩阵与样本协方差矩阵的"差距"最小。根据"差距"的定义方法不同,产生不同的模型拟合方法及相应的参数估计方法。

（3）评价一个模型,应检查该模型的解是否适当,参数与预设模型的关系是否合理,并检验多个不同类型的整体拟合指数（NNFI、CFI、RMSEA 等）来衡量拟合程度。

（4）模型修订的技术步骤包括以下内容:依据理论或有关假设,提出一个或数个合理的先验模型;检验潜变量与指标变量间的关系,建立测量模型,有时需删减或者重组指标变量;若模型含多个潜变量,可以每次只检测两个潜变量的模型,确定测量模型部分的合理性后,最后再将所有潜变量合并成预测的先验模型,做一个总体检验;对每一个模型,检查标准误差、t 值、标准化残差、修正指数等;最终模型是依据某一样本数据形成。

5.5.2　研究变量选择

1) 外生变量

虽然出行环境、居住地或者目的地的用地特征,以及交通条件均能够影响通勤者的出行行为特征。但根据已有研究结论,来自出行者主观的影响因素,如个人特征和家庭特征等的作用也很显著。选取通勤者个人特征（性别和年龄）,家庭特征（家庭人口数、是否有小孩、小汽车可用性和家庭收入）作为结构方程的外生变量。外生变量的具体描述如表 5.16 所示。

表 5.16　结构方程外生变量

变量分类	特征	变量名称	变量描述
外生变量	家庭特征	家庭人口	1:1～2 人;2:≥3 人
		小孩	0:没有;1:有
		小汽车	0:不可用;1:可用
		年收入	1:<3 万;2:3 万～6 万;3:>6 万
	个人特征	性别	0:女性;1:男性
		年龄	1:<30 岁;2:30～50 岁;3:>50 岁

2) 内生变量

根据调查数据统计,通勤者工作日娱乐出行比例极低,故模型变量不予考虑,最终选取生存活动（以工作目的为主）和维持活动（以家庭购物、外出就餐等目的为主）的各三个变量以及表征出行行为特点的出行方式、日出行次数、基于家的出行链个数和活动链模式作为结构方程的内生变量,每个内生变量的具体描述如表 5.17 所示。根据通勤者工作日当天的出行特点,用于分析的典型活动—出行链表示方法有 H－W－H,H－W－H－W－H 和 H－W＋M－H 三种。

表 5.17　结构方程的内生变量及描述

变量分类	特征	变量名称	变量描述
内生变量	生存活动强度	活动次数 y_{11}	生存活动的出行次数
		出行时间 y_{12}	生存活动总的出行时间
		持续时间 y_{13}	生存活动总的持续时间
	维持活动强度	活动次数 y_{21}	维持活动的出行次数
		出行时间 y_{22}	维持活动的出行时间
		持续时间 y_{23}	维持活动总的持续时间

续 表

变量分类	特征	变量名称	变量描述
内生变量	出行特征	日出行次数 y_{31}	当天所有出行的次数
		活动链模式 y_{32}	H－W－H;H－W－H－W－H;H－W+M－H
		出行方式 y_{33}	慢行、公交、小汽车
		链个数 y_{34}	基于家的出行链个数

5.5.3 出行者市场细分

根据历史城区出行者职住分布,将出行者分为三类:①居住地和工作地均在历史城区内,为Ⅰ类;②居住在历史城区内,工作地在区外,为Ⅱ类;③居住在区外,工作地为区内,为Ⅲ类,如图 5.12 所示。

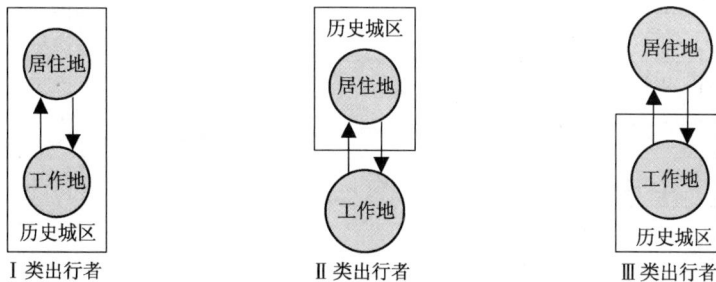

图 5.12 历史城区三类出行者示意图

传统的居民出行行为调查主要在城市某个或几个社区进行随机抽样发放问卷获取数据,这样的调查方式一定程度上不能准确均衡地反映整个区域的出行特征。为确保调查样本的代表性和和数据获取的有效性,调查按照居民出行调查的方法,将历史城区进行交通小区划分,分不同的小区进行样本选取。

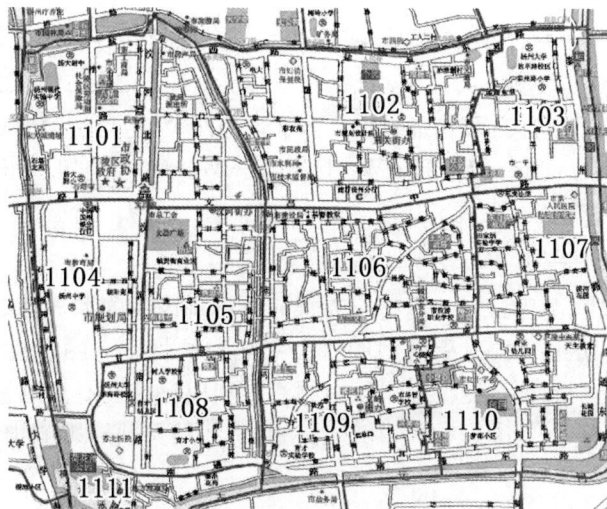

图 5.13 扬州市历史城区交通小区划分

按照问卷设计方案,为确保三类出行者都能被调查到,调查选择在工作日进行,其中白天调查历史城区的主要工作地,夜晚调查历史城区的主要居住地。问卷信息包括两部分:

①个人和家庭特征,例如性别、年龄、家庭收入、家庭人口数等;②工作日的出行信息,包括出行的出行时间、持续时间、出行方式选择等。

调查共发放调查表 2 000 份,抽样率在 1% 左右。对回收的问卷进行了出行时间连续性、空间一致性及方式一致性的检验,剔除了无效问卷。最终得到有效问卷 1 239 份,其中Ⅰ类出行者 705 份,Ⅱ类出行者 245 份,Ⅲ类出行者 289 份。

表 5.18 中给出了三类出行者的出行行为特征的统计描述结果。

表 5.18 出行特征变量的统计分析

出行行为特征		Ⅰ类出行者 N = 705	Ⅱ类出行者 N = 245	Ⅲ类出行者 N = 289
日出行次数		2.88 次	2.4 次	2.42 次
链个数		1.41 个	1.17 个	1.22 个
活动模式	H − W − H	58.4%	82%	81%
	H − W − H − W − H	29.2%	8.6%	12.1%
	H − W + M − H	12.4%	9.4%	6.9%
出行方式	慢行方式	69.1%	56.7%	53.3%
	公共交通	4%	8.2%	9.3%
	小汽车	26.9%	35.1%	37.4%

注:由于统计原因,电动车方式纳入慢行方式一并统计分析。

根据表 5.18 可知:

(1) Ⅱ类出行者和Ⅲ类出行者在出行行为方面差别不大,与Ⅰ类出行者差别较大;

(2) Ⅲ类出行者的 H − W − H − W − H 高于Ⅱ类出行者,而 H − W + M − H 低于Ⅱ类出行者,因为Ⅲ类出行者主要在历史城区完成出行目的的出行,而其他类型的活动可能主要在区外完成;

(3) Ⅲ类出行者小汽车比例和公交车比例较高,慢行比例最低,主要因为平均出行距离较前两类出行者远;

(4) Ⅰ类出行者日出行次数和链的个数多于其他两类,这与活动模式的特征相对应,因为Ⅰ类出行者活动出行链 H − W − H − W − H 和 H − W + M − H 的比例较高,导致以家为基点的链个数和出行次数较多。

5.5.4 结构方程模型架构

该部分主要分析三类出行者的出行行为特征和影响因素的差异性。借鉴已有研究,图 5.14 和图 5.15 分别给出结构方程模型的研究框架和结构示意图。模型结构基于以下假设:家庭特征、个人特征等外生变量对出行者的活动和出行特征有显著影响,而出行者的维持性活动往往受到生存活动的影响,生存活动和维持活动又共同影响出行者工作日的出行特征。

5.5.5 模型结果及分析

模型通过结构方程模型软件 AMOS,采用最大似然估计(ML)分别求得三类出行者的模型估计结果。表 5.19 给出了外生变量对内生变量的直接效应,间接效应和总效应。

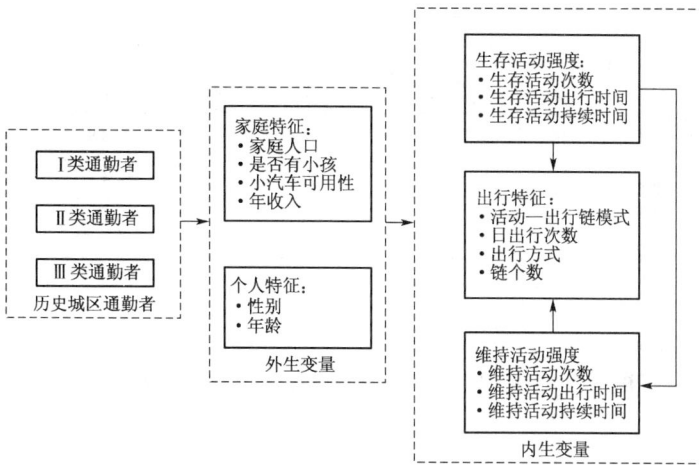

图 5.14　研究框架图

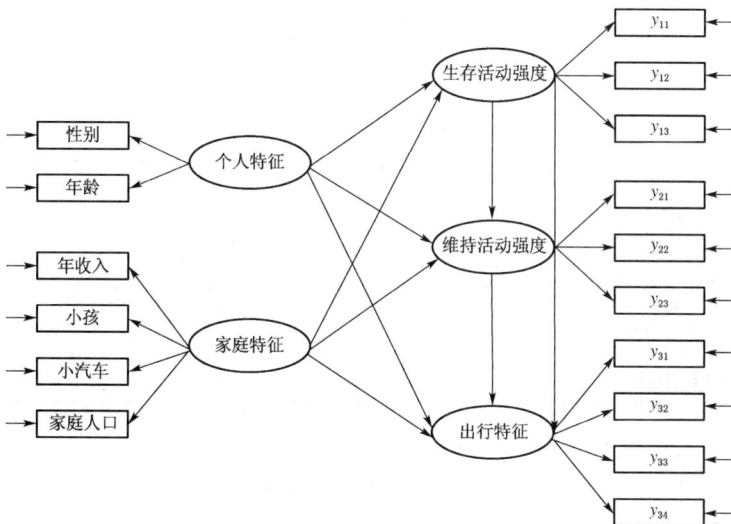

图 5.15　结构方程的模型结构图

表 5.19　外生变量对内生变量直接效应、间接效应和总效应

出行者类型	变量	个人特征			家庭特征		
		直接效应	间接效应	总效应	直接效应	间接效应	总效应
Ⅰ类出行者	生存活动强度	0.03 *	—	0.03 *	0.19 *	—	0.19 *
	维持活动强度	−0.79 *	—	−0.79 *	0.82 *	0.01	0.83
	出行特征	0.11 * *	−0.03 *	0.08 *	0.19 *	−0.04	0.15
Ⅱ类出行者	生存活动强度	0.15 * *	—	0.15 * *	0.16 *	—	0.16 *
	维持活动强度	−0.72 *	−0.02	−0.74 *	1.31 *	0.16 *	0.47 *
	出行特征	0.04	0.15 * *	0.19 *	0.62 *	−0.54 *	0.08 *

出行者类型	变量	个人特征			家庭特征		
		直接效应	间接效应	总效应	直接效应	间接效应	总效应
Ⅲ类出行者	生存活动强度	2.30＊＊	—	2.30＊＊	2.48＊	—	2.48＊
	维持活动强度	−1.24＊	—	−1.24＊	1.11＊	—	1.11＊
	出行特征	2.64＊	−1.00＊	1.64＊	2.89＊＊	−1.14	1.15＊

注：＊＊表示 $p < 0.001$；＊表示 $p \leqslant 0.05$；—表示不存在相应的效应值；其余表示不显著。

1) 模型拟合优度

模型通过结构方程模型软件 AMOS，采用最大似然估计（ML）分别求得三类出行者的模型估计结果。

表 5.20 给出三类出行者的结构方程模型的拟合优度检验系数。以Ⅰ类出行者为例，拟合优度指数（GFI）为 0.91（≥0.9），校正拟合优度指数（AGFI）为 0.91（≥0.9），近似误差平方根（RMSEA）为 0.05（≤0.05），均方根残差（RMR）为 0.07（≤0.5）。其他两类出行者相应的检验值均在可以接受的范围内，表明三类出行者的模型拟合程度较好。模型参数的估计值均在 95％置信水平。

表 5.20　模型拟合优度检验

评价名称	Ⅰ类出行者	Ⅱ类出行者	Ⅲ类出行者
拟合优度指数（GFI）	0.91	0.92	0.90
校正拟合优度指数（AGFI）	0.91	0.87	0.94
近似误差平方根（RMSEA）	0.05	0.05	0.06
均方根残差（RMR）	0.07	0.09	0.08

2) 外生变量对内生变量效应分析

如表 5.19 所示，间接效用表示个人特征或者家庭特征通过某个内生变量对另外一个内生变量产生一定的影响。

Ⅰ类出行者估计结果表 5.18 所示，个人特征对生存活动强度、维持活动强度和出行行为特征的总效应分别为 0.03，−0.79，0.08，家庭特征对生存活动强度、维持活动强度和出行特征的总效应分别为 0.19，0.83 和 0.15。

Ⅱ类出行者的个人特征和家庭特征对内生变量的影响如表 5.18 所示，个人特征对内生变量的总效应分别为 0.15，−0.74，0.19；家庭特征对内生变量的总效应为 0.16，0.47 和 0.08。

Ⅲ类出行者的结果如表 5.18 所示，个人特征对三个内生变量的总效应为 2.30，−1.24 和 1.64；家庭特征对三个内生变量的总效应为 2.48，1.11 和 1.15。

从三类出行者的外生变量对于内生变量的效应上看，共性特征要远大于个性特征。三类出行者都表现出：一是男性相比女性更倾向生存活动，男性的维持活动比例较少。二是无论是生存活动还是维持活动，活动强度都与家庭收入、家庭人口、是否有小孩和小汽车等正相关。

前者可以看出男性和女性在家庭分工中的差异性，男性更偏重于承担与工作相关的活动,或者说是与工作相关的活动更多,而女性则对家庭的照料更多。后者可能表明家庭规模大、结构复杂可能对于活动强度的要求更高,活动也更加丰富,同时拥有小汽车使得更多的活动变得具有可选择性。

　　3）内生变量间的效应分析

　　与外生变量对于内生变量的效应是共性更多的特征相反,内生变量之间的效应所体现出的差异和个性特征则更多。表5.21给出三类出行者内生变量的效应值。

表 5.21　内生变量间效应值

出行者类型	内生变量	生存活动强度	维持活动强度
Ⅰ类出行者	生存活动强度	—	—
	维持活动强度	0.25	—
	出行特征	0.21	0.36
Ⅱ类出行者	生存活动强度	—	—
	维持活动强度	−0.12	—
	出行特征	0.23	0.18
Ⅲ类出行者	生存活动强度	—	—
	维持活动强度	−0.56	—
	出行特征	0.45	0.24

　　Ⅰ类出行者生存活动对维持活动估计结果为0.25,说明该类出行者维持活动强度会随着生存活动强度的增加而增加,和相关的研究结果不同。这主要是因为,Ⅰ类出行者为居住地和工作地均在历史城区内部,出行方式也以慢行方式为主,并且历史城区作为城中心,功能齐全,这类群体出行距离相对更短,完成各项活动所需时间较短,并且能够选择上下班过程中完成相关的维持活动,导致以维持为目的的出行次数、出行时间和持续时间增加。

　　Ⅱ类出行者和Ⅲ类出行者的生存活动强度对维持活动强度的结果分别为−0.12和−0.56,说明生存活动的增加造成相应的维持活动强度减少,当这两类出行者花费较多的时间在生存活动上时,由于出行时耗更长、出行自由度低,很难像Ⅰ类出行者那样在上下班途中完成家庭购物等维持性活动,导致维持活动的强度就相对变少,该研究结论与以城市出行者为对象的结论较为符合。

　　通过对三类出行者的活动链特征的再观察,发现三类出行者内生变量生存活动强度和维持活动强度对出行行为特征的效应均为正值。以Ⅱ类出行者为例,生存活动强度和维持活动强度对出行特征的效应分别为0.23和0.18。由于表示出行行为潜变量的观测变量主要是日出行次数和出行链个数,这两个观测变量均会随着生存活动强度和维持活动强度的增大而增大,相应的活动—出行链模式也因为涉及维持活动而变为 H－W＋M－H。

　　Ⅰ类出行者生存活动强度对出行特征的效应值为0.21,小于维持活动强度对出行特征的效应值0.36,而其他两类出行者的生存活动强度对出行特征的效应值(分别为0.23和0.45)大于维持活动强度对出行特征的效应值(分别为0.18和0.24)。这也表明了历史城区公共服务较为全面,Ⅰ类出行者日常出行中维持活动伴随生存活动完成,相应的比例较高,导致出行特征较为复杂;而其他两类出行者则主要以工作出行为主,维持出行比例较低。

将历史城区出行者划分为三类,根据扬州市出行者出行调查数据,建立结构方程模型,探讨三类出行者的活动强度与出行行为特征的作用机制。研究结果表明,对于出行者个体而言,居住地和工作地所处区位的差异,对于其活动特征和出行特征具有较强的影响作用,而出行者个体和家庭属性的影响相对来说要小很多。

居住和工作都在历史城区的出行者其活动强度和活动复杂度更高,伴随着生存活动,往往会有维持活动,由于历史城区用地布局的混合性特点和出行的短距离特点,使得这类出行者有条件进行更多更丰富的活动。相反,尤其是居住在城市外围,工作在历史城区内的出行者,活动相对单调,生存活动越多,导致维持活动越低,这也是由于其出行特征和所居住的区域可能配套较差有关。

4) 模型评价

选取部分样本数据进行测试,对模型的预测能力进行检验,结果如表 5.22 所示。检验结果表明,模型的命中率大于 70%,属于可接受范围。其中三类出行者由于强制性活动模型比较固定,相对误差最小,而维持性活动仅次于强制性活动,符合现实情况。三类出行者的出行特征的误差相对较大,主要是由于出行次数和出行时间的随机性较大,I 类出行者低于其他两类出行者,主要总的出行次数和出行时间花费多与其他两类。

表 5.22　模型检验结果　　　　　　　　　　　　　　　　　　　　（%）

检验指标	正确率		
	I 类出行者	II 类出行者	III 类出行者
生存活动强度	85.6	87.1	87.8
维持活动强度	72.7	76.2	77.4
出行特征	80.6	84.4	83.7
模型整体	70.2	72.4	72.2

个体活动的参与和出行受到 4 个主要因素的影响:时间限制、个人特征、家庭特征和家庭分工[154]。通过建立结构方程模型,将其应用于个体交通需求分析中,具有较强的理论优势。结构方程模型不仅能够得到影响因素对活动安排的效应,还能够得到活动之间的效应大小。另外,模型的实证结果表明,模型的预测精度较高,能够较好地预测历史城区未来的交通需求。

5.6　本章小结

本章分析了历史城区交通出行的基本特征,基于活动理论构建了历史城区交通需求分析框架体系;划分了历史城区居民出行活动模式类型,建立了历史城区出行者的活动模式选择模型;采用协同进化思想,构建了基于活动模式的交通方式选择模型;采用市场细分策略,建立了基于结构方程模型的交通需求分析方法。

第6章
历史城区交通系统功能组织与设计方法

历史城区由于其较高的功能混合性和群体的多样性决定了出行需求的多元化更加显著。加之历史文化遗产保护和原有空间机理的约束,通过交通空间资源的供给根本无法满足需求,必须通过交通系统本身的转型和升级,提升服务能力。交通系统内部相互关联性逐步增强要求重新组织历史城区交通功能。因此,开展历史城区交通系统功能组织和设计是保障各交通子系统之间协同发展,发挥整体规模效应,实现为不同出行群体提供高效、便捷和可持续交通服务的关键环节,也是指导交通资源配置和合理利用的重要前提。

6.1 历史城区供需双控模式

6.1.1 供需双控模式的提出

1) 供给与需求的相互关系

交通供给与交通需求存在互动反馈的关系。城市中的土地开发,使交通需求增加,从而对交通设施提出更高要求;通过交通设施的改善,使交通供给扩大,又吸引更多的交通需求,交通供需互动关系进入新的循环。该循环是一个正反馈的过程,但该过程不可能无限度地进行下去。交通设施发展到一定程度后,难以通过改扩建来增加供给,当需求增加超过一定值时,所引发的交通流使某些路段出现拥挤现象,导致区域可达性下降,交通需求增加就会受到抑制。交通供给与交通需求之间是一种相互依存、相互促进的互动关系,二者通过一系列的循环反馈过程,在一定条件下有可能达到一种互补共生的稳定平衡状态,如图 6.1 所示。

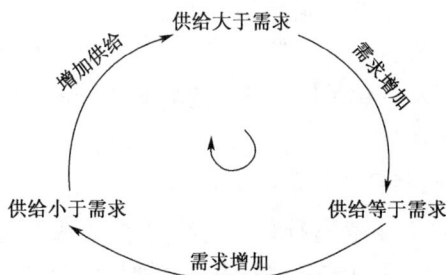

图 6.1 交通供需动态关系

(1) 交通供求间的互动表现

交通供给可以抑制交通需求,也可以刺激交通需求。交通供给对交通需求的制约和刺激主要体现在交通需求的数量和类别两个方面:交通需求的短缺可以抑制供给增长,交通需求的过剩会刺激供给的增长,交通需求对交通供给的制约和刺激主要体现在交通供给的数量、质量和结构方面。

（2）供求相互作用机制

交通供求之间的互动关系通过社会经济以及土地利用形态决定的城市整体时空特性予以表现。一方面，城市的土地利用强度与形态及城市时空可达性共同决定城市整体时空特性，并决定城市现状交通基础设施的基本骨架；城市现状交通基础设施服务于不同出行方式的交通工具，为各种出行方式提供选择；而出行方式则通过直接影响交通出行量的时空分布而影响整体交通需求；交通出行量的时空分布则进一步强化了由城市土地利用强度与形态决定的城市时空可达性。另一方面，由城市的土地利用强度与形态决定的城市时空可达性对交通出行量的时空分布及出行方式起到引导作用；出行方式的结构与特征又进一步驱动交通基础设施的建设，进而促进土地利用强度与形态的改善。其中，城市交通供给、城市交通需求及城市时空特性均受到城市整体社会经济运行状况的影响。

2）供需双控模式的产生背景

交通需求的发展超过了与供应资源的平衡点时，系统的失衡将导致系统的服务水平下降。交通资源的有限性决定不能仅仅以交通需求来确定交通供给。交通效率是指单位时间内单位时空交通资源运送的人或物的数量，而不是通过的车辆数量。历史城区正是强调以最少的交通资源实现最大的运输效率的地区。根据交通运输方式特性可知，公共交通和慢行交通对于历史城区具有较强的适应性，而私人机动化方式由于适用范围、运输效率、资源占有和环境污染等方面较高，在历史城区适用性较差。同时，从历史保护与宜人空间保持上，应提倡公共交通与慢行交通，控制小汽车交通的发展。

历史城区居民出行方式结构中，慢行交通仍占据主导地位，公共交通也逐步提高，但是私人机动化交通呈急剧提升的趋势，因此，现阶段应严格调控私人机动车的使用，保证公共交通和慢行交通的健康发展。私人机动化交通又是地区经济发展活力与吸引力的重要体现，历史城区在发展过程中需要小汽车交通方式的支撑，同时存在部分不可替代的私人机动化交通需求，因此，保持适度的私人小汽车交通需求也尤为必要。

为缓解交通压力，重新调整交通组织模式和服务体系，提出适应历史城区的交通调控模式，即为缓解历史城区交通矛盾，实现和谐交通发展目标，必须深入研究其交通特征及发展要求，从交通需求和供给的关系出发，综合系统地制定交通发展对策与调控措施，以利于历史城区交通的可持续发展。从交通调控模式的定义分析，要求从历史城区功能定位、土地利用、交通发展模式、交通服务体系、交通设施配置以及交通组织等不同层面制定系统的发展对策与调控措施。供需双控正是历史城区协调交通供需关系、合理确定交通组织模式与服务体系的有效调控模式。

6.1.2 供需双控模式内涵与特征

历史城区交通需求特征及交通出行系统的特点，在有限的道路交通资源供给约束下，要求必须重新审视交通供给与交通需求的关系。交通供给方面，道路交通设施是社会经济发展的基础，是维持城市或地区正常运转必不可少的载体；交通需求方面，交通运输则是社会经济发展产生的派生性需求，随社会经济活动的强弱变化。交通供给与交通需求之间因诱导社会经济活动的土地利用发生联系。因此，协调交通供给与需求之间的平衡关系是维持地方社会经济发展的重要内容。

供需双控模式正是基于历史城区交通供给能力有限和交通需求快速增长的背景提出的。其目的是通过交通供给与交通需求的双向调控策略与方法来平衡供需关系，即：为有效缓解历史城区持续增长的交通需求与有限的道路交通供给之间的矛盾，扭转其在总量与结构上的失衡,必须采取交通供给与需求并重的调控模式和相应的交通政策,调控交通需求、活化资源配置、优化交通组织、强化交通管理,从不同层面、不同阶段系统地解决历史城区交通问题,主动引导交通系统健康发展。

根据供需双控模式的内涵可知,其包含以下四个特征:

(1)供需双控的对象是道路交通设施供给与交通需求,通过双向调控,实现相互依存、相互促进,并通过循环反馈,在一定条件下达到稳定平衡状态;

(2)供需双控区别于以往交通需求调控或者供给满足需求的交通发展模式,而是通过交通设施的合理供给控制和引导交通需求的发展,同时通过对交通需求的调控控制无效交通需求或低效交通出行,减少对交通资源的占用和环境的破坏,在历史城区具有较好的适用性;

(3)供需双控涉及交通战略、交通系统、交通设施和交通管理等各个层面,是一项系统工程,其目标的实现需要各个层面和阶段工作的有效推进;

(4)供需双控实行的最终目标是实现一个多模式、高效集约的可持续交通服务体系,体现公交优先、慢行友好等要求。

6.1.3 供需双控模式与历史城区匹配性

1)与地区发展的关系

供需双控最终实现的目标是构建一个多模式、高效集约的可持续交通体系,这与历史城区交通发展要求不谋而合。从供需调控角度分析,调控的思想、对象和策略都与历史城区发展要求相关联。

就更新发展要求而言,历史城区建筑和市政设施年代相对久远,设施相对落后。同时历史城区对可达性、基础设施要求却较高,而内部空间狭小、历史文化遗产丰富,一定程度上制约了地区的发展。因此,保护与更新是历史城区面临的双重挑战。交通系统是提高地区社会经济活力的重要支撑,交通系统的更新关乎历史城区能否得到很好的发展。供需双控从系统角度,旨在构建与历史城区相适宜的交通系统,促进历史城区总体保护与更新发展的要求。典型的如基于公交导向(TOD)的历史地区更新改造模式,将公交优先思想贯彻到地区的更新与发展中。

从功能定位角度,历史城区聚集了大量的多元化、高集聚性的城市综合性功能,其结果是产生大量的交通出行,给城市交通系统造成沉重的负担。供需双控很重要的一方面是通过疏解城市功能,缓解地区交通压力。对于历史城区,从实际出发,因地适宜地选择符合历史城区发展实际与空间结构特征的城市功能,调控交通需求,疏解与地区发展不适宜的或与历史文化保护及旅游发展相冲突的相关城市功能。

从土地利用模式角度,历史城区用地较为混杂,既是居民工作的主要地区,也是主要的居住地。这样的土地利用模式往往造成交通出行的强潮汐性特征。因此,从交通供需双控的本源出发,合理优化土地利用模式,保证就业岗位和居住容量的平衡,一方面减少或缩短职住之间的出行距离,另一方面还要适当保证地区混合用地,保持地区活力。

另外,不同类型的群体都工作生活在这一区域,他们对交通系统的要求各异。高收入、时间观念强的群体对交通系统服务水平要求较高,而内部生活的大量低收入、时间观念不强的弱势群体则对交通系统不会有太高要求。这样的两极分化现象要求提供多元化的交通服务体系去满足他们多样化的需求。

2）与交通供需的关系

交通供给与交通需求是城市交通系统结构的两个方面,他们相互刺激、相互制约,在不断地相互作用中循环反馈,达到不同的状态,具体呈现为供过于求、供求平衡、供不应求三种状态。而作为一个健康的城市交通系统,供需之间的关系应该是一种稳定的平衡状态。供需平衡又分为总量平衡和结构平衡,总量平衡体现为交通承载能力能够满足交通需求总量的要求,结构平衡则主要体现在不同的道路交通设施布局结构和功能等级结构对应的需求结构,即交通方式结构产生的不同方式出行量对相应道路交通设施的需求。只有供需总量平衡和供需结构平衡都实现了,城市交通供需才能真正平衡。

历史城区交通供给与需求两方面在发展过程中已经逐渐形成了各自的状态。交通供给方面,以慢行交通为主导形成的历史城区路网体系,道路空间资源紧张,路网容量较小、且扩容有限,路网结构不合理,干路网密度偏低、道路宽度不足等,逐渐表现为交通承载力较小,交通供给结构欠合理的状态。交通需求方面,历史城区良好的区位以及行政、商业、居住、娱乐等大量城市功能的集聚,产生了大量的交通出行需求,而机动化的快速发展更是提高了对道路交通资源的占用,形成了当前交通需求集聚增加、机动化出行需求较高的现实。这样的两个方面,很难相互适应,稳定发展。在这样的发展形势下,历史城区交通供需将呈现供不应求,供需矛盾越来越突出的结果。

针对供需失衡问题,尤其是在历史城区,仅仅调控某一方面往往不能达到最佳效果,必须实行供需两方面的调控。供需双控也正是基于这一思想而提出的,因此在历史城区具有较好的适用性。其对交通供给的调控主要是优化供给结构,即优化路网布局、改善道路功能结构、加强对街巷道路的利用、增加轨道等大容量交通服务来实现供给总量(交通承载力)的提高;对交通需求的调控主要是降低交通需求总量,优化需求结构,一方面通过在旧城更新过程中疏解部分城市功能,以及控制不必要的交通出行,降低需求总量,另一方面采用合理的交通组织模式(公交优先、慢行优先等),提高运输效率高的交通方式的使用比例,降低运输效率低的交通方式使用,从而提高交通承载力对交通单元的容纳能力。通过两个方面的调控与优化,期望实现历史城区交通供需的稳态平衡,如表 6.1所示。

表 6.1　历史城区供需双控模式主要调控手法

调控对象		调控策略与措施
交通供给	供给总量	（1）优化路网布局,增强道路连通性,提高路网系统承载能力 （2）提高干路网密度,增加支路网规模,合理利用街巷道路,增加路网总体容量 （3）增加轨道、BRT 等大容量公交服务
	供给结构	（4）完善路网等级结构与功能,优化路权分配,建设公交专用道和慢行专有空间,向公共交通和慢行交通倾斜,提供道路系统运输效率 （5）限制停车设施供给,在外围建设换乘停车场 （6）设计交通保护体系,屏蔽外界无效交通对交通资源的占用,消除对内部交通和出入交通的干扰 （7）充分利用支路和街巷道路组织机动车,公交支线和慢行交通的微循环体系,提高设施利用效率和交通运行效率

调控对象		调控策略与措施
交通需求	需求总量	（1）疏解和优化历史城区城市功能，降低出行需求量 （2）优化土地利用模式，控制和减少不必要的交通出行
	需求结构	（3）增加出行方式选择，优化交通方式结构，选择公交为主导、慢行友好的交通模式 （4）采用经济措施，提高小汽车使用门槛，降低其吸引力，调控机动化出行需求 （5）提倡公交优先和慢行友好，提高公共交通和慢行交通出行的吸引力，吸引部分可替代机动化需求向公共交通转移

6.2　历史城区交通组织模式内涵及要素

6.2.1　交通组织模式内涵

供需双控模式已经明确从交通供给与交通需求两个方面进行交通系统的调控，交通组织模式研究是其优化交通系统的核心内容之一。从城市空间与城市交通的相互作用机制分析，城市各种功能区划与场所的分布是城市交通需求产生的根源，决定着城市人流、物流的流量大小和流向分布，这就从客观上决定了城市交通组织的功能层次；而城市交通组织决定的交通可达性反过来会影响城市功能空间和场所的区位选择，进而影响城市功能的空间分布，甚至在一定程度上对城市功能分布起着决定性的作用。推进交通组织模式与历史城区空间结构及功能分布的协调发展，对促进历史城区可持续发展具有重要的意义。

交通组织模式是城市交通系统形态和内部结构的顶层设计，不仅关系到交通系统本身功能和效率的发挥，还影响到城市空间结构形态和拓展。无论对于整个城市交通系统还是城市局部区域的交通体系，交通组织模式都是关系其发展的重要内容。从城市发展历程分析，直到今天交通引导城市发展的思想已经形成广泛共识，这也说明了科学合理的交通组织模式的重要性。

交通组织模式的制定不仅涉及宏观城市空间和功能分布层面的内容，还涉及交通设施与交通空间、交通组织等层面的内容。从交通系统功能组织层次分析，应包括交通模式的选择、交通工具的使用、交通服务体系的设计、道路交通设施的配置与交通空间设计、交通流的时空组织等。从交通系统控制角度，就是运用系统化的思想和方法对交通组织模式涉及的每项内容进行整合，系统设计。

因此，历史城区交通组织模式可定义为对城市交通模式（出行方式结构）、交通工具使用、交通设施的空间组织与使用、交通流的时空组织与管理以及交通环境的综合分析研究后得出的抽象化、系统化理论模式，是一个由供与求各方面因素共同作用和影响的动态结构。

交通组织模式强调的是运用系统化的思想对城市交通系统的供给与需求进行整体调控，是供需双控模式的重要体现。因此，这里继续提出一个新的概念：交通整体调控，即从历史城区整体交通的角度来审视系统中每个组成要素的功能及相互之间的关系，并使其整体结构达到最优化和最合理的配置，这是一种结构主义的方法，强调系统化和体系化的思想。具体而言，是将历史城区交通系统的不同要素进行合理整合和整体优化配置。

6.2.2 交通组织体系构成要素

根据上述内涵的分析,涉及几个关键词:交通模式、交通系统功能组织、交通空间、交通可达性,这些名词覆盖了交通组织模式研究的关键要素。

1)交通模式

一般来说,交通模式是相对于城市整体而言的,而本书交通模式研究则主要针对历史城区这样的局部地区,狭义上是指在历史城区特定的空间结构、用地布局、人口密度、经济发展及该区域特有的历史文化遗产保护约束等特定条件下形成的有利于地区可持续发展的交通方式结构,即各种交通方式承担的出行量的比例结构。对于出行者个体而言,是为了满足出行活动的需要采取的一种或两种以上交通方式组合的出行链。宏观上,交通模式反映了城市交通发展战略,是在交通战略指导下交通的规划、建设、运行、管理以及其他要素的总和,反映为交通资源在各种交通方式上的分配,目的是使历史城区各种交通方式所占的比例达到最佳和稳定的平衡状态,从而全方位、多层次、高质量地提供优质的交通服务[155,156]。从本质上理解,城市交通模式的形成是交通基础设施、交通运输服务体系与交通出行主体出行选择相互作用的过程[146]。

2)交通系统功能组织

居民出行需求呈多元化发展,交通需求显著提高,交通设施规模逐步扩大,相互间关联性也在逐步增强,城市交通功能组织是保障各交通子系统融入系统整体,发挥整体规模效应,实现为不同出行均提供高效、便捷和舒适交通服务的关键环节。交通系统功能组织的核心目标是优化交通功能,在交通系统资源集约配置要求的前提下,提升交通基础设施的利用效率和服务质量。对于不同类型的交通基础设施,交通功能组织目标应有所差异,运输系统应强调服务水平,保证客流运输效率和机动性,集散系统应强调其对周边地区的服务,保障足够的交通基础设施密度和可达性,衔接系统应强调中转效率与便捷性[80]。

3)交通空间

交通空间,首先作为城市空间的组成部分,是分割城市各功能区块、各建筑边界以及公共设施的空间结构,由各类交通设施有机组合形成的有形空间。而从交通角度,城市交通空间是连接人们日常出行起点与终点的过程空间,是承载各类交通流、供交通出行使用的无形空间。从整个城市空间来看,交通空间与公共空间、居住空间等相互融合,互为一体。因此,交通空间的设计对外应强调城市空间的整体性,连接城市各类空间体系,对内应注重时空资源的合理配置,以客货运输高效为原则优化配置各种交通方式对有形交通空间的使用。

4)交通可达性

可达性的内涵非常广泛,有时空意义上的可达性,也有社会学和心理学意义上的可达性。作为城市交通系统的重要评价指标,主要考虑时空意义上的可达性,即交通可达性。这一指标已经作为评价城市空间和用地布局是否合理、城市交通系统服务是否优质高效的综合性指标。

交通可达性是城市交通网络技术性能评价系统的一个因子,对城市交通系统效率及性能评价有着不可低估的作用。评价交通系统的关键指标之一,是指从起点达到一个指定地点的时空距离和交通易达程度。交通可达性的高低是衡量城市交通系统服务质量的核心指标,而交通组织模式是实现交通可达性的关键。

历史城区作为主要的出行起终点和人流集散中心,其交通可达性表现为对外的通达性及内部的易达性。在交通网络和基础设施建设受到约束的背景下,通过合理的交通组织模式提高交通设施利用效率和交通运行效率是优化历史城区交通服务体系的重要内容。

6.3 交通组织模式影响因素

交通组织模式的制定与选择涉及城市和交通系统的不同层面,不但与交通系统本身有关,还与城市经济、文化、交通发展政策及发展要求等因素有关[155]。根据交通组织模式的分层结构组成特征,影响因素包括宏观层面的城市与地区发展及土地利用、中观层面的交通系统、微观层面的具体道路设计与交通组织。如果改变其中任何一个因素,交通组织模式都将发生改变,例如交通系统配置时以机动车为主,则有助于机动车的肆意发展,将形成以小汽车为主的交通模式;但如果交通设施配置时以公交优先为导向,则有助于公交的发展,将形成公共交通为主体的交通模式。影响因素分析的目的在于系统把握交通组织模式的相关要素,为制定交通组织模式提供分析基础。

1)土地利用与功能布局

城市的发展演变是土地利用与交通一体演变的过程。在整个城市演变过程中,土地利用与交通系统相互联系、相互制约,土地利用模式是交通组织模式形成的基础,特定的土地利用模式可以导致某种相应的交通组织模式;反之,交通组织模式的变化也会影响土地利用模式,如图6.2所示[157]。

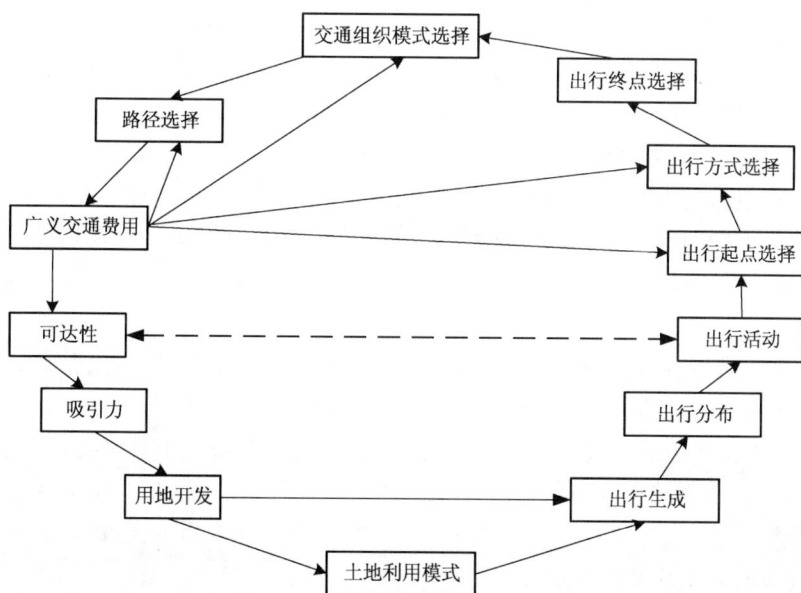

图6.2 土地利用与交通组织模式互动关系图

历史城区位于城市核心区位和集中多种城市功能的特征,决定了其高强度的土地利用和向心交通,交通需求分布将呈现以历史城区为中心,向外辐射,且内部交通需求较大为主要特征。但是,丰富的历史文化遗产和密集的街巷空间肌理的保护约束了某些交通方式的使用。这就要求有相应特征的城市交通组织模式去支撑历史城区土地利用模式和空间布局结构。

2）交通机动性与可达性要求

交通机动性主要指以小汽车为主体的出行方式的便利程度。以机动性为导向的交通系统其核心目标是实现交通运行的畅通，主要的服务对象是小汽车。可达性相对机动性具有更加宽泛的概念，不仅包括行为主体和交通方式，还包括出行活动的目的和内容。机动性侧重于机动的速度或自由度，即移动的过程本身，而可达性关注的是移动的目的，即通过出行过程实现某种目的的满足程度。因此，可达性既关系到交通，又关系到用地布局，是交通与用地两大要素的衔接点，不仅如此，可达性还是社会公平的意志表现[158]。表6.2给出了机动性导向和可达性导向的对比分析。

表6.2 城市交通发展的机动性导向与可达性导向对比[158]

	机动性导向	可达性导向
目标	畅通	可达
服务对象	小汽车	出行者
需求分析	四阶段法	四阶段法＋行为模型
与土地利用的关系	脱节	互动
评价指标	交通负荷度	出行可达性

历史城区商业功能、行政功能和交通功能重叠，大量的穿越性交通通过这里，穿越性交通与地区的集散性交通形成了严重的冲突。一些城市可能更加强调机动性，盲目地将快速路、交通性主干道直接引入历史城区，进一步加剧了该地区的交通矛盾，不仅影响地区功能的正常发挥，也严重地破坏了古城历史文化环境。

一定时期形成的道路系统适应于一定时期的交通模式。历史城区的道路系统主要以街巷为主，适应过去的非机动交通环境，并不适应现代化的机动交通。历史城区的历史环境（格局）的一个非常重要的部分就是街巷道路系统。加上历史城区用地功能的混合型，要求交通要突出强调的是提供良好的可达性。因此，可达性是历史城区交通系统的首要要求。

为了满足历史城区现代化机动交通的通行而无限制地开通、拓展道路，势必会破坏古城的历史格局和历史环境，显然是不可取的。而在城市化快速发展的今天，城市的发展应该满足现代化的实际生活需要，完全的禁止机动交通将带来诸多不便，实际上是行不通的。因此，历史城区交通系统必须在保护与发展协调的环境下，以可达性为优先目标，适度满足机动性的要求。

3）交通系统构成及设施配置

城市交通系统由道路网系统、公共交通系统、静态交通系统、慢行交通系统等子系统组成，各子系统在交通系统中扮演着不同的角色和承担着不同的功能。每个子系统的定位都将影响交通组织模式的形成。若以道路网系统为主，重点满足机动车交通，将形成小汽车为主的交通模式，如果重点建设公共交通系统，通过道路交通系统和静态交通系统对小汽车使用的限制，有利于公共交通为主的交通模式的形成。同样，每个子系统对应的设施配置也会对交通组织模式的形成产生较大的影响，即交通供给结构是形成合理交通组织模式的重要因素。包括道路网的布局形式、道路的功能等级配置、道路断面形式、停车设施的建设规模与布局选址等。

4）交通设计与交通组织管理

交通设计与交通流组织管理是从微观层面上影响交通组织模式的重要因素。交通设计中很重要的一方面就是针对不同交通方式进行空间分配，即路权分配是影响交通组织模式的关键因素。为规范交通工具运行采用的各种管制措施，包括采取的设置隔离墩等交通宁静化设计，规范了某些交通方式的使用，推动了交通组织模式的形成。历史城区将历史街道与道路功能进行的整合设计，既强化的街道交往空间的功能，也适当满足了交通出行的需求，对机动化交通方式进行了限制，一定程度上促进了慢行友好空间的形成。

交通组织管理是落实交通组织模式的最后环节，其对交通流的组织管理真正体现了某种交通组织模式的效率。微循环交通、机非分流、人车共存或人车分流等都是重要的措施。

5）政策体制保障

城市交通政策与体制机制是交通模式发展的直接决定因素。在前瞻性、长效性城市交通发展方向的交通战略指导下，政策和体制机制是保障交通战略实施的有效载体，它明确界定了交通组织模式的框架和重点，因此政策体制成为了实现交通组织模式的重要保障。

交通政策的本质就是通过对各种交通方式的调控与引导政策，调节各种出行活动对应的出行链的综合成本，在保障交通系统整体效率最优的前提下，最大限度地满足个体出行的最优。其最根本的目的是使城市交通系统的需求和供给在平衡条件下向制定的交通组织模式方向发展。

随着历史城区内外部交通环境的变化，必须从地区发展的顶层政策进行设计。交通政策需要根据实际情况及时调整，体制机制应从大局角度重新整合，有力地保障对各种交通问题的应对和长效治理。

综合上述 5 个方面影响因素的分析，图 6.3 给出了历史城区交通组织模式的影响因素。

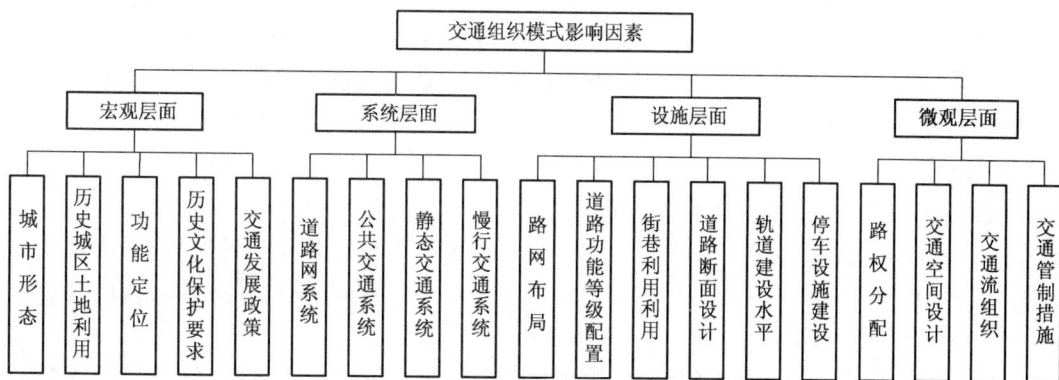

图 6.3 历史城区交通组织模式影响因素

6.4 交通组织模式结构设计

交通组织模式的制定应遵循以下要求：保持地区活力和保护地区环境；提高地区和局部地块交通可达性；协调各种交通方式之间的矛盾和冲突，促进交通方式更多地向公共交通等集约化方式转换；应创造更好的公交与慢行交通环境，保障公交优先和慢行友好的实现；应尽量分离车行交通与慢行交通，减少相互干扰与冲突。

按照交通组织模式制定要求，构建了历史城区交通组织模式的基本原型概念结构模型。该模型以历史城区为核心,内部实施公交优先和慢行友好的交通服务,适当保障部分不可替代性机动化出行需求,大部分车行交通采取"外围环绕、放射支撑、入口换乘"模式,保证历史城区外围和边缘联系便捷,屏蔽过境交通进入历史城区,如图6.4所示。

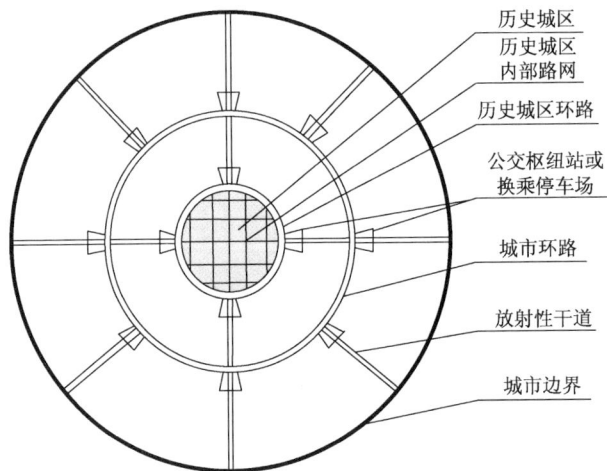

图6.4 历史城区交通组织结构模式图

该结构模式具备以下基本特征:

空间结构特征方面,以历史城区为核向外呈单中心同心圆式扩展结构,历史城区是同心圆的核心。

规模上形成不同层次范围,首先历史城区为第一层次范围,大小随历史城区规模而异,第一层次外围设定明显的边界,一般为环路或天然屏障(城墙或护城河),一方面是历史城区与城市其他地区的边界区分,另一方面形成对历史城区的保护;同心圆内历史城区外的其他城市区域是第二层次,是城市的其他组团和片区,大小因城市规模而已,其外围一般是城市的外环;对于规模较大的城市,还应有第三层次,主要包括新城镇等郊区城市化地区,外围多以高速公路环环绕。

交通系统配置具有明显的区域差异化特征。交通模式上,历史城区内以公共交通和慢行交通为主,并包含部分不可替代机动化交通,其他地区提倡公共交通优先;以快速公交干线和快速交通组成的双快交通系统引导城市跨区交通出行;在联系历史城区与城市其他地区的放射轴线上,主要提供大运量公共交通服务。

交通设施配置和交通空间分配上,历史城区内部以公交优先为导向,以构建高效的公共交通运行环境为主要目标,合理配置道路交通设施,分配路权,将道路空间更多地配合给公共交通;建设独立、友好的慢行交通系统,保障慢行出行群体的交通空间和路权。

交通运行上,通过外围两层环路及配套的换乘设施截流进入历史城区的可替代性机动化交通需求,换乘公共交通或慢行方式进入,同时引导穿越历史城区的交通从环路绕越,减少对内部交通的影响;内部组织多模式的道路交通网络实施网络化分流,降低机动车、非机动车以及行人之间的干扰与冲突。

交通整体调控上,按照历史城区内部和城市其他区域分为内部交通调控和外部交通整体控制。内部交通控制主要结合公交优先和慢行友好模式,构建机非分离的交通微循环系统。外部交通控制则采取分区、分级调控模式,分不同区域采取不同的调控策略和措施。

交通整体调控思想将在设施配置和利用研究中进行落实。

历史城区交通组织模式可分成不同层面的交通体系结构,其对应不同阶段的任务和内容,上一层指导下一层的系统组织。根据不同阶段要求,研究得到历史城区交通组织模式分层结构体系,见表6.3。

表6.3　历史城区交通组织模式分层结构组成

结构层次	对应主体
第一层次	交通模式的选择、交通功能的组织和交通服务体系的设计
第二层次	道路交通设施配置要求与交通空间设计
第三层次	交通设计、交通流的空间组织与管理

6.5　历史城区交通模式选择

城市交通发展战略制定的主要任务是推荐交通发展模式,这直接关系到城市的可持续发展,关系到土地利用的高效整合,促进城市空间的形成,关系到如何既能保持城市活力,推动城市发展的交通活动,又能高效使用有限交通资源,发挥交通整体运行效率。交通模式选择也是历史城区交通组织模式研究的核心内容。

6.5.1　典型交通模式与案例分析

1)典型交通模式

从目前世界各大城市交通发展历程来看,不同类型的城市形成了各自适应的交通发展模式,而不同的交通模式是在不断地探索与发展中形成的。目前,根据在交通方式构成上的典型特征,见表6.4,可以将其归纳为三种主要模式:小汽车模式、小汽车与公共交通并重模式和公共交通模式。

表6.4　三种典型交通模式方式构成及特征比较　　　　　　　　　　　　　（%）

类型	公共交通比重	个体机动比重	慢行交通比重	与城市形态及用地关系	代表性城市
小汽车模式	<10	>50	10～20	这种交通模式与弱中心、低密度的城市用地布局,高标准、高密度的城市道路网络、相对滞后的公共交通服务网络密切相关	洛杉矶、费城、底特律等
小汽车与公共交通并重模式	30～40	30～40	30	这种交通模式与强中心、有序拓展的城市用地布局,发达的城市道路网络和发达的公共交通服务网络密切相关	伦敦、慕尼黑、巴黎、马德里等
公共交通模式	>50	<20	20～30	这种交通模式与强中心、密集的城市用地布局、高度发达的公共交通服务网络、通达的城市道路网络密切相关	东京、香港、新加坡等

2)相关城市交通模式

国外城市中心区为了缓解交通压力,通常提供高水平的轨道交通和公共汽车等多元化公共客运服务设施,并辅以相应的交通政策,以提高公共交通出行比例。在进入城市中心地区的交通出行结构中,公共交通都占据着绝对主导地位(占62%~80%),公共交通中又以轨道交通为主体,小汽车交通(包括出租车)只占8%~18%,如表6.5和图6.5所示。

表6.5 国内外城市中心区主要交通方式结构 （%）

城市	各种交通方式利用率			
	公共交通	私人机动车	其他交通	合计
曼哈顿(纽约)	69.0	12.5	18.5	100
多伦多	76.0	12.0	12.0	100
伦敦	78.0	8.0	14.0	100
巴黎	62.0	18.0	20.0	100
北京	46.0	24.0	30.0	100
上海	33	19	48	100

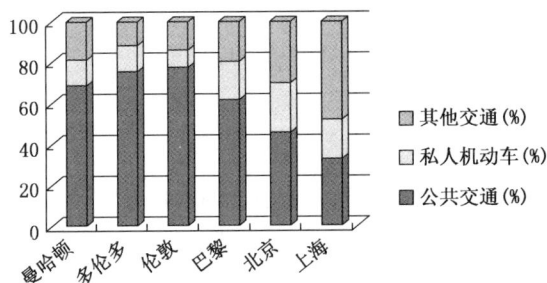

图6.5 国内外典型城市中心区(老城区)交通方式结构比较

以英国伦敦为例,伦敦是著名的历史名城,城市由内向外呈圈层式扩张。为应对机动化带来的交通问题,将大伦敦划分为中央伦敦、内伦敦、外伦敦和外伦敦以外四个从内到外不同的区域范围,其中中央伦敦是伦敦的历史城区。不同区域,人口分布密度不同,呈由外往内逐渐增加的趋势,如图6.6所示。通过制定区域差别化的交通政策与措施,合理引导交通出行和控制交通流量,既优化了出行结构,也大大降低了交通出行量,缓解了伦敦中心区的交通压力。伦敦市不同区域的出行方式结构(表6.6)全面揭示了其交通模式的特征。

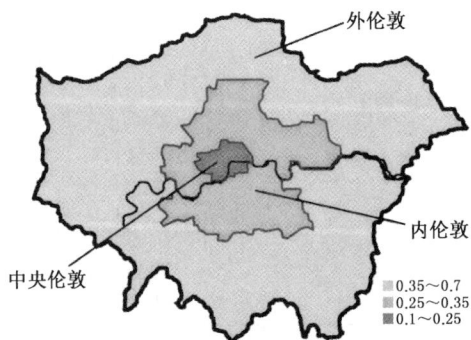

图6.6 伦敦市城市分区结构与人口分布密度示意图

表 6.6　2001 年伦敦市不同区域交通方式结构与出行量[159]

分类	中央伦敦内	内伦敦其他	外伦敦内	大伦敦以外	中央伦敦与内伦敦其他之间	内伦敦其他与外伦敦之间	外伦敦与中央伦敦之间	外伦敦与大伦敦之间	合计
公共交通比例(%)	18	20	13	3	70	38	81	16	24
个体机动化比例(%)	6	31	51	69	18	56	17	81	43
慢行交通比例(%)	76	49	36	28	12	6	2	3	33
合计(%)	100	100	100	100	100	100	100	100	100
出行量(百万人次/日)	0.8	0.8	8.6	0.1	1.2	1.6	0.9	0.9	18.2
不同区域出行量比例(%)	4	22	47	1	7	9	5	5	100

　　根据表 6.6 数据分析,分区内部出行上,伦敦市从里到外不同的区域范围,交通模式中公共交通和个体机动化交通方式比重呈递增趋势。其中,中央伦敦机动化方式仅占 24%,内伦敦其他地区机动化方式上升至 51%,而外伦敦地区则占到 64%,外伦敦以外地区为 72%。从公共交通与个体机动化方式的相对关系分析,四个区域范围从内到外,依次为公共交通为主导、公共交通与个体机动化交通相当、个体机动化主导、个体机动化绝对主导。从四个层次的交通模式变化趋势可知不同区域的交通发展政策。区域跨区出行上,与区内出行相比,跨区出行采用机动化方式比重迅速提升,都在 80% 以上,并且该比重随跨区出行距离增加而增加。

　　中央伦敦是人口密度、就业岗位最密集的区域,也是传统的伦敦历史城区,因此内部采取的是慢行交通为主、机动化为辅,且机动化以公共交通为主的交通模式;与中央伦敦相关的跨区出行中,公共交通也占到绝对主导地位,且出行距离越大,其比例越高。

　　另外,以公共交通为主的中央伦敦出入交通中,轨道交通占绝对主导,尤其是 2003 年实施拥挤收费和高额停车收费之后,小汽车出行大幅下降。根据 2005 年伦敦市早高峰时段进入中央伦敦的交通方式调查,轨道交通占 77%,常规公交占 12%,个体机动化交通仅占 8%,慢行占 3%[159]。

　　国外城市中心区及历史城区交通发展模式基本为提倡并重点发展公共交通、限制小汽车出行,纯化交通结构,削减交通总量、优化时空资源配置。为提高中心区的交通可达性、缓解地面交通拥堵,建设地铁、轻轨等不占用地面交通资源的立体交通系统,从而影响和引导人们进出中心区的方式向公交、地铁的转移,减少中心区内部交通压力。对地面交通的处理中采用公交优先的方法,把优先权让位于公交车辆。由于中心区多位于城市的旧城区,路网总体上呈方格网状,路网稠密但建设标准较低,便于改造实施公交专用道等公交优先措施。

6.5.2　历史城区交通模式选择

　　交通模式选择是城市交通发展战略制定的核心内容,而城市交通发展战略的制定与城市未来发展密切相关。随着城市空间形态、交通政策制定等方面因素的不确定性,交通模式的选择也有很多种可能性。目前交通战略制定较多的采用战略方案制定、比选和测试评价的研究体系产生,因此采用情景分析的方法研究历史城区交通模式选择。

1)情景分析法

情景分析就是就某一主体或某一主题所处的宏观环境进行分析的一种特殊研究方法。概括地说,情景分析的整个过程是通过对环境的研究,识别影响研究主体或主题发展的外部因素,模拟外部因素可能发生的多种交叉情景分析和预测各种可能前景[160]。

情景分析法主要有如下四个特点:①需要充分了解内部环境;②一般以定性分析与定量分析相结合;③需要主观想象力的预测与分析;④应承认方案的多样性。对此,情景分析法的作用有:分析外界宏观环境并形成决策;能够提高系统的战略适应能力;提高系统的总体能力,实现资源的优化配置[160]。

运用情景分析法研究历史城区交通模式的过程是一个以交通发展的内在机制为根本出发点,以多种情景假定为基础,采用定性与定量相结合的方法,对未来交通模式以及影响其发展的各种因素描绘出几种可能的情景,再运用合理的方法对各种情景下的交通模式进行评价和比选,确定最佳模式。

运用情景分析法进行交通模式选择的步骤见图 6.7。

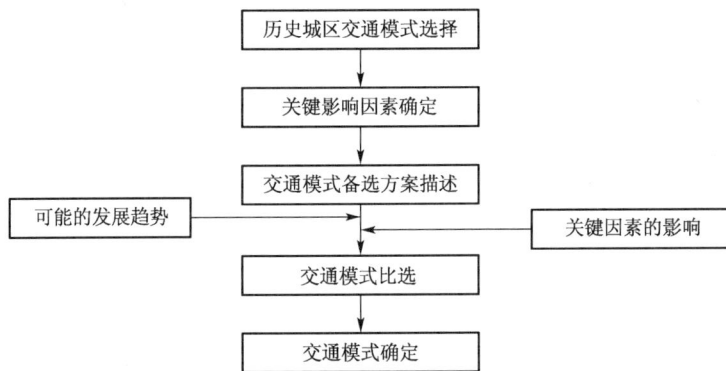

图 6.7　历史城区交通模式选择情景分析过程图

2)交通模式关键因素选择

6.3 节对交通组织模式的影响因素已进行了系统地分析与阐述,为简化情景分析的过程,根据对影响交通模式选择的影响程度,选取城市与历史城区形态、土地利用、历史文化要素、交通政策等 4 个关键因素作为交通模式选择的关键因素进行分析。

城市形态与历史城区规模、大小及空间形态是影响交通方式结构的基本因素。城市形态从城市整体层面上决定了其未来交通发展模式;而历史城区的规模大小、空间形态与交通方式的适用性有着紧密的关系;土地利用的性质与强度决定了交通需求的大小与分布,要求相应的交通方式系统的支撑。历史城区历史文化遗产的保护要求和保护政策以及历史风貌空间特征是影响交通模式形成的约束和驱动因素。城市特色、历史城区发展定位及交通发展战略与政策对交通模式的形成有较强的促进作用。

对这些交通模式选择关键因素的认识与分析,是指导情景假设与分析的基础。不同城市、不同历史城区既有共性的特征,也有不同的地区差异。如城市规模和历史城区规模、经济发展水平不同,对交通模式的要求不同。但对于历史城区,倡导公交优先、慢行友好,已基本上形成共识。因此,对于经济发达的历史性大城市,多形成以轨道交通为骨干、常规公交为主体、融合多元公交的交通发展模式,而对于经济发展水平较为落后的小城市,一般采用以常规公交或慢行交通为主的交通模式。

3)情景事件确定

历史城区交通模式的确定可以分为私人小汽车交通发展、公共交通发展、慢行交通发展及交通政策等四个事件进行研究。

随私人机动车的使用日益普及,在居民出行方式结构中的比例越来越高。历史城区私人机动化的发展将会带来越来越严重的交通问题,如不采取一定的限制措施,拥堵将会更加严重。因此,私人小汽车交通的发展可设为关键事件。

公共交通是解决当前城市交通拥堵的重要举措和出路,历史城区更是如此。为保证历史城区交通的有效运行,必须提高公共交通的出行比例,控制小汽车的使用。因此,历史城区应在保护历史文化遗产与古城风貌的基础上,大力发展高效的公共交通系统,吸引部分机动化需求向公交转移,但是转移的比例带有不确定性。公共交通发展是历史城区交通模式选择的关键事件。

历史城区一般范围较小,基本在慢行交通出行的合理范围之内,且历史城区居民出行方式结构中慢行交通仍占主导地位。作为真正的绿色交通方式,是历史城区交通发展的关键出路之一。因此,这里将慢行交通的发展视为关键事件。

城市交通模式的形成不是一蹴而就的,需要各方面的保证,其中关键的一点就是城市交通政策的引导。对于历史城区,尽管都在提倡公交优先,但是公交通优先的落实力度并不确定,这在一定程度上影响了公交为主导的交通模式的形成。因此,应将交通政策尤其是公交优先政策、私人小汽车调控政策作为关键事件。

4)情景方案假设

不同情景对交通模式选择的影响主要通过关键事件的初始概率、模拟概率的确定以及事件间相互影响的计算分析进行比较。关键事件的初始概率表示单个关键事件发生的可能性,较多地采用德尔菲法确定。由于初始概率并不能反映系统全貌,考虑关键事件之间的相互作用对系统的影响,需要进一步计算各个事件在受到其他关键事件影响下发生的可能性,即模拟概率。模拟概率一般采用交叉影响分析法,在初始概率基础上,考虑相互影响,通过模拟的方法求得各事件的模拟概率[160]。

通过关键事件初始概率、模拟概率分析,设定了三种不同的交通模式情景方案。

第一种模式是小汽车交通自然发展,在历史城区交通中承担的比例越来越大,公共交通比例日益萎缩,慢行交通出行环境较差,但是仍然是居民出行的主体,公交优先及小汽车调控政策的落实力度不足,公交发展缓慢,即是小汽车为主体的交通模式。

第二种模式是严格限制小汽车的使用,大力发展公共交通,根据条件建设多模式、大容量公共交通系统,提高公共交通竞争力,吸引可替代小汽车交通需求向公共交通转移,公交出行分担率较高;慢行交通环境良好,慢行出行比例稳中有升;积极落实公交优先政策和私人小汽车调控政策。即以公共交通为主体、慢行交通健康发展的交通模式。

第三种模式是不限制小汽车的使用,优先发展公共交通,保障慢行交通,实现公共交通、小汽车和慢行交通多元化平稳发展的交通模式,公交优先有一定的落实,采取较为宽松的小汽车调控政策。

5）情景方案评价与选择

对情景方案进行评价与选择,确定符合历史城区交通发展现状、满足历史城区未来发展要求的交通模式。情景方案的比选过程一般选择居民出行方式结构、交通承载力提高水平、路网服务水平、交通模式与历史城区发展以及环境影响等作为评价指标[157]。

以著名历史文化名城镇江市老城区为例进行交通模式选择研究。通过对三种情景方案的测试与评价(表 6.7 和表 6.8)可知,模式二——公共交通为主体、慢行交通健康发展的交通模式最适合历史城区的发展要求。

表 6.7　三种交通模式下镇江市老城区居民出行方式分担结构　　　　（％）

类别	模式一	模式二	模式三
公交出行比例	10～15	30～35	20～25
小汽车出行比例	30～35	10～15	20～25
慢行出行比例	38～51	42～55	40～54
其他出行比例	9～12	5～8	6～10

表 6.8　三种交通发展模式下镇江市老城区道路运行与影响指标

评价指标	模式一	模式二	模式三
交通承载力提高比例(％)	−11.2	33.6	15.4
干道网平均饱和度	0.82	0.62	0.72
平均车速(km/h)	18.1	28.3	25.8
服务水平	差	优	中
环境影响	高	低	中
对城市引导作用	中	优	良

研究提出不同类型城市历史城区交通发展模式为:

大城市历史城区应以轨道交通为骨干、常规公交为主体、社区公交和公共自行车为补充的多元公交为主导、倡导慢行交通、私人机动化交通严格控制的交通发展模式;居民出行方式结构比例分配建议公共交通为 45％～50％,慢行交通为 35％～40％,小汽车交通为 5％～10％。

中小城市历史城区应以常规公交为主体,社区公交和其他辅助公交形式为补充的公交模式和慢行交通为主导,私人机动化交通严格控制的交通发展模式;居民出行方式结构比例分配建议公共交通为 30％～35％,慢行交通为 45％～55％,小汽车交通为 10％～15％。

6.6　历史城区交通系统设计与功能组织

历史城区交通体系是一系列复杂的交通服务链的有机组合与衔接,因此制定受到不同层面因素的影响。为保证可持续发展,对应交通体系层次结构,交通系统应从各个层面进行系统设计,辅以相应的组织策略,并从目标层和控制与管理层展开研究,具体见表 6.9。

表 6.9　历史城区交通系统结构设计及内容

结构		系统构成与内容
目标层		构筑高效、多层次、一体化、集约化的可持续交通体系
控制与管理层	土地利用开发	公交导向的历史旧城更新与开发,引导用地功能调整与用地置换
	交通政策	公交优先,慢行友好,私人小汽车严格调控
	交通模式	以公共交通为主体,慢行交通友好,私人小汽车严格控制的交通发展模式
	交通服务体系	多元公交服务体系为主,私人机动化需求合理调控
	道路交通设施合理分配与利用	公交和慢行导向的道路网布局与功能优化,交通保护环体系设计,地区路网设计,大力建设公共交通设施,内部停车设施供给限制,外围停车换乘设施规划,保障慢行空间
	道路交通组织与管理	实施交通微循环,机非分流和采取人车共存道路措施,保障各种交通流的安全、高效、有序运行

历史城区交通发展总体目标是构筑高效、多层次、一体化、集约化的可持续交通体系,满足历史城区保护与发展的要求。控制与管理层主要包括城市用地与交通系统的组织两个方面。

6.6.1　土地利用与功能整合

历史城区土地利用的功能组织首要的是加快疏解部分功能来减少出行需求。根据城市未来规模和空间结构,分析城市是属于单中心结构还是多中心结构模式,合理确定历史城区的功能定位。从发展要求分析,应将现有历史城区的功能进行纯化,以用地的内涵式更新为主,并在更新过程中将功能进行空间集中,内部形成合理的功能分区。同时更新的过程也是交通系统优化再整合的过程,充分发挥公共交通导向和慢行交通导向的用地开发理念。

从历史城区所处区位、交通条件考虑,应集中布置商贸、旅游休闲和居住三大功能,将其他功能逐步向外疏解,从而带动城区部分人口向外疏散,降低内部人口密度和就业岗位分布密度,减少交通需求总量。历史城区应充分利用历史文化遗产丰富的价值,开展传统特色的商贸、旅游服务,在纯化用地功能和促进特色经济发展的同时,进一步彰显历史风貌。

在用地功能疏解和开发强度控制的基础上,合理布局各功能用地。不同的用地功能布局模式决定了居民出行的流量、流向和方式选择,直接影响到交通可达性。用地的开发组织也必须建立在一定的可达性水平基础上,可达性的高低直接关系到地块吸引力以及地块的空间与数量结构特征[161]。在保持历史城区现有历史文化遗产分布特征的基础上,合理确定其他各类地块的功能,并以高效交通为导向进行复合开发建设,尤其应以公共交通和慢行交通为导向,构建 TOD 社区和 POD 社区。同时调整地块划分的规模,禁止新的大规模单一性质的地块开发。结合各类地区交通可达性要求,分别确立不同交通方式的通行优先级和交通设施配置的优先级。

另外,对历史城区新建各类体量较大的公共建筑,尤其是大型枢纽体或城市综合体之类的公共建筑,在不破坏历史遗产的前提下,每个建筑的地下空间应打破自建自管的模式,倡导地下空间的一体化开发与连通。

6.6.2　交通服务体系优化与设计

　　交通服务体系设计是在交通模式确定的前提下,对内部不同交通方式的使用进行合理的组织,以进一步确立各交通方式的地位和提高整个交通运输系统的运输效率,更加直观地体现为交通方式的组织。交通方式的组织具体可细分为公共交通组织、慢行交通组织、私人机动化交通组织和旅游交通组织。

　　1) 公共交通组织

　　公共交通是历史城区交通模式的主导方式,必须强化公共交通组织,提高服务质量。历史城区公共交通组织模式应以一体化公共交通系统构建为首要原则,实施多元发展、枢纽引导、分层线网,实现历史城区内部联系可达、外部联系畅通的目标。

　　结合历史城区内部用地功能组织和开发策略,合理布局公交枢纽,引导周边用地以公交为导向进行开发,促进交通与土地利用协调一体化,促进 TOD 导向的集约化土地开发模式的形成。

　　构建多模式一体化的公共交通服务体系,结合历史城区内部实际情况,采用轨道交通、常规公交、社区公交、定制公交以及旅游公交等服务不同出行群体的多元化公交方式,满足地区交通多样化出行需求。

　　建立层次清晰、功能明确、衔接有序的多层次公交线网,以公交枢纽为衔接换乘节点,各层次线网合理衔接,满足对外联系和区内出行。

　　依托多层次线网和高效的换乘枢纽设置,保证区内出行的可达性,实现区内出行"零换乘",提高公交便捷性,对外出行通过高效的换乘实现内外交通的快捷联系。

　　2) 慢行交通组织

　　慢行交通是历史城区内部最适宜的交通方式,也是出行比例最高的方式。慢行交通的组织应以安全、舒适、连续、友好为主要目标。慢行交通的功能定位有二:一个作为内部中短距离出行的主要方式;另一个是与公共交通、小汽车停车交通的衔接补充方式。因此,慢行交通组织应从以下两方面开展:①构建独立、连续的人性化慢行交通空间,与车行交通空间分离,保障慢行交通出行者行驶空间的安全连续,营造宜人的慢行环境。②注重与公共交通、小汽车停车交通的有机衔接,慢行交通内部各交通设施之间有机衔接,形成由慢行廊道和慢行节点组合的慢行交通组织结构模式。图 6.8 是某城市历史城区慢行交通网络组织模式。

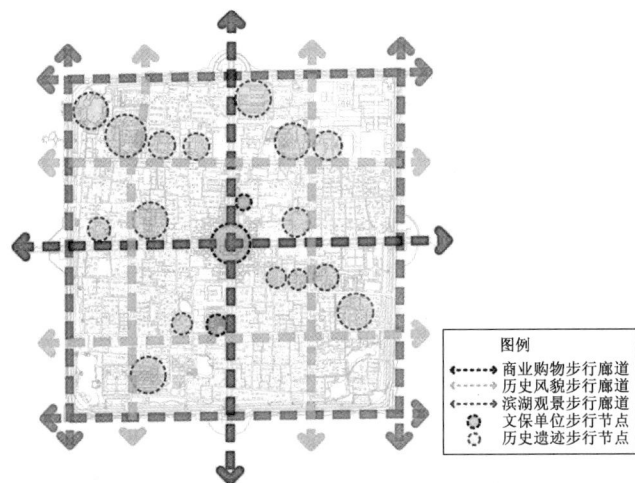

图 6.8　某历史城区慢行交通网络组织模式图

3) 小汽车交通组织

小汽车交通是历史城区的辅助交通方式,受到严格控制。小汽车交通组织应在保障公共交通和慢行交通的前提下开展,尽量减少对公共交通和慢行交通的冲击。因此,综合采取"以静制动、停车调控、行车限制"的策略。具体包括:

通过停车设施的组织,一方面影响小汽车行驶路径,另一方面控制行驶区域,从而约束小汽车的行驶空间。

在历史城区外围设置停车换乘系统,加以内部实施严格的停车管理制度,引导区外换乘公交进入,将小汽车截流于城区外围。

以停车设施布局为出发点和目的地,设置小汽车动态行车线路,同时在不同区域设施各种管制措施限制小汽车通行或降低车速、流量等方式,可允许公交车和消防车通行。

4) 旅游交通组织

旅游交通组织可分为到达性旅游交通组织和内部旅游交通组织。到达性旅游交通组织应强调与旅游客源地的便捷高效联系,内部旅游交通组织采取差异化策略,对不同游客进行有序分流。

历史城区旅游交通组织首先设置历史城区及内部各景点至主要旅游客源地,包括火车站、汽车站、机场、城市主要出入口等处的多元交通服务体系,包括地铁、常规公交、旅游公交、出租车等,以便捷的运输通道为支撑,保障快速到达。针对内部旅游客流的集散需求,在历史城区内外均衡布设旅游交通服务设施,利于客流集散,满足不同类型旅游出行需求。另外,在城区内部设置多样化的交通方式、旅游路径服务,为游客提供高品质的旅游体验,提升地区旅游服务品质。

6.6.3　交通设施配置与使用

交通设施配置与使用是交通组织模式落实的载体和保障。历史城区可用于道路交通的空间资源十分有限,且交通供给不可能通过大规模的交通设施建设补充,因此,交通设施使用的核心思想是合理调整交通设施使用模式,明确不同设施的功能,提高使用效率。

1) 道路设施的使用

历史城区道路设施的配置和使用以公共交通和慢行交通为主,在道路功能确定和空间配置上更多地为这两种交通方式服务。在现有路网格局无法改变的条件下,应充分利用其先天优势,按照交通组织分离的思路,优化路网的空间布局和道路功能。在这一思路下,重点通过完善路网引导过境交通从城区外围环绕,并合理组织出入交通,实现出入境交通的集约化和有序化。内部路网改善重在优化内部路网布局,增强路网系统性和可达性,提高道路通行能力,并为充分实施公交优先提高支撑。道路功能完善方面,重新梳理路网功能,坚持公交导向和慢行友好,充分利用街巷道路,提高路网承载能力。具体内容将在第8~10章中进行研究。

2) 公共交通设施的使用

公共交通是历史城区交通模式的主导方式,设施上的保障必不可少。公交设施的建设与使用应充分结合公交结构模式、公交线网及衔接体系进行研究。

按照不同公交方式的定位、线网层级,公共交通设施的配置与使用策略为:①重点建设规模效应的轨道交通网络,提高在历史城区的服务覆盖率,增强长距离出行的吸引力。②完善历史城区地面公交系统,增加公交线网密度和站点覆盖率,覆盖公交盲区,提高公交服务质量。③以轨道交通、主要交通枢纽为核心,在城区内部和外围设置高效便捷的换乘系统,包括公交系统内部换乘和停车换乘,使轨道交通、地面公交、慢行交通和小汽车交通一体化换乘。④强化道路上公交专用道和港湾式公交停靠站建设,提高公交运行效率和服务水平。⑤增加社区公交、特色公交设施,将公交服务延伸到社区内部,提高公交出行的吸引力。

3) 停车设施供应与使用

历史城区停车设施既是对机动车需求的满足,也是对机动车出行的约束。停车供给不足已经成为历史城区面临的重要交通问题,但是通过大量建设停车设施的方式也不可行,因此,合理确定停车设施的供给与使用模式至关重要。历史城区应采取限制性停车供给策略和使用模式,以控制停车泊位的供给水平,提高泊位的使用效率,并逐步引导进入核心区域的交通结构向集约化方向转变。

(1) 城区内部停车供给与调控

历史城区内部停车设施的供应与使用,主要途径在于活化现有停车设施的利用和严格调控停车需求。停车设施供给方面,制定建筑物停车配建指标上限,原则上在现有停车泊位的基础上,不再增加路外公共停车位的供给。使用方式上,鼓励停车设施间进行共享使用,鼓励建筑物配建停车设施对外开放,不鼓励"买断"公共配建停车资源,提高既有停车设施的利用率。停车调控上,制定高标准的停车费率,与外围区域形成收费级差,以此限制车辆使用,鼓励员工使用公共交通上下班,减少商业、办公等公共设施的通勤出行小汽车使用,体现低水平的停车供需平衡策略。停车管理上,规范路内停车泊位的布设与使用,从严治理路内违章停车行为,规范路内停车秩序,未来随出行结构的转变逐步减少路内停车泊位数。

(2) 外围停车换乘设施供给与调控

停车换乘系统(park and ride system)是城市交通需求管理的一种有效方式,是缓解历史城区交通供需矛盾、促进高效交通模式使用的重要途径,主要通过在历史城区外围地区甚至是城市外围设置各种交通转换节点,建设停车换乘设施,通过各种政策措施鼓励和引导私家车、自行车以及旅游大巴转换成公共交通、慢行等交通方式进入历史城区。停车换乘设施与常规的城市停车场一样,作为静态交通设施承担着车辆泊位的功能;通常设置在轨道交通站点、地面公交站以及高速公路出入口附近,因此也常被作为公共交通、公路网的附属设施规划。

停车换乘作为交通需求管理的重要措施,具有明显的政策特性,将停车作为政策调节的工具,通过供给来引导出行需求以获取交通模式新的平衡。停车换乘系统的实施需要高水准的公共交通服务质量,还需要严格的交通管理政策保障,如区域停车管制、实行限区许可制度,对历史城区停车进行管制,对进入管制区的小汽车收取高额停车费,以减少进入控制区的车辆数。

不同区域用地性质、周边交通衔接系统以及停车换乘设施建设用地条件等不同,要求采用不同的停车换乘设施规划技术标准。因此应首先确定停车换乘设施层次结构,明确不同换乘设施的服务对象,形成层次清晰、结构合理的停车换乘系统。

根据停车换乘系统结构与城市空间形态的关系(图6.9),结合历史城区交通保护要求,以分层截流最大化减少进入城区交通流为目标,将停车换乘设施划分为三种类型:边缘截流型、组团截流型和城郊截流型,如图6.10所示。三种停车换乘类型具体的功能、服务对象、配套要求见表6.10。

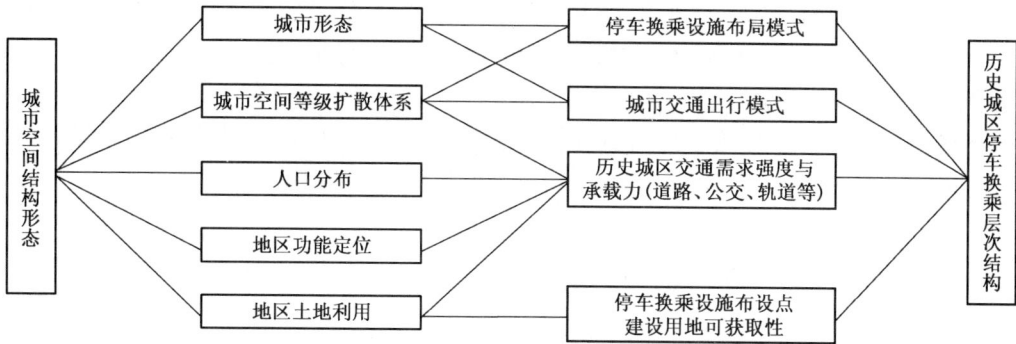

图 6.9　历史城区停车换乘层次结构与城市空间形态关系

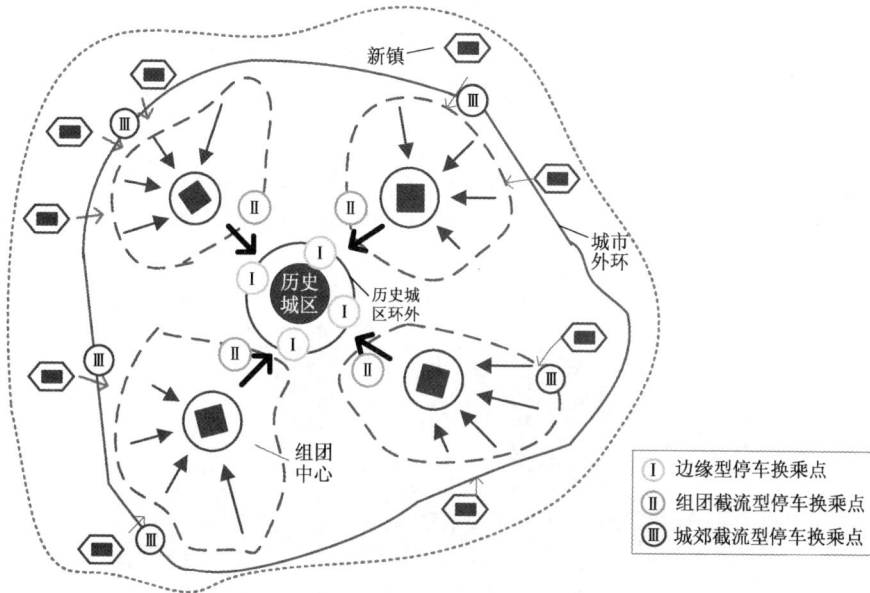

图 6.10　历史城区停车换乘设施层次结构示意图

表 6.10　历史城区停车换乘设施层次结构

类型	服务对象	距离历史城区(km)	布设区域	衔接公共交通类型	衔接公交站点	功　能
边缘截流型	所有	4~8	紧邻历史城区	轨道	中间站	设置在历史城区交通保护环外的进出通道附近,衔接公共交通或慢行,主要缓解历史城区内部停车紧张
组团截流型	组团	8~20	组团中心边缘(近历史城区方向)	轨道、BRT	中间站	服务于组团与历史城区联系交通,衔接有专有路权的大运量公共交通,主要功能为减少瓶颈通道的交通压力
城郊截流型	外围地区或其他城市	>20	组团中心边缘和城市出入口	轨道、BRT	首末站、中间站	服务于外地车、卫星城镇与历史城区的联系交通,衔接大运量公共交通,引导交通结构优化,缓解通道瓶颈交通拥堵

　　对应不同类型的停车换乘设施,按照截流最大化、完善的交通服务体系相衔接、换乘点便捷可达和用地代价最小化四条准则进行选址布局。结合每个备选点停车换乘需求分析,确定停车换乘设施规模。

　　在保障自行车短距离出行条件的同时,在主要的轨道交通站点和公交枢纽站设置自行车停车换乘设施,为自行车换乘公共交通提供必要的停车场地。

6.6.4　交通运行组织

　　历史城区大量的历史文化遗产和空间肌理保护约束要求历史城区交通系统必须适应其现有的特征,适应这一特征除了高效的交通模式和合理的设施配置外,最直接有效的措施是建立高效的交通运行组织模式。交通运行组织首先是建立在路网基础上的,因此,充分利用历史城区丰富的街巷路网组织多模式的交通运行网络至关重要。

　　历史城区交通运行组织应从以下几个方面展开:

　　按照交通模式与体系设计,以道路网设施为基础,将交通运行组织要求作为道路网设施配置的主要目标,在设施层面构建交通运行组织要求的交通网络,包括机动车交通网络、非机动车路网和步行网络。

　　充分利用历史城区周边路网条件,通过在城区外围打通疏解通道来分流过境交通,形成历史城区交通保护核,消除不必要的交通对城区交通的影响,为城区内部交通减负。图6.11为某城市历史城区交通分流方案示意图。

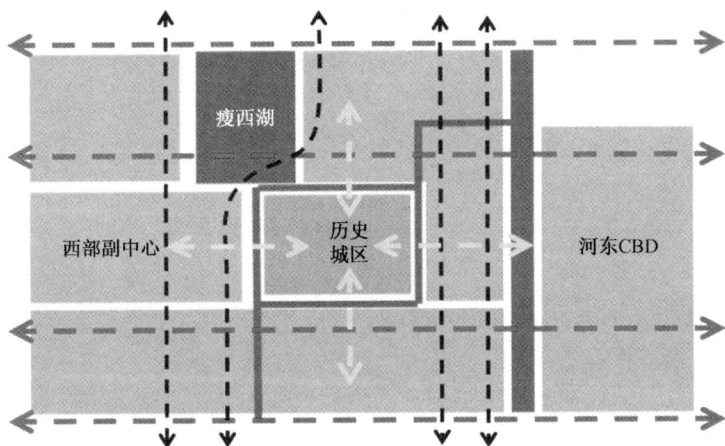

图 6.11　某城市历史城区外围交通分流方案示意图[87]

　　梳理城市干路系统,增加干道系统的贯通性,增强道路的疏解能力,明确干道的功能定位,服务部分机动车通行需求。整合与充分利用街巷路网,保持街巷道路适当的空间尺度,重点保障慢行与公共交通的通行。设计包括单向交通和双向交通、区域和局部地区相结合的交通微循环系统。

　　实施机非分离,构建独立、舒适的非机动车交通系统,消除机非干扰和冲突,创造安全、连续、独立的慢行环境。

　　设计人车共存道路系统,一方面消除机动车对行人空间的侵占,另一方面找回失落空间,增强社区交往空间的活力。

6.7　本章小结

　　本章界定了供需双控模式的内涵与特征,深入分析了与历史城区的匹配性,验证了该模式在历史城区具有较好的适用性。在供需双控模式下,首先界定了历史城区交通组织模式的内涵和构成要素,基于交通组织模式影响因素的分析,建立了结构模式概念模型;在剖析典型交通模式和历史城区案例的基础上,运用情景分析法研究了历史城区交通模式的选择;按目标层和控制与管理层的结构进行了交通系统的系统设计和功能组织,按土地利用和交通系统组织两个方面分别研究了历史城区用地功能整合、交通服务体系、交通设施配置与使用、交通运行的组织策略与实现方法。

第7章
历史城区交通服务体系设计方法

交通服务体系设计是供需双控下历史城区交通系统研究的另一核心内容,主要任务是进一步落实供需双控模式的要求,深化交通组织模式设计,构建历史城区可持续交通服务体系,指导道路交通资源配置与设施使用。交通服务体系作为响应历史城区交通运输服务的主要保障,以体现运输服务的高效、一体化和集约化为目标。其设计内容主要是交通服务体系结构设计,尤其是公共交通结构体系设计。

7.1 交通服务体系特征与要求

作为服务地区发展和居民出行的交通体系,应从历史城区特定的地区环境和具体的发展要求出发,制定既适应地区特征,又具有一定的超前性,能够引导地区可持续发展的交通服务体系。因此,历史城区交通服务体系应满足以下基本特征与要求。

1) 历史环境保护要求下的和谐、绿色交通体系

我国已颁布的各类历史文化遗产保护规范、标准及导则都已明确规定必须严格保护历史城区丰富的历史文化遗产和特有的历史风貌及空间肌理,控制因用地开发对历史遗产的破坏。而过去因用地开发或旧城更新要求对历史文化遗产造成的破坏中,新建或拓宽扩建城市道路以适应快速机动化交通的要求,是重要的方式之一。

历史城区有其自身的发展特征,其道路交通网络自古以慢行交通方式为主体,形成了如今特定的空间格局:道路空间尺度狭窄,街巷密集,历史建筑和古迹遍及道路空间网络中。正是这样的历史背景和历史环境,才是值得后代去保护的珍贵遗存。随着社会经济的发展和人们生活水平的提高,人们对出行的要求越来越高,机动化出行需求越来越大,对历史城区有限的交通设施和狭窄的道路空间造成了沉重的负担,也对交通环境产生较大的污染。

历史文化遗产的保护是历史城区更新发展的首要前提。在这一前提下,一方面,历史城区的更新发展需要合理的交通服务体系支撑,进行与之协调的道路交通设施配置,适应保护与发展的要求;另一方面,历史文化遗产和历史环境的保护要求尽量适应其原有的慢行交通模式,并采用与之适应的绿色交通方式(公交、慢行),避免过多的个体机动化交通的使用。因此,在历史环境保护的基本要求下,历史城区必须建立绿色、和谐的交通服务体系。

2) 有限交通资源约束和多样化交通需求下的集约、高效交通服务体系

道路交通资源极其有限和交通出行需求多样化,是历史城区交通供需的两个典型特征。从交通系统的角度出发,历史城区交通服务体系必须从这两个基本特征着手进行设计。道路交通资源的有限性主要体现在交通承载力难以满足日益增长的交通需求,原有的道路空间结构无法适应不同交通出行方式的要求。交通需求多样化则主要体现在总量不断增加的基础上,六类出行群体出行方式选择产生的交通需求方式结构的多样化特征。

在道路交通资源使用时,有限性的特征决定了必须充分、合理使用道路交通资源,以资源利用效率的最大化为目标,即单位资源承载的运输量最大。多样化的交通需求要求一方面要满足不同出行群体的出行要求,另一方面还要对低效的、高资源占用率的交通方式进行控制和引导。这就要求交通服务体系具有资源的集约化利用和运输过程的高效率两个基本特征,对应的途径要求优先发展公共交通,资源的使用向公共交通和慢行交通倾斜,提高公共交通的承担比重,重视慢行交通出行,控制和减少私人机动化交通方式的使用。

对应交通出行构成上,应做到对外交通快速化、内部交通宁静化、交通管理高效化。

3) 高效交通体系下的多层次、一体化交通服务要求

高效交通体系并不是简单的方式组合和设施组合。从"高效"的衡量指标分析,主要体现在出行效率上,从系统构成上,体现为运输系统、集散系统的效率。从居民出行方式选择的链式特征可知,高效的交通服务体系一方面应提供多模式、多层次的交通运输服务,满足居民以出行效率最优的运输要求;另一方面,必须为居民提供便捷的交通衔接转换系统,尤其确立以公共交通为主体、交通枢纽为核心的一体化交通集散和转换体系。即历史城区高效的交通服务体系应具备多层次、一体化的交通服务特征。

综上分析,历史城区交通服务的基本要求为:多层次、一体化、集约高效与和谐绿色交通。

7.2 交通服务体系内涵及构成要素

7.2.1 交通服务体系的内涵

城市交通服务体系是一个综合系统,是一个为所有交通方式提供流通空间的系统。从运载工具上分,不但包括小汽车交通等机动交通,还要包括公共交通、步行交通、自行车交通等;从交通基础设施上分,道路交通只是城市交通的一部分,因此有必要明确城市交通体系的组成。城市交通系统根据运输对象的不同划分为客运交通系统和货运交通系统两大类,根据交通设施载体的不同可以划分为道路交通系统、轨道交通系统、航空交通和水运交通等。客运交通系统又可细分为公共客运交通和个体客运交通,个体客运交通根据交通方式的不同又可分为步行交通、自行车交通和机动车客运交通。

根据历史城区对交通服务的基本要求和城市交通体系的特征,提出历史城区多模式、一体化的可持续交通服务体系。其核心涵义为:根据城市空间结构及土地利用特征,遵循历史遗产与风貌保护要求,针对历史城区交通需求特征、交通设施资源供给进行交通方式、交通设施的规划、建设和管理,确定符合历史城区交通需求和资源供给能力的交通方式结构和与之协调的道路交通设施,建立合理高效的交通运输系统与衔接转换系统,注重运用多种手段强化方式转换的引导,尤其是私人机动化交通方式向公共交通方式的转换,不断增强公共交通和慢行交通的竞争优势,优化交通结构,缓解历史城区交通压力。

7.2.2 交通服务体系构成元素及特征

体系或系统是指相互关联或相互作用的一组要素组成,或是若干相关联系又相互制约的事物构成的有机整体。体系一般分为三种:开放体系、封闭体系和孤立体系。开放体系中,体系与环境之间既有物质交换,又有能量转换;封闭体系中,体系与环境之间有能量转换,但无物质交换;而孤立体系中,能量转换与物质交换都不存在[162]。历史城区交通服务

体系是一个开放的体系,由交通参与者、交通工具、交通设施、交通环境相互关联形成的协调统一的有机整体。

1)历史城区交通服务体系构成的三要素及特征

从交通出行参与的角度看,交通服务体系构成包括出行主体、交通客体和交通环境三个基本要素。

(1)交通出行主体

对于交通出行主体的划分,认识比较统一的是交通参与者——人,这是构成交通系统的最基本要素之一,是交通活动发生的主动性因素。对于交通出行主体,很少进行深入细致地研究,大多数相对较为宽泛。广义的交通参与者主要有交通出行者、交通管理者、交通服务者等,在这里重点讨论交通出行者。

针对历史城区这类城市中片区的交通出行者,其地域属性决定了交通出行者属性,交通出行者属性决定了交通系统属性。根据前文对交通出行主体的分类,历史城区出行主体分为三种六类,即历史城区内部区内工作者、区外工作者和无业及退休者,历史城区外区内工作者和区内购物休憩者,以及外地游客。不同区域内不同出行主体由于个体社会经济属性不同,其交通需求各异,这样就产生了交通需求结构的多样化,从而影响交通服务体系设计的多样化功能。

(2)交通出行客体

交通出行主体是人,自然交通出行客体就是承载和完成主体出行的交通工具和交通设施。这两者都是交通系统最重要的组成要素。

交通工具对应的是交通方式,交通方式的有机组合形成了交通方式结构。交通方式结构是城市交通系统供应的重要内容,决定了地区可能形成的交通模式。交通模式不同,不同交通方式承担的功能也就不同,交通服务体系设计的目标和系统结构也有所区别,交通设施的配置也存在差异。因此,交通工具的使用是交通系统的重要方面,对交通工具使用的合理调控是交通服务体系设计的主要任务之一。

交通设施包括道路网设施、公交设施、停车设施、管理设施等。交通设施是容纳交通出行者出行活动的时间和空间资源,对于一个特定的区域范围,具有明显的有限性。历史城区交通设施不仅在时空资源总量上存在有限性,更进一步说应该是不足,而且设施结构上也有其自身的特性与约束。这样的特征要求交通方式使用时应注重提高利用效率和运输效率。

(3)交通环境

交通环境是交通活动完成的外界客观环境,具体可分为交通自然环境、交通社会环境、交通文化环境等。交通自然环境是承载交通系统运行的硬环境,具有明确的承载能力,具体用交通环境承载力作为衡量指标,交通运行对环境的侵占必须在交通环境承载力范围之内。交通社会环境和交通文化环境是一种反映具体社会经济和文化特征的软环境。这两种软环境对交通发展的影响非常大,如其具体涉及的交通制度与政策、人的思想观念、价值取向以及道德文化,都对交通发展具有深远的影响[162]。交通环境是保证交通服务体系健康运转和目标实现的重要保障。

2)历史城区交通服务体系构成的三个系统及特征

从服务交通出行过程的角度,交通服务体系有交通运输系统、交通设施系统与交通管理系统三个方面。

（1）交通运输系统

城市活动是按照交通系统的机动性和可达性分布来组织的，交通系统的任何改善都会影响到交通机动性和可达性，并通过城市活动的影响传递到城市空间和土地利用布局上，也即城市空间、土地利用布局的依据也是交通机动性和可达性的分布[163]。

从客流运输全过程分析，一次运输可分为运输、集散和换转，对应的交通运输系统分为运输系统、集散系统和转换系统[80]。每个系统要求相应的交通基础设施的支撑，对应地承担不同的交通功能。

交通运输系统划分重点是从交通系统功能组织上进行层次划分，一方面是以机动化为核心的骨干运输系统，包括骨干道路系统、骨干公交系统，承担的是长距离、大运量运输需求；另一方面是以片区为单元的集散交通组织，服务于地块出行和向骨干运输系统输送客流，主要包括次干路和支路系统以及常规公共交通次干线、支线以及特色公交系统。在客流运输从集散系统向运输系统转换以及运输系统内部转换的过程中，衔接系统实现中转功能，主要包括不同层级的公交枢纽和重要的道路节点[80]。

历史城区交通运输系统一方面应确立以骨干公交为主体的骨干运输系统，另一方面构建以面向片区集散出行服务需求的集散系统和转换系统。

（2）交通设施系统

交通运输系统的构成对应地要求相应的交通设施支撑，交通设施的有机组合构成了交通设施系统。从基本构成上，交通设施系统包括道路设施子系统、公交设施子系统、停车设施子系统和管理设施子系统；从运输服务上，分为运输设施子系统、集散设施子系统和换乘设施子系统。从支撑运输系统、满足运输服务需求的角度，交通设施系统不是简单的设施组合，是在一定的交通组织模式和交通服务体系要求下的各类交通设施的合理构成。交通设施系统是历史城区交通系统最宝贵的资源，必须深入研究，合理利用。

（3）交通管理系统

交通管理面向交通服务体系建成之后的使用阶段，是交通服务体系实现的保障。交通管理在城市交通中发挥着至关重要的作用，它关系到交通设施系统的使用效率和交通运输系统的运输效率。交通管理系统包括各类硬件管理设施和软的交通管理制度及措施，这些管理设施与软管理环境直接保证了交通系统的有序运转。对于资源有限、拥堵严重的历史城区，更加离不开交通管理系统的保障。

从结构设计上分析，交通运输系统是交通服务体系设计的上层结构，交通设施系统是下层结构，交通管理系统是双层结构体系的辅助和保障结构。从三个系统的关系上，交通运输系统指导交通设施系统构建，交通设施系统支撑交通运输系统运转，交通管理系统保障前两者的功能实现。

7.3 交通服务体系构建与功能分析

7.3.1 目标体系构建

多层次、一体化、集约高效、绿色和谐交通是历史城区交通服务体的基本要求，而安全舒适、方便快捷、和谐环保是交通服务体系的衡量指标。因此，交通服务体系构建的目标体系应围绕这些目标和要求进行研究，具体可分为交通公平类目标、交通系统集约高效类目标、交通可持续发展类目标。

1）交通公平类目标

交通公平性是交通系统为人类提供参与社会经济活动的均等机会。交通服务体系必须向城市中所有人提供一种公平的出行机会,交通公平性是社会公平性的一种,具体衡量指标包括三个方面:横向交通公平,即不同出行群体不同出行方式的基本出行权利的公平程度;纵向交通公平,即比较不同收入水平、不同社会属性的群体出行基本权利的保障程度,侧重于对弱势群体的境况的改变程度;资源配置公平,主要是响应交通需求的交通供给的公平性。由于出行需求的多样化,不同个体对交通系统服务水平的要求不同,其对交通服务体系提供的服务满足程度自然不同。这里重点应考虑把出行弱势群体(经济上的弱势群体、交通上的弱势群体)对个体出行的满意度作为衡量指标。

要实现交通公平,重点应评价公交优先、慢行友好的实现程度和资源配置公平性的实施情况。

2）**集约高效类目标**

集约高效是交通服务体系的基本要求,集约主要体现在交通设施的合理配置和资源能源的集约利用,高效主要体现在运输的高效、设施配置的高效和交通运行的高效。

交通上的集约化就是充分利用现有的交通设施资源和能源,采用高效的运输方式,配合高效的集散与转换系统,提高交通资源和能源的利用效率和交通系统的运输效率。具体体现为不同交通方式交通资源的占有率、单位能源的运输能力等。

交通服务体系的高效主要从系统效率的角度进行衡量。运输的高效主要体现为运输系统运送客流的能力、集散系统集散客流的能力和转换系统对客流转换的效率,可用交通方式结构、交通一体化程度、换乘便利性指标衡量;设施配置的高效主要为单位设施承载客流的能力及各种设施有机组合服务运输的效率,可用系统承载力和设施配置结构指标衡量;交通运行的效率则体现为交通运行的速度,可用机动车平均速度衡量。

3）**可持续发展类目标**

可持续发展类目标可分为历史环境的可持续发展、生态环境的可持续发展和交通系统的可持续发展。

历史环境的可持续发展主要体现为历史文化遗产、历史风貌和空间肌理的保护和控制,主要是定性评价保护和控制要求下的破坏程度;生态环境的可持续发展体现为交通环境污染程度,通过污染物排放大小为衡量指标;交通系统的可持续发展体现为设计的交通服务体系能够满足历史城区社会经济发展、各交通方式合理组合健康发展的需要。

历史城区交通服务体系构建的目标及指标体系如表7.1所示。指标的具体目标值的确定一般视城市具体情况而定,评价过程中的实际值的计算一般采用层次分析法、德尔菲法、经验值法以及实际数据采集计算等方法确定。

表7.1　历史城区交通服务体系构建的目标体系

目标	分　项	指　标
交通公平性 C	横向交通公平性 C_1	(1) 公共交通出行比例 C_{11} (2) 慢行交通出行比例 C_{12}
	纵向交通公平性 C_2	(3) 弱势群体出行满意度 C_{21}
	资源配置公平性 C_3	(4) 路权分配合理性 C_{31} (5) 公交优先设施设置 C_{32} (6) 慢行空间友好性 C_{33}

目　标	分　项		指　标
集约高效性 H	集约化程度	交通方式资源占有率 H_1	(7) 公共交通资源占有率 H_{11} (8) 慢行交通资源占有率 H_{12}
		单位能源运输能力 H_2	(9) 单位能源运能效率 H_{21}
	系统高效程度	交通方式结构 H_3	(10) 交通方式结构匹配性 H_{31}
		交通一体化程度 H_4	(11) 出行服务链合理性 H_{41}
		换乘便利性 H_5	(12) 换乘时间 H_{51}
		系统承载能力提高程度 H_6	(13) 承载力提高比例 H_{61}
		设施配置结构 H_7	(14) 路网结构 H_{71} (15) 动静态设施配置匹配性 H_{72}
		交通服务水平 H_8	(16) 机动车交通服务水平 H_{81} (17) 非机动车交通服务水平 H_{82}
可持续发展 D	历史环境可持续发展 D_1		(18) 历史建筑与古迹的破坏程度 D_{11} (19) 空间肌理的破坏程度 D_{12}
	生态环境可持续发展 D_2		(20) 污染物排放水平 D_{21}
	交通系统可持续发展 D_3		(21) 交通系统与社会经济发展匹配性 D_{31}

7.3.2　构建原则与要求

构建历史城区多模式、一体化的可持续交通服务体系应当在历史文化遗产优先保护的前提下以社会公平、运输系统和交通资源配置的高效、地区的可持续发展为目标,遵循保护优先、社会公平、系统高效和可持续发展为基本原则。

1）保护优先

历史城区任何类型的更新与发展首先都必须在优先保护历史文化遗产和历史风貌的前提之下进行,这是历史地区的首要原则。在交通上,要求交通组织模式的选择、交通服务体系的构建、交通设施的整治与建设都不得突破对历史建筑、文物古迹、历史风貌和空间肌理的保护控制。

2）社会公平

"以人为本"一直是城市交通发展遵循的基本原则,而交通上"以人为本"最重要的释义就是社会公平性,即每个城市居民都应有平等享受城市交通资源和交通运输服务的权利,有要求满足自身交通需求的权利。历史城区出行者中有各种各样的出行群体,对出行方式的选择及交通系统服务水平的要求各异。因为任何一种交通方式都不可能满足所有出行者的出行需求,每个人都会根据自身的属性和要求选择合适的交通方式。历史城区交通服务体系应保证每个出行者能够到达历史城区以及城市的任何地方。因此,交通服务体系的构建应在充分掌握不同出行主体出行需求的基础上,首先保障所有出行者的基本交通权利,并向弱势群体出行者和绿色交通方式出行者给予充分的优先,以体现真正的社会公平。

3）系统高效

从交通运输服务的角度,高效性是历史城区交通服务体系构建的最重要目标。交通服务体系的高效性分为交通运输高效性、交通设施配置的高效性和交通运行的高效性。经济社会发展依赖于社会分工和专业化程度的不断提高,但社会分工和专业化发展需要更多的人员流动,即社会经济的发展很大程度上依赖于交通的畅通和运输服务的高效率[164]。效率低下的交通服务体系不仅会抑制历史城区经济的发展,还会造成严重的交通拥堵问题。因此,构建高效的交通服务体系对历史城区显得尤为重要。

4)可持续发展

历史城区发展的最终目标是保证城市经济、环境和社会的可持续发展,其中环境的可持续性是前提条件,是经济与社会可持续发展的重要保障。历史城区环境可持续发展包括历史环境的可持续性和生态环境的可持续性。历史环境的可持续性要求交通系统的建设不破坏原先的历史风貌和空间环境;生态环境的可持续性要求交通系统的建设与运行不以超过生态环境承载极限为控制指标。因此,可持续的历史城区交通服务体系,要求选择能源消耗少、环境污染小的交通方式,优化利用有限的城市道路交通资源,提高交通系统的运行效率,达到社会、经济、环境与交通均衡发展。

7.3.3 空间结构设计

历史城区交通服务体系的构成应是多层次、多模式复合系统的集成,是在交通组织模式指导下形成的交通方式系统、交通设施系统和交通管理系统的有机整体,以满足历史城区出行者多样化出行需求。同时交通服务体系应在供需调控模式的要求下进行结构设计,以一体化交通作为基本框架。

对于整个城市而言,不同片区所处区位不同、功能定位不同,其呈现的对外辐射能力和吸引力有强有弱。而历史城区位于城市核心区域,呈现出最大的吸引力,即磁场效应最强。因此,将城市视为一个磁场的话,历史城区是引力场的核心,交通吸引力自然也最强。与此同时,历史城区也是一个保护体,对其内部交通需要进行强保护,排除外界交通的冲击。在这种情形下,历史城区就成为了引力场和保护体的冲突体,如何协调自发形成的对外强吸引效应和内部保护需要的排斥效应,成为交通服务体系设计的重要出发点。为此,必须从空间层次上进行划分,合理配置适宜的交通服务体系。

在空间层次上设计交通服务体系,首先需要从城市与历史城区空间结构特征出发,合理划分不同交通方式优先的服务区域。以历史城区交通组织结构模式为指导,以整个城市为一个划分整体,历史城区为核心单元,考虑外围区域与历史城区的关系,将城市先划分为畅达交通区、缓冲交通区和交通保护区。畅达交通区是指城市外围新城、组团以及相互之间形成的区域,这一区域提倡采用快速交通(快速干道、快速公交)服务;交通缓冲区是指外围新城或组团与历史城区之间的联系的过渡区域,提倡以大运量公共交通服务居民跨区出行,对小汽车出行加以适当的控制;交通保护区则是以历史城区范围形成的交通保护区域,旨在屏蔽穿越性交通,控制大量机动化交通袭入,引起内部交通拥堵,因此要求采用公共交通方式和慢行交通为主的出行模式。

历史城区范围内,根据用地分布特征与历史文化遗产分布,进一步划分交通服务区域。以主要客流运输通道为核心,沿线区域划分为公共交通走廊区,这一区域提倡公交优先,沿线用地开发坚持 TOD 模式,道路设施配置、路权划分都应向公共交通倾斜;而以历史街区、历史风貌区和文物古迹、居住社区为单元的地区,划分为交通宁静区,旨在减少机动化交通的干扰,创造和谐、宜人的出行与交往空间,提倡以公交支线、社区公交和慢行交通为主,控制私人机动车的使用,对于重要的旅游节点和生态节点,设置步行专用区;历史城区其他区域考虑机动化的可达需求,设置为公交优先区,区域内公共交通优先通行,控制小汽车通行路线和区域。

历史城区交通服务体系空间层次结构划分及不同空间层次交通服务体系配置如图 7.1 和表 7.2 所示。

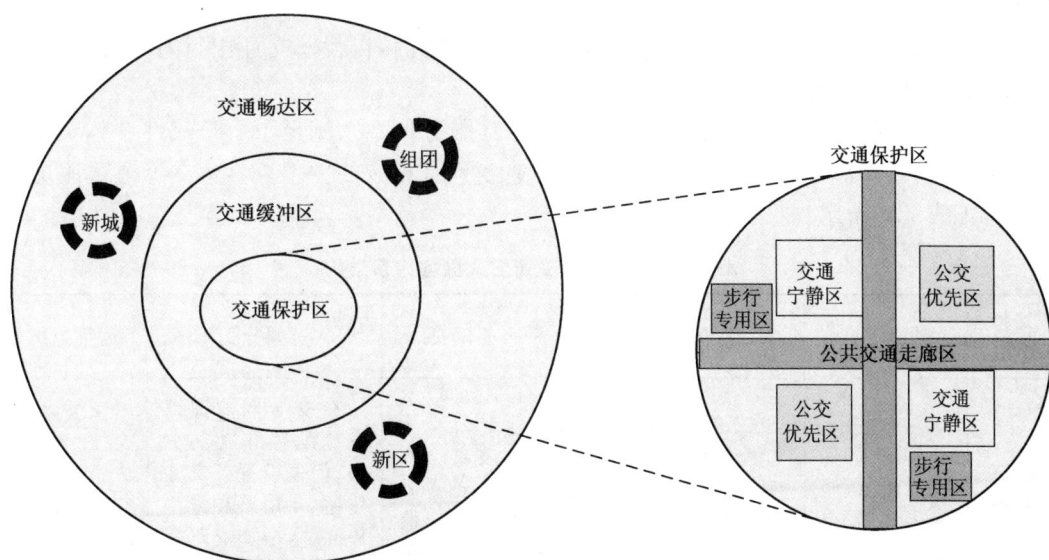

图 7.1　历史城区交通服务体系空间层次结构划分

表 7.2　历史城区不同空间层次交通服务体系配置结构

空间层次交通分区		交通服务体系配置
交通畅达区		小汽车交通方式、大运量公共交通方式为主
交通缓冲区		大运量公共交通方式为主,小汽车交通为辅
交通保护区	公共交通走廊区	地下采用轨道交通、地面以干线常规公交为主,慢行交通为辅
	公交优先区	公共交通优先通行,尤其是支线和社区公交,慢行交通和公共交通占主导地位,限制小汽车通行
	交通宁静区	以步行和非机动车为主,适当满足社区公交和特色公交通行,严格限制小汽车通行
	步行专用区	步行作为唯一出行方式

7.3.4　系统结构设计

确定交通方式服务体系结构是历史城区交通服务体系设计的核心内容。首先,要确立公共交通服务体系的主导地位,其次保障慢行交通服务的合理地位和个体机动车交通服务的附属地位。对每种服务体系进一步分析功能定位、服务对象和服务模式,并在资源分配和运行组织等方面进行相应的配置。

以公共交通为主体的历史城区交通服务体系,要求强化公共交通在服务交通出行中的主导地位,因此,设计合理、高效的公共交通服务体系是整个交通服务体系设计的重点内容。根据公交运输、集散和转换功能将公共交通服务体系分为公交结构组成体系和公交线网及接驳体系。公交结构体系就是采用轨道、有轨电车、地面常规公交、社区公交以及包括公共自行车在内的特色公交组成的多模式公交体系,每种公交方式合理布局、相互衔接,覆盖整个历史城区;公交线网及接驳体系则是以交通换乘和衔接点为核心形成的多层次线网及主要服务设施。

慢行交通服务体系主要服务历史城区内大量的步行和自行车交通出行方式,以创造安全、舒适、便捷、连续的慢行交通环境为主要目标。

机动车交通是历史城区内严格限制的方式,其服务体系以满足不可替代性个体机动化交通为主。其运行区域受到一定的限制,运行速度也有相应的要求。具体交通方式服务体系结构如表7.3所示。

表 7.3   历史城区交通方式服务体系结构

结构组成	功能定位	服务对象	服务模式	资源分配	运行组织
公交服务体系	主导交通服务体系,服务大多数交通出行	在公交走廊区、公交优先区和交通宁静区内的公共交通方式出行者,以出入交通、区内中长距离出行者为主	骨干公交为主体,支线公交和社区公交补充,特色公交服务旅游、换乘出行	公交导向的道路设施配置和功能分级,优先设置公交专用道、专用路和港湾停靠站,增加支路规模设置公交支线等,设置停车换乘系统	交叉口公交信号优先、设置公交优先通行区域和公交微循环区域等
慢行交通体系	友好的交通服务体系	在公交走廊区、公交优先区和交通宁静区内的慢行交通方式出行者,以区内短距离出行者和公交换乘出行者为主	交通宁静区内慢行优先,步行专用区内步行专用	构建独立的非机动车交通系统,设置连续宜人的步行空间	机非分流、交通宁静化
机动车交通服务体系	必要的严格控制的交通服务体系,满足一定的机动化要求	公交走廊区、公交优先区和交通宁静区内的不可替代性个体机动化出行者,以出入交通为主	有限的通行区域和停车区域,高昂的出行费用	建设必要的机动车通行空间,路权使用严格控制	构建层次化的机动车微循环系统,实行速度控制,部分区域实行慢速化

7.4 公共交通服务体系设计

7.4.1 公交结构体系设计

1)公共交通服务体系内涵及组成

多模式、一体化的可持续交通服务体系的核心在于确立以公共交通服务体系为主体,其他交通服务体系为辅的结构,其服务效果的好坏在于公交服务体系的合理性。公共交通作为调节机动化需求的重要方式,直接关系到历史城区合理的交通方式结构的形成;同时作为道路交通设施配置面向的主要对象,其结构的合理性及与历史城区的匹配性也影响资源分配和利用的效率。

公共交通服务体系从服务出行的角度,既包括"硬"的设施服务,也包括"软"的管理服务,其结构组成关系到公共交通的功能。"硬"的公交服务体系主要包括公交结构体系、公交线网和接驳换乘体系三个部分;"软"的公交服务体系则主要包括与公交服务的舒适性、合理性相关的信息化、人性化服务、运行管理体系等[165]。从对上衔接交通组织模式,对下指导交通设施配置出发,本节主要研究公共交通"硬"服务体系的设计。

历史城区目前公交系统服务质量较低,主要原因有公交系统结构本身有待完善、公交线网布设存在盲区、缺乏较好的公交接驳体系。因此,历史城区公共交通服务体系设计的主要任务是:确立满足多样化需求的多元公交结构、层次化的公交线网结构和便捷高效的公交接驳换乘体系,形成多元公交为主体,换乘枢纽为核心,结构合理、互为补充、转换高效、平衡发展的多模式、一体化公共交通服务体系。

建立多模式公交服务体系,主要为实现以下目的:首先,强调运输方式的多重性、平等性和包容性,满足不同属性居民多样化出行需求;第二,各运输方式结构比例随需求结构变化趋于一致,保持动态平衡;第三,强调多方式联合运输,追求各层次公交线网和设施的衔接与整合,实现运输过程的连续性、无缝性和全程性;第四,充分发挥不同运输方式各自优势,合理利用,互为补充。

2) 公共交通结构体系构建

公交结构体系主要指由不同公共交通方式有机组合而成的整体。常规的公共交通方式按运行模式主要划分为轨道(轻轨)交通、快速公交(BRT)、地面常规公交和出租车等;常规公交按线路功能又分为公交主干线、公交次干线和公交支线;按服务特性划分为固定线路服务、多样化线路服务、合同租用服务和需求响应服务四类;按服务等级划分为城市级公交、地区级公交和社区级公交。划分模式尽管不同,但是说明了城市公交体系的多模式、多层次属性。

历史城区特定的多样化出行需求和道路空间结构特征,要求合理选择适用的公交方式,明确不同公交方式的功能定位和服务模式。如大城市包括特大城市应以轨道交通方式为骨干,常规公交为主体,承担主要的客流出行,而对于常规公交线路很难延伸和覆盖的地区,可采用社区公交服务地区的集散出行。因此,历史城区应根据城市规模和经济发展水平,构建包括轨道交通(轻轨)、有轨电车或快速公交、常规公交为主体、社区公交为补充、特色公交和出租车为响应性需求的多模式公共交通结构体系。

多模式公交结构体系如图7.2所示。

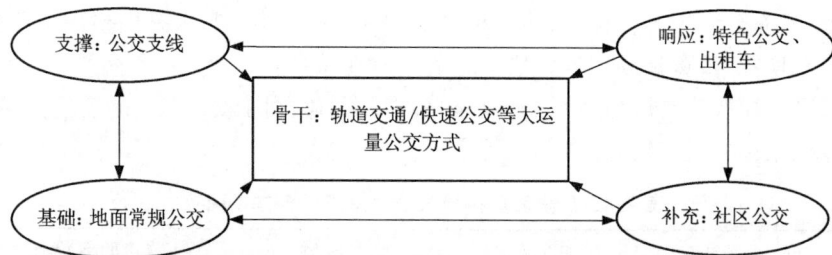

图7.2 历史城区多模式公交结构体系组成

公交结构模式与服务特性、服务等级的对应关系如图7.3所示。

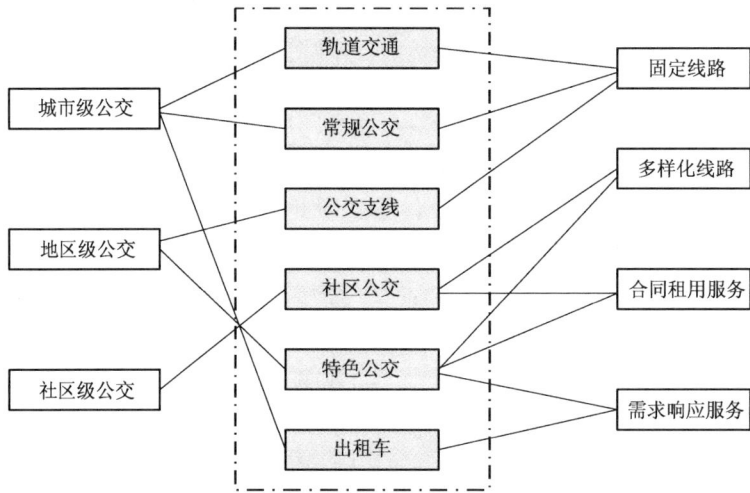

图 7.3　历史城区多模式公交结构体系与服务特性、服务等级对应关系

7.4.2　公交网络整合设计

公交线网布设与衔接换乘体系设置都是在多模式公交结构体系指导下进行的。对于公交线网结构的设计,应结合不同公共交通方式的功能定位、服务区域、服务模式等具体特征进行研究,而公交换乘体系应在线网结构中起到核心的作用。

公交网络层次主要划分为骨架网、主体网、辅助网和特殊网。骨架网承担城市主要客流走廊的交通需求,联系主要城市组团中心,是公交线网的结构;主体网承担城市主要的公交出行需求,是公交线网结构的主体;辅助网是骨架网和主体网的补充,以提高公交覆盖率为主,提供辅助公交服务;特殊网以满足特殊条件下的交通出行需求,是城市的特色公交服务[165]。

公交线网结构设计首先应依据公交结构体系确立层次化公交线网的组成结构,明确各层次公交线网的功能、服务对象和服务区域,在此基础上以换乘枢纽为核心,对各层次线网及不同层次线网之间进行整合衔接,形成互为补充、结构合理的运行高效、衔接顺畅的一体化公交网络。

公交换乘体系是实现公交运行连续性、无缝性的关键。公共交通要实现一体化,必须通过换乘枢纽,充分发挥各自优势,使各种交通方式合理衔接,形成有机整体。公交换乘体系也包括停车换乘,重点是以轨道为核心的衔接换乘体系。

历史城区多模式公交服务体系的合理配置需要明确不同公交方式的功能定位、服务对象、服务区域、服务模式,具体见表 7.4 所示。

表 7.4　历史城区多模式公共交通服务体系配置

公交方式	功能定位	服务对象	服务区域	服务模式
轨道交通/快速公交	公共交通骨干组成,公交线网的骨干网,公交优先的主要体现	跨区长距离出行客流	历史城区附近客流通道、公共交通走廊区	在历史城区内部及周边设置轨道枢纽站点,结合换乘枢纽联合使用,与主体网、辅助网及特殊网形成良好衔接

续　表

公交方式	功能定位	服务对象	服务区域	服务模式
常规公交	公共交通的基本主体,公交线网的主体网	出入城交通出行及区内中长距离出行者	公共交通走廊区及公交优先区	以公交走廊为基础,公交枢纽为核心,提倡多层次、衔接顺畅的公交服务,优先建立包括公交专用道在内的公优先系统
公交支线	公共交通的支撑模式,公交线网的辅助网	区内中、短距离出行者或换乘出行者	公交优先区、交通宁静区	高线路密度、高站点密度和灵活车辆类型提供高水平公交服务
社区公交	弥补常规公交无法延伸和覆盖的区域,提供居民集散出行服务,辅助网的组成	区内集散出行者	公交优先区、交通宁静区	小型公交车辆、灵活的站台设置和停靠服务,与轨道和干线公交良好衔接
特色公交	满足历史城区旅游客流游玩、休闲为目的的出行和区内换乘出行,特殊网	旅游客流为主体,区内出行为辅	旅游区、公交优先区、交通宁静区	电瓶车或公共自行车提供灵活的需求响应服务

7.5　交通出行服务链设计

交通服务体系就是满足一系列居民交通出行活动模式需求的组合,居民一次完整的出行活动可以用出行链来反映,而支撑出行链形成的是交通出行服务链。因此,交通出行服务链的可定义为以交通服务体系为基础,以交通出行活动链为对象,通过设定适宜的出行服务模式,服务地区交通出行活动,支撑交通服务体系构建目标的实现。

交通出行服务链的设计以居民出行链为参照,同时又具有一定的引导性,目的在于引导设计的交通服务体系的形成。为体现对交通需求多样化的响应,交通出行服务链的设计主要基于历史城区不同区域、不同出行主体出行特征,加以一定的方式引导与控制。由于交通出行链的属性很多,分三类出行设计了八种典型的交通出行服务链。

1) 以历史城区为出行起终点——区内交通出行服务链

区内交通出行服务链设计侧重于满足区内居民日常出行,出行起讫点都在历史城区内部,属于中短距离出行服务链。该交通出行服务链分为一次完成出行和通过换乘完成出行两种模式,如图7.4所示。设计的基本宗旨是以采用多模式公共交通服务和慢行交通服务为主,控制小汽车出行的使用。

2) 以历史城区为起点或终点——进出交通出行服务链

出入交通出行是历史城区交通的主体,由于可能和适宜采用的交通方式有所差异,交通出行服务链进一步细分为出城交通出行服务链与进城交通出行服务链。两种交通出行服务链设计也是按照一次完成出行与换乘完成出行两种模式进行。

(1) 以历史城区为出行起点,城市其他区域为终点——出城交通出行服务链

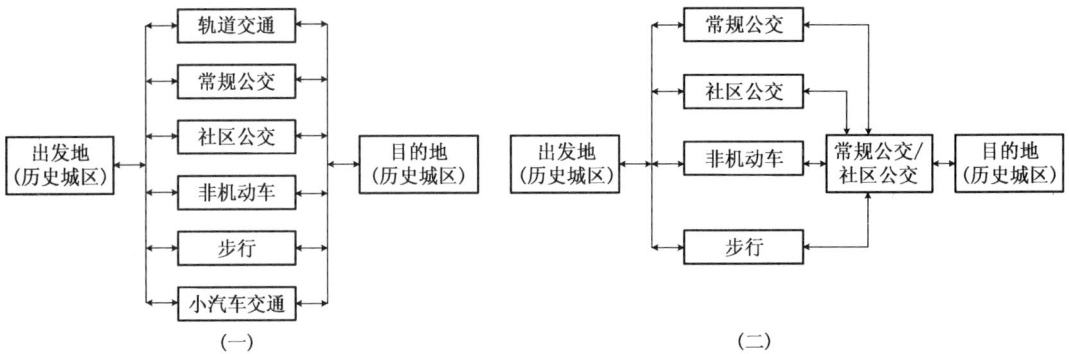

图 7.4　历史城区区内交通出行服务链

对于出城交通出行服务链,鼓励采用公共交通方式或公共交通与慢行交通联合使用模式,适度满足不可替代性小汽车交通出行需求,如图 7.5 所示。

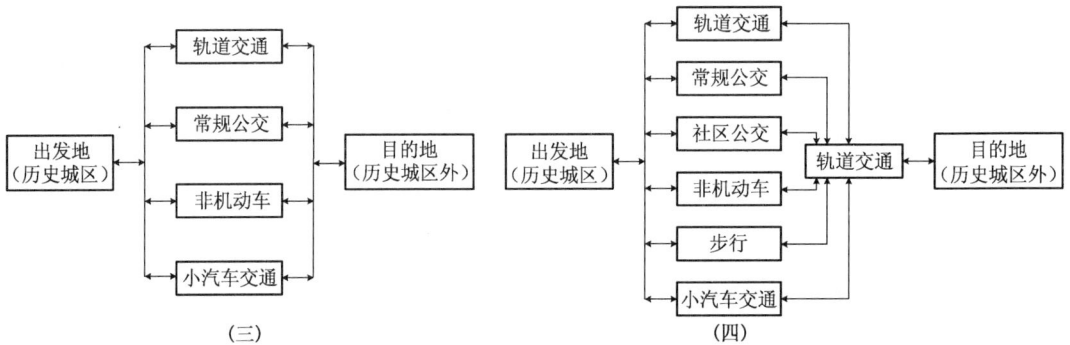

图 7.5　历史城区出城交通出行服务链

(2) 以历史城区为出行终点,城市其他区域为起点——进城交通出行服务链

进城交通出行服务链设计以截流和鼓励采用大容量公共交通方式为主要思路,控制进入历史城区的机动车流量,减少内部交通的压力,如图 7.6 所示。

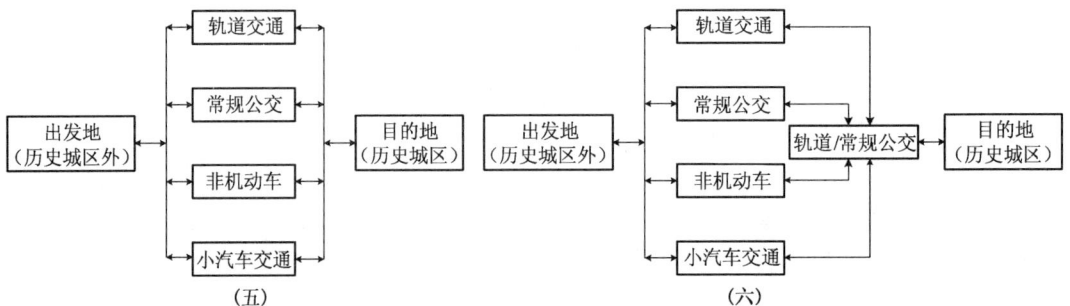

图 7.6　历史城区进城交通出行服务链

3) 其他城市到达历史城区的旅游交通出行——旅游交通出行服务链

旅游交通出行服务链设计主要针对外地城市到历史城区旅游为目的的交通出行。根据出行方式选择的可能性,进行了针对性的设计。对于采用小汽车和旅游大巴出行,需进

行控制,尤其是小汽车方式,尽量截流于历史城区外围换乘公交或慢行进入。对于进入历史城区的游客,其出行可按照区内交通出行服务链进行,提倡优先使用公共交通或步行完成旅游活动,如图7.7所示。

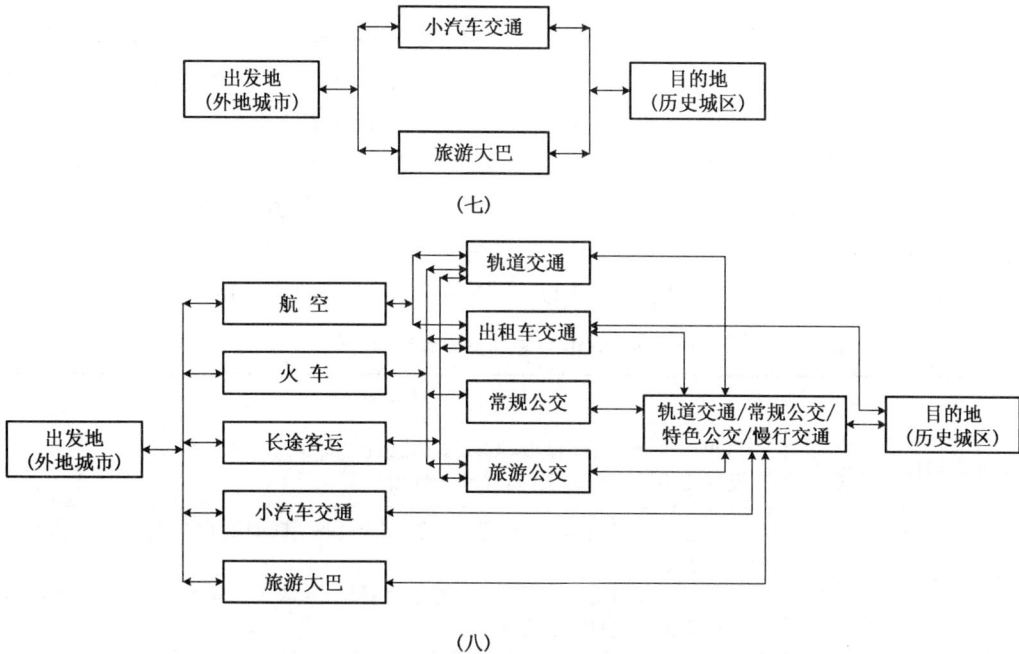

图 7.7 历史城区旅游交通出行服务链

7.6 交通服务体系配置关键路径与策略

历史城区交通服务体系的形成应从供需两方面同时入手,采取组合策略,形成合力。基本策略是优化交通模式,活化资源使用,强化交通管理,具体关键路径见表7.5。

表 7.5 历史城区交通服务体系配置关键路径

基本策略	关键路径
优化交通模式	公交导向的旧城更新
	公交优先与多模式、一体化公交服务
	构建友好的慢行交通服务体系
活化资源利用	基于出行层次特征的路网布局优化
	公交和慢行导向的路网设施合理利用
	设置高效便捷的停车换乘系统
强化交通管理	基于机动化需求调控的小汽车出行引导
	实施高效的慢速交通微循环组织

7.6.1 优化交通模式

交通模式的选择是交通服务体系配置的前提基础。历史城区交通服务体系的构建必须首先从优化交通模式出发,采用合理的旧城更新理念与策略、制定高效集约的公共交通服务体系,以及构建友好的慢行交通服务体系,支撑高效一体化交通服务体系的形成,并指导交通资源的合理配置。

1) 公交导向(TOD)的旧城更新

TOD 为现代城市规划提供了一种新的理念和方法,核心内容是以公共交通枢纽站点为核心,以适宜的步行距离(5~10 min 步行路程)为半径形成的区域内,提供混合土地利用,实行中高强度开发;将覆盖面广、使用选择性强的公共设施围绕公交枢纽集中布设,便于居民使用,并通过步行、自行车和公共交通等出行方式的高效换乘,取代小汽车在交通出行中的主导地位[165]。TOD 模式不仅将居住、就业和商业以及公共服务等用地混合布局以促进公共交通使用外,还提高了 TOD 社区和邻里的宜居性。TOD 在城市开发过程中,应着力创造社区生活空间,成为邻里或旧城复兴的关键力量。TOD 的主要功能见表 7.6。

表 7.6　TOD 主要功能特性描述[166]

功能特性	具体描述
增加机动化方式选择	TOD 主要将居住、就业、购物及其他活动围绕公交站点布设 提高用地可达性的同时,提高了环境质量
促进邻里复兴与发展	对于逐步衰退的地区,尤其是旧城和中心区,TOD 可以作为刺激经济复苏的一种方式 再开发活动可促进 TOD 导向的土地利用,并改善邻里社区的基础设施,为不同社会群体提供各种服务
行人导向的城市设计	TOD 社区内应鼓励步行,在街道、人行道、过街设施对行人以一定的优惠等
提供公共活动空间	TOD 社区内布设的一些公共开放空间,作为居民交往、休憩的空间

历史城区土地利用强度高、建筑布局紧凑,实施公交优先政策已经成为共识。公交优先,不仅体现在交通方式选择上,更重要的是土地利用模式上。公交导向的历史城区更新,关键就是要建立基于 TOD 的土地利用模式和历史文化保护更新模式[110]。

(1) 基于 TOD 的历史城区土地利用模式

基于 TOD 的历史城区土地开发旨在从城市结构入手,通过优化城市空间布局,提高城市承载力,提升城市活力。具体途径如下:①进行城市功能疏解,在保证历史城区强大市中心职能的同时,加强城市次级中心和外围组团的建设,疏解部分历史城区人口;②严格控制历史保护区和风景区的开发强度,对位于这类地区的公交站点也应严格控制;③历史城区内新建或改建设施应尽可能向公共交通走廊区及公交站点周边集中;④加快历史城区内不合理用地的置换,调整用地结构;⑤合理调整用地性质结构,维持一定的就业平衡;⑥结合公共交通站点建设城市社区的公共服务设施。

(2) 基于 TOD 的历史文化保护与更新模式

基于 TOD 的历史文化保护核心是突出公共交通对历史保护的促进作用,强调在对历史文化遗产进行保护的前提下,进行历史城区的复兴与发展。其具体保护策略主要有:①开辟新区,拉开城市框架,疏解历史城区职能,减轻其压力;②利用公共交通促进区域土地的集约式开发,为历史城区发展提供充分的空间,从而为历史文化保护留有更多的余地;③确定历史文物古迹和街区的保护等级,进行集中与分散相结合的保护;④整合历史文化资源,实行保护与旅游开发相结合的保护模式;⑤改善历史城区内居民生活条件,完善基础设施建设;⑥鼓励以非物质文化遗产为载体的传统行业经营。

除了在规划理念与方法上坚持公交导向,国家和地方政府也应出台相关政策、标准或导则对历史城区更新改造和开发建设进行约束和控制,因此,必须在政策层面建立和健全历史城区更新的法规体系。

2）建立公交优先的服务体系

《公交优先》一书中提出公交优先的六个方面:立法优先、规划优先、路权优先、财务优先、政策优先和服务优先[165]。公交导向的旧城更新落实了立法、规划、路权、财务和政策等五大优先,建立公交优先的服务体系则是落实服务优先的要求。

城市公共交通系统的职能就是提供公交服务,公交优先的直接目的之一就是提高公交服务水平。建立公交优先的服务体系,应从硬件设施服务和软件设施服务两个方面进行,硬件设施包括公交线路、场站设施和车辆等,软件设施包括公共交通经营管理模式、运营组织等方面,具体措施见表7.7。

表7.7 历史城区公交优先服务体系构建措施[165]

	主要措施
硬件服务	(1) 建立足以支撑公交主导的公共交通主体网络,尤其是大运量轨道交通网络的建设,并强化线网密度、站点覆盖率等 (2) 构建多模式、一体化的公交网络体系,实现公交出行过程的快捷、安全、可靠和舒适 (3) 建立良好的衔接换乘体系,提供便捷的公交换乘服务,做到换乘枢纽内各种交通方式的无缝衔接,满足多样化的出行需求 (4) 设置公交优先通行区域、公交专用道、公交港湾式停靠站等以提高公共交通容量 (5) 推荐使用多样化、节能型公交车辆,发挥公共交通的社会效益,促进节能减排和环境保护
软件服务	(1) 建立严格的公交服务考评及监督体系 (2) 推进信息化建设,实现公交智能化服务 (3) 提供人性化的公交服务。

3）构建环境友好的慢行交通服务体系

由于历史城区狭窄街巷空间的限制和历史保护单元的约束,公共交通无法实现"门到门"的服务,而非机动车与步行组成的慢行交通方式是弥补其缺陷的最佳方式。另外,非机动车和步行仍是我国城市主要的交通出行方式,占据居民出行的主导地位,对于历史城区尤为如此。图7.8给出了部分历史文化名城步行与非机动车出行方式分担率。

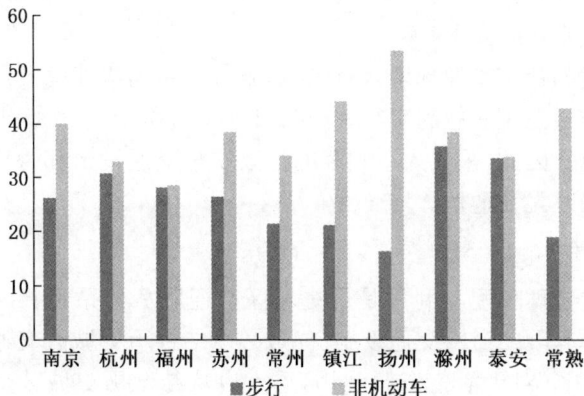

图7.8 部分历史文化名城步行与非机动车出行方式分担率

在提倡公交优先发展模式的同时,构建互补的友好的非机动车交通系统和愉悦的步行出行环境,体现和谐的交通空间设计,是历史城区交通发展的关键调控政策。建立由慢行单元组成的友好的慢行交通系统实质上是合理设置慢行单元内慢行交通系统的联结方式,一方面实现慢行系统与周边土地利用及道路交通条件的和谐统一,另一方面是实现慢行单元之间慢行交通的连续性及与其他交通方式的良好衔接[167]。

（1）慢行交通单元划分

历史城区慢行系统整体结构主要为不同类型的慢行交通单元通过慢行廊道连接而成。慢行单元一般是历史城区内具有一定规模,且具备相对完成、独立的慢行交通条件的街区、社区或节点,主要为历史街区、风貌区、居住社区、文保单位、公园广场以及商业街区等。慢行廊道是慢行交通体系中占据主导地位的线性联通空间,同时起到串联重要的慢行单元的作用。主要依托城市道路网、滨水空间、绿化空间、地下空间形成结构化通廊,形成具有良好景观的高品质步行空间,联通古城魅力区,展现独特的历史或人文景观,并充分结合旅游、休闲、生态等综合功能。

（2）慢行交通系统联结方式

单元内慢行交通系统的联结方式主要分为串联模式和毗邻模式两种[167]。串联模式主要用于步行系统的构建,是指通过连续的步行通道将单元内的居住用地、商业设施、就业岗位、公共活动空间以及主要的公共交通车站和停车设施联结起来,形成网络式串珠状格局,保证不同用地与空间之间的相互连通。毗邻模式既可以用于步行系统,也可以用于非机动车交通系统的构建,是指根据街区内居住用地、商业设施、就业岗位、公共活动空间以及主要的公共交通车站和停车设施等不同土地利用的相互位置关系,通过连续的慢行通道与之相毗邻。

（3）慢行交通服务体系功能拓展

慢行交通系统不仅承担交通功能,还具有城市交往空间和景观环境的功能,因此,在慢行单元内慢行交通系统除了承担联结交通设施与其他类型土地利用外,更多的是承担了游憩、交往以及游客游玩的活动空间以及和谐美好的景观功能。

历史城区交通发展不仅为解决交通出行等问题,重要的一点是从城市空间布局入手,寻求能够满足不同人群活动需求的空间。以历史城区内不同节点为单元,坚持慢行导向的发展理念,构建友好的慢行交通系统,强化历史城区内的文化氛围,增强居民、游客的交往与沟通,提供轻松舒适的开敞空间,提高居民和游客对慢行交通方式的青睐,转移不必要的机动化出行,从而更好地实现对历史城区保护。

（4）慢行交通服务体系管理策略

为创造安宁舒适的社区交通环境,慢行交通服务体系的构建需要严格的交通管理策略与措施辅助。慢行交通系统应做到步行系统与机动车道路系统分离、非机动车交通系统与机动车道路系统分离。因此,采取人车共存的社区安宁交通设计和管理措施和机非分流的组织策略对于历史城区尤为适用。

7.6.2　活化资源利用

道路交通资源的合理分配与利用是历史城区交通服务体系设计的重要内容和要求实现的主要目标。对于有限的道路交通设施资源,必须结合历史城区交通出行特征和交通服务体系结构,灵活运用。对于活化资源利用,重点应从结合历史城区交通出行特点进行骨干路网的布局优化、遵循公交优先和慢行友好的要求合理利用道路设施、考虑衔接换乘要求设置便捷高效的停车换乘系统三个方面进行研究。

1）基于出行层次特征的路网布局优化

历史城区交通出行系统构成复杂,不同出行层次的交通流相互干扰,严重降低了内部交通运行效率。因此,采取"内疏外导"的策略,从交通流性质划分的角度,按穿越性交通、出入性交通和内部交通三种性质交通流,进行道路网络的合理布局,实现各行其路、互不冲突。

对于穿越性交通,通过构建多层级的交通保护环体系,屏蔽其对历史城区内部交通及出入交通的影响,引导从外围的环路绕行,不仅能够减少对内部路网资源的占用,还能减少对内部交通流的干扰。

出行性交通主要利用内部骨干道路完成,因此,对于区域内部骨干道路应优化道路通行条件,减少道路沿线的接入口,优化与外围骨干路网的衔接。

内部交通出行应充分利用丰富的街巷道路完成,减少对长距离干路交通的干扰。对于街巷路网,应着重提高路网规模,优化路网布局,提高与干路的连通性和片区路网内部的联通性。

2）公交与慢行导向的路网设施合理利用

交通组织模式和交通服务体系研究中非常重要的内容是提倡公交优先和慢行友好,为在设施层面落实这一基本要求,作为地面公交和慢行交通运行的载体道路网,在资源分配与利用时必须遵循公交和慢行导向的理念。

公交和慢行导向的路网设施合理利用要求内部道路布局和功能应以满足公共交通优先发展和慢行交通出行友好的相关要求。具体措施包括:①通过优化路网间距,提高公交站点覆盖率;②优化道路功能分级,从规划、设计、使用等角度建立公交与慢行导向的历史城区道路分级配置体系;③进行道路空间的重新分配,合理划分不同交通方式路权,优先保障公共交通和慢行交通的通行空间。

3）设置高效便捷的停车换乘系统

以历史城区为核心的中心区是各项城市功能的聚集区,将引起大量的交通流涌入,因此在历史城区外围出入口位置建设停车换乘系统成为缓解交通压力的重要手段。作为城市道路交通资源的组成部分,建设停车换乘设施是活化资源利用的另一重要途径。通过在历史城区外围设置合理的停车换乘系统,引导不必要的私人机动车交通换乘高效集约的公共交通进入历史城区,保障内部交通资源服务大容量运输方式的同时,促使合理交通模式的形成。

历史城区停车换乘系统设置的根本出发点是截流,因此从历史城区外围不同层级空间结构的出入口道路上设置相应的停车换乘设施。停车换乘系统的设置要有利于出行者方便快捷的换乘,要求必须确定合理的停车换乘设施规模,并选取合适的位置进行布设。停车换乘系统的使用还有赖于公交优先、小汽车使用限制、停车供给控制和差别化的停车收费等交通政策的保障。

7.6.3 强化交通管理

城市交通需求发展与交通供需矛盾要求从交通发展战略的高度,根据交通出行产生的内生动力、出行过程中表现出来的时空消耗特性,通过各种政策、措施、先进的交通管理技术对交通需求和交通流进行管理、控制、诱导或组织,减少不必要出行的发生,规范交通流运行,使交通需求与交通供给达到平衡。

1）基于 TDM 的个体机动化需求调控

调控私人机动化交通需求是历史城区交通发展的关键策略,其目的在于减少居民出行采用私人机动化交通方式,引导其向公共交通方式转移,这是交通需求管理的重要内容。对于历史城区机动化交通问题,需要这一交通方式来提供地区的吸引力和活力;而从交通承载能力与交通需求的关系来看,必须控制和减少低效的机动化交通出行。因此,对于机动化需求的调控核心在于个体机动化的需求调控。

个体机动化需求调控应分两种类型考虑[36]。第一种是可替代的个体机动化需求,应通过各种措施促进其转化为公共交通、慢行交通或其他可替代的方式;第二种是不可替代的个体机动化需求,应根据交通承载力情况,给予一定程度的保障,但是必须结合相关政策措施的实施,防止可替代个体机动化交通需求利用。

可替代的个体机动化交通需求的调控对策应从"拉动"与"推动"两个方面开展[168]。"拉动"主要是通过各种途径提高公共交通和非机动化出行的吸引力,提高出行比例;"推动"则主要是通过提高小汽车使用门槛,降低其吸引力,这两类对策之间既相互独立,又相互支撑。具体措施见表 7.8。

表 7.8 历史城区可替代个体机动化需求调控措施

对策	主要措施
拉动策略	（1）采取小汽车使用和拥有分离的个体机动化服务体系 （2）完善公共交通服务体系,提高公交吸引力 （3）改善步行、自行车出行条件 （4）道路交通设施的使用以公共交通和慢行交通优先,减少服务于小汽车的交通设施
推动策略	（5）控制小汽车增长速度 （6）实行车种行驶限制区域 （7）高昂的内部停车收费制度 （8）高峰时期道路使用费和交通拥堵费

这些个体机动化需求的调控方法,仅靠某一种方法来实现个体机动车消减量的目标,在实际操作中很难达到满意的效果,必须几种方法和措施并用。如在控制流入历史城区的机动车交通的同时,提供快捷方便、价格便宜的公共交通服务等对策。

2）实施高效的微循环交通组织

历史城区交通面临两个方面的问题:一是内部丰富的街巷路网利用率低下,大量的交通集中在仅有的几条干路上;另一方面是现有的交通组织体系造成机动车、非机动车和行人在行驶过程中,抢占空间,相互干扰、相互冲突,交通运行效率较低。因此,采取微循环式的交通组织不仅能够提高街巷道路的利用率,分担干路交通流,还能减少和消除机非冲突、人车干扰的问题,为行人和自行车交通创造了更为安全舒适的出行环境。

微循环的交通组织方法较大程度地提高了交通运行效率。不同路网结构的城市采取不同的交通微循环组织模式,而不同模式微循环的形成关键在于地区路网结构。

历史城区交通微循环系统的构建分为两个层面和三个类别。两个层面分别指微循环路网的规划与设计和微循环交通组织;三个类别分别是机动车交通微循环、基于机非分流的独立非机动车交通系统和基于共享的人车共存道路系统。在具体的交通微循环系统构建时,应视历史城区具体的路网特征,选取相应的模式,可以是一种模式,也可以是几种模式的组合。

7.7　本章小结

　　本章根据交通服务体系构建的要求,提出了与历史城区相适应的多模式、一体化的可持续交通服务体系,界定了定义与内涵,分析了构成元素及特征,建立了交通服务体系构建的目标体系,设计了交通服务体系的空间层次结构与交通方式系统结构;重点从公交结构体系、公交线网及换乘体系三个部分研究了公共交通服务体系的设计方法;根据交通出行链特征和需求细分策略,分三种类型设计了八类典型的交通出行服务链;从优化交通模式、活化资源利用和强化交通管理三个方面提出了历史城区交通服务体系配置的八条关键路径和策略。

第8章
历史城区干路网资源配置与合理利用方法

历史城区在道路设施资源供给极其有限的约束下,通过供需调控,提出了公交和慢行优先的交通发展模式,即提倡了"以人为本"的交通发展理念。从效率优先的角度提高道路交通系统的资源利用效率和交通运行效率。历史城区多模式、一体化的可持续交通服务体系需要合理的干路网资源配置和利用方法实现。

8.1 道路交通资源配置与历史城区适应性

道路交通设施配置涉及城市与交通发展的各个方面。城市和地区层面,应与地区功能定位、空间形态、用地开发强度相适应,支撑城市功能的实现;交通系统层面,应响应城市和地区整体交通战略要求,服从交通系统与服务体系的总体设计目标,落实交通空间与设施分配及利用的具体方案。本节从与历史城区保护的关系、对交通服务体系的适应性两个方面探讨道路交通设施配置与历史城区的适应性。

8.1.1 与风貌保护适应性

历史城区优越的区位优势和丰富的历史文化遗产奠定了其在城市中的核心地位,从而引来了各种城市功能在历史城区的高度集聚。在城市机动化快速发展过程中,历史城区首当其冲,成为机动化冲击的重点对象,严重地影响着各项社会经济活动的正常进行。在这样的背景下,城市老城区(旧城区)交通改善工程正在全国如火如荼地开展。在这一改造过程中,许多城区内丰富的历史风貌和空间肌理受到牵连,甚至破坏严重。随着对历史文化资源保护要求的提高,历史城区交通改善中对历史文化遗产的保护越来越受到重视,甚至成为了严格的前置条件。

历史文化遗产作为城市不可再生的宝贵资源,必须得到优先保护甚至是无条件保护,这在当前各个城市总体规划中已经得到普遍认可和实施,并且在各类规范、标准和导则中都有明确规定。因此,历史城区道路交通设施的配置与使用必须以遵从保护优先为首要原则。

道路交通设施配置适应历史城区风貌保护,首要的是要满足历史文化要素的保护要求,严格执行上位规划和相关规划中对各类历史文化遗产的保护控制,不得破坏。根据交通系统与历史文化遗产关系,还应能够支撑历史文化遗产的价值传播需求,增强各个历史文化遗产分布点的可达性,提高对外吸引力和地区活力。

交通空间组织与风貌保护关系上,道路交通设施配置应遵循原来的空间脉络和肌理,塑造特色的交通环境,增强交通空间的宜人性和舒适性。历史城区改造模式上,道路交通设施建设避免与历史文化要素的冲突,禁止大规模改造,提倡微循环式改造和建设模式。特色彰显方面,道路交通设施的规划设计应做到与历史特色相结合,实行交通设施与风貌彰显的整合设计。

8.1.2　与交通服务体系适应性

城市交通规划的结构是交通发展战略规划、交通系统规划和交通设施规划。交通发展战略规划内容具备全方位和多维度,交通系统规划强调系统性和综合性,交通设施规划突出规范性与可操作性。交通发展战略规划指导交通系统规划与功能组织,交通设施规划则在交通发展战略确定和交通系统规划的前提下进行方案制定。交通组织模式是交通发展战略制定的核心内容,是关于城市交通发展的战略选择,交通服务体系设计则是交通系统规划与功能组织的主要内容,确定未来城市交通系统构成与各系统功能定位。

不同类型的城市和地区,其特征各异,响应的交通组织模式与服务体系不同。因此,道路交通设施配置必须与其相适应。根据对历史城区交通组织模式与服务体系的研究结论,道路交通设施配置首先应满足公交与慢行优先、控制小汽车使用的交通发展模式,设施配置和使用上向公交和慢行倾斜,优先保障公交与慢行的通行空间。网络组织上应优化网络结构,组织机动车通行网、公交运行网和慢行空间网三张层次清晰的交通网络,实现各行其道、各有保障。对于既有道路交通设施,充分挖掘其潜力,提高系统承载力,疏解网络交通流。设施配置过程中应进行一体化设置,实现不同方式间的便捷换乘。在满足居民出行的同时,还应满足旅游交通的特殊需求,支撑旅游产业发展。

8.2　道路交通资源构成及配置

8.2.1　交通设施构成及相互关系

1）道路交通设施分类

历史城区道路交通设施包括城市道路网络(街巷在内)、轨道设施、公交线路和场站、停车设施、换乘设施以及各种相关的交通管制设施。与前文交通系统功能组织及服务体系设计对应的,历史城区道路交通设施主要为道路网设施、公共交通设施、停车设施和慢行设施。本章在道路网体系内将研究对象重点界定为支撑公交优先和慢行友好发展的干路网设施。

2）布设特征与相互关系

对于各类道路交通设施的布设,从相互间用地布局、规模等因素考虑,需要满足一定的基本要求和技术标准。

（1）道路网布设

与城市其他区域不同,由于历史发展过程中形成的空间肌理受到保护,历史城区路网结构很难进行大规模的改造,多数采用局部微循环改造模式和精细化改造等手段进行优化。对该类地区路网的布设,不应严格按照相关规范、标准的要求进行,应更多地从优化内部路网功能和挖掘潜在街巷的潜力等方面整体优化历史城区路网的布局、功能和规模,提高资源使用效率。

历史城区道路形式的设置应尽量与地区风貌特色相结合,做到因地制宜、彰显特色,主要体现在道路横断面型式上,即交通设计与街道设计整合,提高驻留空间环境质量。

（2）公共交通设施布设

历史城区提倡公共交通为主的交通发展模式,在设施配置时公共交通设施的配置也应得到足够的重视。公共交通设施布设除满足一般城市中心区布设的基本要求外,其公交线网密度、公交专用道设施、港湾式公交站台的设置应与历史城区的具体特征相结合,尤其是支线公交和特色公交的布设,本章对运输层面设施不做具体研究,但作为路网设施配置的要求。

（3）停车设施布设

现阶段停车问题也是历史城区面临的主要问题之一,如何制定针对性的停车政策与设施配置标准,关系到历史城区交通发展和社会经济活力。在停车资源极其有限的历史城区,应严格控制内部道路停车,一方面通过在外围设置换乘停车场截流和控制进入城区的车辆,另一方面,应保证一定数量的停车需求,保证机动车的可达性。停车设施的配置应重点考虑外围停车换乘系统的建设,一方面缓解内部停车压力,另一方面促进公交优先的实施。

历史城区道路交通设施配置是在交通系统组织和服务体系设计的总体要求下进行的,这里牵涉交通服务体系中交通设施各子系统功能定位和相互间的协调关系。道路网设施是交通运行的载体,属于最基本的交通设施,道路网系统的配置关系到其他交通设施的布设,因此,道路设施的配置和改善是历史城区交通设施配置的关键,也是本章研究的主要内容。公交设施的配置关系到公共交通的发展,必须优先配置。同时,公交线路布设和站台设施对道路网也提出了一定的要求。停车问题上,历史城区除配建停车外,公共停车多数依靠路内停车解决,要求道路空间资源分配时必须考虑停车空间的设置要求。综上,历史城区交通设施布设上存在相互影响、相互制约的关系,应在合理的交通服务体系下进行合理配置。

8.2.2 历史城区道路交通设施供给要求

历史城区用地强度最大、人口密度最高、人流积聚最多,也是城市历史积淀最丰富、文化遗产最多的区域,是城市中最具价值的部分。这样的特征也决定了其具备的典型特征:①土地开发强度较高,人口密集,就业岗位集中,交通需求量较大;②交通设施供给与承载能力具有很大的局限性;③地处城市中心地区,出入交通量和过境交通量都较高,交通压力较大;④由于历史原因,路网密集,道路狭窄,连通性不强,功能混乱,同时改造难度大,加剧了该地区的交通拥堵;⑤季节性旅游客流的冲击进一步恶化了历史城区的交通状况。

1）客运交通模式

历史城区的典型特征决定了其是城市交通拥堵的重点区域,而根据对其特点和交通拥挤成因分析,客运交通在历史城区交通中占主导地位。只有合理解决历史城区客运交通出行,才能从根本上解决交通问题。而对于历史城区,在交通需求增加和设施供给有限的形势下,确定交通组织模式与服务体系是关键。根据历史城区交通组织模式和服务体系研究,具体包含如下特征要求:历史城区交通分为两个层次,进出交通出行与区内交通出行;在进出交通出行服务中,应采用以快速、大运量公共交通为主体,私人机动化交通方式为辅助的交通模式;区内出行,长距离出行采用公共交通方式为主体,慢行作为短距离出行和接驳公交的主体方式。

2）道路交通设施供给要求

为改善历史城区交通拥堵,保证交通正常运行,在保护优先的前提下,提出历史城区道路交通设施供给的基本对策:优化路网功能,挖掘路网潜力,合理组织交通,提倡公交和慢行优先,控制小汽车使用。具体包括:合理规划城市干道网,优化历史城区路网结构,优化道路功能与级配,适当提高干道网密度,充分发挥路网整体效能;梳理历史城区内部街巷道路体系,挖掘街巷道路潜能,增加低等级道路密度,提高路网分流与疏解能力;基于过境交通、出入交通和内部交通三种出行行为,合理利用道路资源,做到"内疏外导";采取绿色交通发展战略,实施公交优先和慢行优先,大力发展公共交通,建立多模式、一体化的公交服务体系,从道路交通设施功能结构完善与合理使用入手,支撑公交的优先发展,建设完善、舒适、安全的慢行交通网络;严格控制历史城区内部停车设施供给规模,采取相应的经济杠杆措施,有效控制小汽车使用,通过建设外围停车换乘设施,引导私人机动化交通方式在外围换乘公交或慢行进入历史城区内部。

8.2.3　道路交通设施配置

道路交通设施配置作为城市交通发展战略与策略要求的响应,是对城市交通服务体系和交通空间设置的具体落实。

首先在历史保护优先的前提下,应沿袭历史城区本身的特征,尊重其原有的空间形态、用地开发,重点是必须做到对历史文化遗产与空间肌理的保护。这也是协调历史文化遗产保护与交通发展的首要原则。

作为交通组织模式与交通服务体系在交通空间上的落实,应在历史城区交通系统组织与服务体系总体设计的指导下,合理配置各类道路交通设施,满足多层次、多方式出行的需求,重点满足公交运行。

道路交通设施系统内部组成中,应充分考虑道路网系统、公交系统和停车系统等相互关系,协调各类道路交通设施配置。道路网系统是其中最重要和最基本的设施载体,也是本章和第9章研究的主要内容。

历史城区的空间特征要求道路交通设施配置应以适应其固有的特征为出发点,强调从交通组织上优化配置。因此,微观上应满足历史城区交通系统管理的需求,合理组织过境交通、出入交通、内部交通、机非交通和公交运行,以提高道路交通设施利用效率与交通运行效率。

历史城区道路交通设施配置结构如图8.1所示。

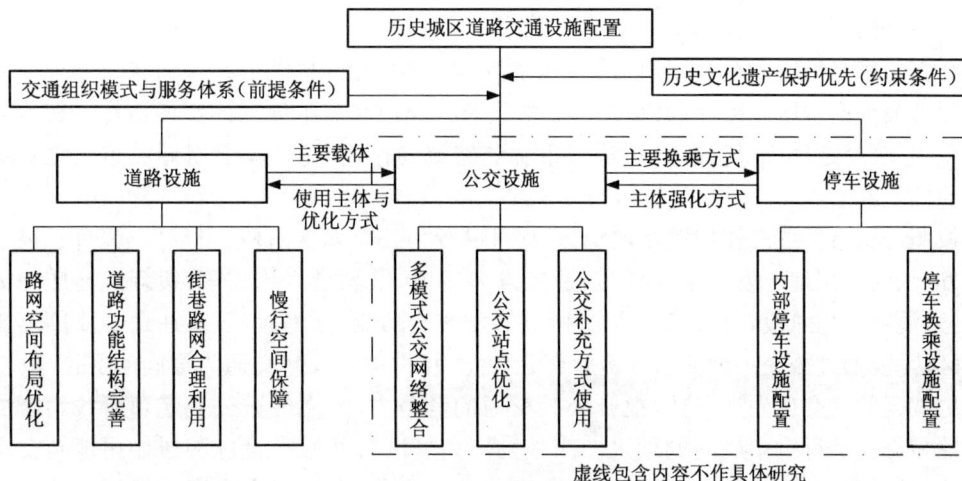

图 8.1　历史城区道路交通设施配置

8.3　历史城区干路网组织模式

历史城区在城市规模扩张和结构调整背景下,功能和用地也面临着新的发展要求。城市用地结构变化主要体现为两个方面,尤其是新型城镇化背景下以老城为中心的中心区更新改造成为重点。历史城区有必要结合地区功能、用地、空间、人口及交通特点,制定切实可行的路网组织模式,为城区更新和发展创造良好的条件。

8.3.1　机动车走廊与路网的关系

城市交通走廊按照交通运输方式可以分为机动车交通走廊和公共交通走廊。根据城市交通需求的空间分布特性,呈现客流分布的两张网:即机动车走廊分布网络和公交客流走廊分布网络。机动车走廊主要是供个体机动化交通方式使用的道路空间。

由于机动车运输能力较低、占用道路资源较多以及环境污染较大等缘故,城市机动车走廊的设置都有较为严格的控制。机动车运行速度快、连续性要求高等特点,对道路设施的标准较其他方式要求要高。一般情况下主要设置在城市外围的快速道路、组团之间的交通性干道上,而且机动车走廊的设置要与公交客流走廊相分离。这种走廊对沿线两侧的用地开发有着较强的限制性影响。

历史城区机动车的发展策略是严格控制个体机动车交通的使用,适当满足不可避免的小汽车出行需求。这一策略决定了历史城区道路资源对小汽车交通方式分配的基调,即道路资源的配置和使用应适当满足必需的小汽车出行需求。

历史城区机动车走廊的设置应坚持以下几个原则:一是严禁过境机动车走廊从城区内部穿越,屏蔽过境交通的影响。二是对于以历史城区为起讫点的机动车出行,其交通走廊一方面应按照方向分布严格控制数量;另一方面尽量截流至历史城区外围,控制进入历史城区机动车流量。三是在优先保障公交走廊设施的前提下,利用剩余的道路空间适度布设机动车走廊,并对机动车通行条件提出特定的要求。

8.3.2　公交走廊与路网的关系

1) 公交走廊与土地利用

公交走廊是城市中公共交通基础设施最为集中的地区,也是公共交通客流和公交线路组织规模最大的地区。因此,公交走廊是承载公共交通客流主流向的交通走廊。在城市发展过程中,公交走廊不仅仅起到运输城市主要客流的作用,还发挥着引导城市土地集约化利用的功能。

按照与城市发展的作用关系,公交走廊可以分为三个发展阶段:引导发展阶段,以引导城市发展、促进用地开发为主要任务;适应发展阶段,以满足客流需求、缓解交通压力为主要任务;混合作用阶段,兼具满足需求和引导发展的功能。历史城区往往是功能高度集聚的地区,需要通过公交走廊的引导疏解部分功能,并构建以公共交通为导向的交通模式,提高历史城区的公交优先适应性,提升公共交通的竞争力,努力促进公交走廊沿线地区成为可达性和交通出行效率最高的地区。应鼓励历史城区公共服务设施和居住用地向公交廊道沿线集聚,通过功能混合和提高土地开发强度等手段,提高公交走廊交通需求的整体规模。公交走廊对沿线用地的引导如图8.2所示。

2) 公交走廊分级及发展方式

根据客流量的大小,公交走廊可划分为不同级别,以对应发展不同的公共交通方式。

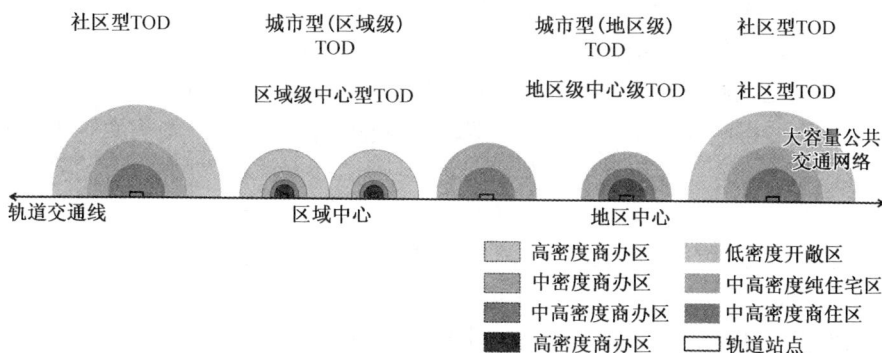

图8.2　公交走廊对沿线用地的引导作用

公交走廊分级根据走廊内高峰小时单向客流量确定,可分为大运量公交走廊,中运量公交走廊和一般公交走廊。单向高峰小时公交客流量大于3万人为大运量公交走廊,适合发展地铁等城市轨道交通;单向高峰小时公交客流量1万～3万人为中运量公交走廊,适合发展轻轨或快速公共汽车交通;单向高峰小时公交客流量0.5万～1万人为一般公交走廊,适合布设常规公共汽车骨干线路或快速公共汽车交通。历史城区轴向发展过程中,需要结合历史城区与城市其他功能区的交通联系强度以及轴向交通需求,合理选择公共交通方式,使之与公交走廊能级相匹配。

3) 历史城区公交走廊交通设施配置

公交走廊的形成将促进历史城区向紧凑布局、混合利用的土地利用形态演变,临近公共交通服务设施的地块,其公共交通使用率得到提高,将进一步为土地开发提供持续的人气和活力。历史城区公交走廊交通设施倡导"公交优先、慢行友好"的配置理念,走廊上集聚大中运量公交及常规公交方式,同时配置良好的步行和自行车交通设施,为出行者的多方式联合出行提供可能。同时注重公交枢纽的建设,公共设施及公共空间临近公交站点布置,公交站点将发展成为公交走廊沿线的具有复合功能的枢纽。在用地开发和道路建设中保障公交走廊上的公交路权以实现公共交通的可持续优先发展。

4) 公交走廊与干路网的关系

公交走廊具有以下几个方面的特点:一是与城市客流走廊相重合,尤其是在公交优先情形下,道路资源的配置将更多地向公共交通倾斜,进一步促进了走廊内公共交通设施的配置完善和高效利用;二是随着城市公交线网密度的不断提高,由于公交走廊内道路条件较其他地区较好,公共交通通行能力较大和运输效率较高,因此,公交走廊内的公交线路往往很多;三是公交出行需求具有方向性集聚的特点,在走廊内具有大量中长距离的公交出行,与公共交通出行需求的空间分布特性相符,指标性明显;四是公交走廊与道路功能一般具有较强的匹配性,走廊通常作为大中运量公共交通系统或公交主干线的布设空间,对道路条件提出了较高的要求,因此走廊一般要求布设在城市主干道或者重要次干道上。

由于公交系统需要以城市道路网络作为布设载体,尤其是在公交优先的政策背景下,路网的组织模式必须要与公交优先相协调。公交走廊的布设,对路网结构有着特定的需求,这也对路网布局和组织模式提出了新的要求。

历史城区作为公交优先实施的重点区域,路网布局和组织优先考虑公交系统的建设,尤其是公交走廊的设置,这与其道路资源配置和使用重点面向客流运输能力高的公共交通方式的发展方向是不谋而合的,也是其交通服务体系的基本要求。因此,历史城区道路资源的配置过程中应强化公交走廊的供给,提高公共交通的通行能力。

城市规模和土地利用性质的差异,对城市道路功能要求不同,直接反映在出行方式上,就是小汽车、公共交通、非机动车和步行。为满足这些不同出行方式对道路网的需求,城市路网需要做到布局合理、层次分明、功能清晰,即各种交通方式在不同类型的道路上应具有不同的通行优先权[165]。

快速路作为为快速、长距离出行的汽车交通服务而设置的城市道路,一般不宜穿越城市中心,主要在大城市的外围、组团之间设置,并与城市出入口道路及高等级公路有便捷联系。这类道路两侧不允许设置吸引大量人流和车流的公共建筑物出入口,因此也可不能形成公共客流走廊。但是作为城市内部组团间中长距离出行的快速通道,可考虑在快速道路上开辟组团间联系的中运量的快速公交或大站快车方式。历史城区内部不会设置快速路,如果快速路要发挥对历史城区客流运输的作用的话,主要是通过环+放射式的快速路布局模式,通过这种方式布设组团间的公交走廊,实现历史城区与外围组团之间客流运输的目的。但是以快速路为载体的走廊只能截止于环路上。

主干路是城市道路网络的骨架,是承担城市以及片区机动化交通的主要载体。一般情况下,城市中最主要的公共设施和公交客流走廊都是沿主干路形成的,因此,它也成为公交走廊布设的首选通道。大量的轨道交通线路布置、快速公交和公交专用道的开辟,大多是利用主干路。因此,对于干路较少的历史城区,更应明确主干路作为公交走廊布设的空间载体,尤其是位于城市客流走廊内的主干路,在资源配置和使用上优先分配给公共交通,在这类道路上实施公交的绝对优先。

次干路是介于主干路和支路之间的车流、人流的主要集散道路,也是大量公交线路布设的空间载体,起到联系历史城区内部及城区与周边片区的作用。次干路两侧一般可设置吸引人流和车流的公共建筑物、停车场、公交站台等设施。次干路是客流生成的主要起讫点,尤其是用地强度较高、建筑密集的历史城区。在主干路资源较少情况下,次干路可以作为公交走廊布设的辅助通道,如开辟公交专用道方式。

根据公交走廊与不同等级干路的关系,结合城市路网布局的主要形式,历史城区干路网组织应充分考虑客流的空间分布形态和公交走廊的布设要求,合理组织干路网布局模式,以体现对公交优先的响应和历史城区交通服务体系的设计要求。

8.3.3 骨架路网组织模式选择

基于不同的城市空间结构和历史演变特征,城市道路网布局模式主要可分为方格网式、环行放射式、自由式和混合式等四种基本模式。每一种模式都有各自的优缺点和适用性。

历史城区作为城市的核心区域,当城市以历史城区为单中心圈层扩张时,路网形态会逐步演化为网格式或环形放射状路网布局;当城市呈多中心发展时,则在空间形态上会发生"双圈域融合"现象,融合后的路网往往呈混合式。

很多城市老城区的研究与实践证明,在城区形态上越来越趋向于这样一种干路网布局模式:老城区由环路包围,内部实行慢行化及低速化,放射干线止于环路,在放射干线与环线交界处设置停车场,停车场与公交线路和通向城区的慢行系统相连接,即所谓的环形放射式路网组织模式,如图8.3所示。如果城市范围较大,内部路网结构呈网格式,则会演化为通过外围四条干线道路围合形成过境交通的屏蔽环,每个方向选择一到两条干道作为起讫交通的机动车走廊和公交走廊,即外围是环形放射结构路网、内部是方格形路网模式[169],如图 8.4 所示。

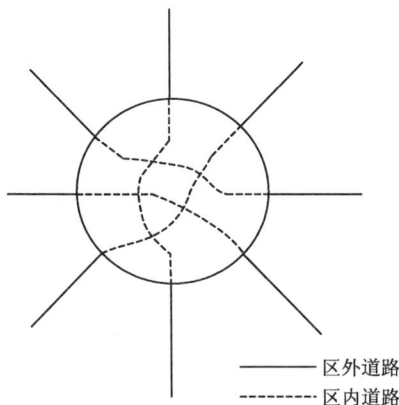

图 8.3　环形放射式路网组织模式　　　图 8.4　方格网式路网组织模式

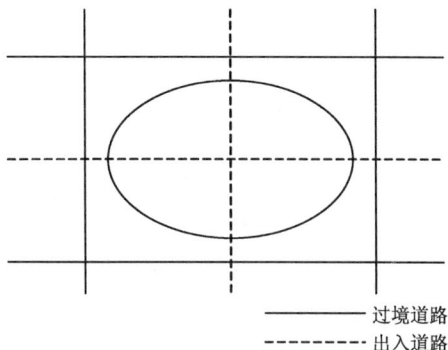

根据历史城区机动车走廊与公交走廊的布设原则和要求,历史城区骨架路网组织模式首先应满足公交走廊的布设要求,将内部公交走廊与城市公交走廊贯通;其次,机动车走廊必须截止于城区外围;另外,对两种走廊的布设,可以采用一主一辅的形式。至于采用何种模式,应综合城市路网布局形态决定,并在现有路网基础上进行优化,并配合相关辅助设施的设置,支撑路网设计目标的实现。

8.4　历史城区骨干路网空间布局优化方法

道路网系统的改善重点在于优化资源配置与活化资源利用,而路网布局优化是其中的重要内容。根据交通系统功能组织和交通服务体系设计要求以及交通出行构成特征,历史城区干道网络空间布局优化应做到如下要求:保证必要交通空间的建设与利用;根据交通出行构成,优化路网布局和使用;坚持公交导向和慢行友好。

8.4.1　必要交通空间的建设与利用

道路空间是城市极为重要的交通空间,它的建设因地区差异而不同。历史城区道路网络随历史发展而演变,最初以步行交通为主体,街道狭窄,道路功能混乱,设施建设滞后,根本无法形成层次清晰、功能明确、结构合理的道路网体系。我国许多历史名城都处于自身道路空间绝对不足的现实之中,尤其是在城市空间拓展过程中大多沿着老城区或旧城区遗留下来的主要街道向城市周边呈轴向布局发展,而这样的街道自然也就成为了中心向外的主要放射型道路,其结果是过境交通直穿城市老城区,加速了交通拥堵。因此,为缓解和消除过境交通对历史城区内部道路资源的占用和交通的影响,亟须在外围修建环城道路的城市越来越多。

作为道路本身,不仅仅具有交通通行的作用,还具有构成城市骨架、组织城市空间、塑造城市景观、保障市政空间和防灾减灾的功能,它一直是城市人的活动和物资运输必不可少的重要设施。历史城区道路还是历史风貌和空间肌理的表征,基于这一观点,建设好历史城区道路空间至关重要。因此,必须加大道路设施的建设投入。

历史城区道路设施建设不可能像新城道路建设那样,其重点不在新建道路,而在如何提升既有道路资源的承载能力,激活利用效率。主要路径包括梳理干道网络,完善历史城区骨架路网;通过改造整治一批道路打通交通瓶颈,疏通道路网络,提高网络连通度;合理分配路权,保障不同交通方式出行者的空间使用权利,尤其是公共交通与慢行交通出行者。

城市道路多样化的功能决定了历史城区道路交通空间建设和利用必须从六大功能出发,遵循以下基本原则:

(1) 道路空间建设以反映历史城区空间格局为前提,尽量维持原有的空间肌理和尺度,通过道路交通空间的建设增强空间结构的层次感。

(2) 尽量满足历史城区交通流系统特征,按照过境交通、出入交通和内部交通三个层次和机动车交通、公共交通、非机动车交通和步行交通四种方式来组织交通流的连续、独立运行空间,提高道路空间的利用效率和交通运行组织效率。

(3) 道路交通空间设计应考虑与历史风貌特色相一致,增强其时代感和彰显度。

(4) 道路空间建设要为历史城区较为落后的市政设施改造更新提供铺设的空间,这是历史城区更新的重要内容之一。

(5) 必须考虑防灾减灾通道布设的要求,构建连续的防灾减灾应急网络。

从交通服务的角度探讨具体道路空间建设和利用而言,主要从道路功能等级分析出发,不同等级的道路其交通功能倾向不同,道路空间的处理也应有所区别。

城市快速路主要通行机动车交通,尤其对于历史城区,快速路一般设置在其外围,主要起到屏蔽过境交通的作用,应该尽量不与沿线活动产生联系。

城市主干道和次干道而言,一方面也是以机动化交通为主,但是对于交通承载力极其有限的历史城区,如何分配机动车通行空间,即保障大容量公共交通通行空间来提高交通承载力至关重要;另一方面,对于怎样保护行人和自行车等交通弱势群体的通行空间,以及沿线经济活动频繁的时候,如何处理道路交通空间与沿线环境的关系也很重要。特别是历史城区,快速机动化交通对历史风貌的冲击、对交通环境的影响都必须考虑在内。

历史城区拥有丰富的支路和街巷,犹如人体的毛细血管联系着人体的各个器官和组织,可以很大程度上提高各功能地区的交通可达性,同时也是居民交往空间的重要组成部分。在道路空间的处理上应尽量控制快速机动化交通的通过,而以保障居民慢行空间和交往空间为主,整合道路功能设计、交通设计和街道设计三位一体。

另外,有些道路和街道是历史文化遗产保护的对象,在道路空间建设和利用时必须坚持保护优先的原则,绝对不能以牺牲历史风貌特色换取交通空间通行的顺畅。

8.4.2 基于内部保护的交通保护环体系设计

1) 过境交通疏导与内部交通保护

城市交通性干道往往穿越历史城区的核心,承担了城市快速长距离交通和历史城区对外联系的功能,大量与历史城区无关的通过性交通引入城区内部,与区内交通叠加,造成了对历史风貌的破坏和交通压力集中的双重困扰[86]。这一现象在国内众多历史名城中都表现得较为突出,如苏州古城,由于城市向东和向西拓展的缘故,一定时期内城市大量的东西向交通穿越古城,给苏州古城带来了沉重的负担。为此,苏州加快了外围环路的建设,严格控制过境车辆进城,取得了很好的效果。

对历史风貌的破坏主要体现在交通性干道的拓宽和改造势必会打破街道两边原来的空间界面,甚至拆除部分历史建筑。不仅如此,宽阔的道路和快速的机动车流也割裂了历史城区内道路两侧及各个部分之间原有的有机联系。历史城区原来的安静、宜人的慢节奏生活氛围被嘈杂、不可接近的快速机动化交通景象所取代。

从交通运行的角度分析,由于历史城区路网系统的先天性缺陷,干道密度不高,低等级道路连通性差,造成交通性干道缺乏有效的分流通道,过境交通主要集中在仅有的几条贯通性干道上。对于历史城区而言,这类交通性干道两侧用地开发强度较高,商业建筑林立。普遍的结果是交通干道的交通性功能与商业性功能叠加,快速通过性交通与集散交通冲突严重,更甚者,引发频繁的交通安全问题。典型的如东西向带型城市镇江市老城区内的东西向轴线中山路,既是老城内部唯一的贯穿性交通干道,同时也是老城核心区最重要的商业轴,交通功能混杂。而中山路两侧路网体系不健全,没有通行条件较好的连续道路对其进行分流,导致的结果是目前中山路交通拥堵十分突出,交通冲突十分严重。

历史城区道路交通设施承载的主体是内部交通和出入交通,道路设施配置应该以这些出行主体为主,保障他们享有交通设施的优先权。实行内部交通保护正是基于这一观点。保护了内部交通环境,也是对历史城区历史环境的间接保护。因此有必要采取适当措施疏导过境交通,分离过境交通和城区内部交通,并通过在外围构筑机动车通道,将内部公共客运通道与机动车走廊分离,优化出入通道的功能,缓解历史城区的交通压力,保护古城交通环境。

2) 基于交通出行分离的路网组织体系

5.1 节已分析了历史城区交通出行的构成及特点,将交通出行划分为过境交通、出入交通和内部交通,历史城区路网组织的基本思路应分别从这三种性质的交通流出发进行系统组织。

为了保障历史城区交通与土地利用性质相协调,应根据各种交通出行对历史城区的作用,道路资源配置和使用上首先应保证满足区内交通和出入交通(向心交通)的需求,而将与历史城区土地利用性质无关的过境机动车交通疏解出去,即屏蔽过境交通、优化出入交通、网络化分流内部交通。

(1) 过境交通疏导

过境交通对于历史城区而言,不仅属于无效交通,还严重占用道路交通资源。比例较大的过境交通必须从历史城区内部剥离出去,这是改善交通运行状况、提高道路设施利用效率的重要途径。具体措施主要有:构建历史城区交通保护环,从城市外围、历史城区外围分别构筑快速环路体系,进行多级分流;在不破坏历史文化遗产和风貌的前提下,建设立体穿越性通道,消除对历史城区地面交通的影响;完善历史城区周边干道网络,分流和缓冲进入历史城区的机动车流量;弱化历史城区内部干道交通性功能,强化其客流集散服务功能,使其成为历史城区内部主要公共客运通道,降低对通过性社会机动车辆的吸引力,有效抑制过境交通。

(2) 出入境交通优化

出入境交通是历史城区干道承担了主要交通流,根据对扬州历史城区 14 个出入口通道流量的调查结果可知,除了 40% 的过境交通外,剩下的 60% 的流量基本为出入交通。因此,承担出入交通是历史城区干路网的主要功能。而对于有限的出入口通道,应通过实施集约化、有序化的组织策略,优化交通组织形式,强化交通组织管控,提高道路设施的使用效率。具体措施包括:构建由主干道、大容量地面公交、轨道交通等方式组成的复合运输通道,共同承担出入境交通,缓解地面交通压力;优化出入口道路的交通功能,合理分配道路空间,一定程度上向公交和慢行倾斜,优先保障公共交通通道;完善历史城区外围截流体系,引导私人机动化交通方式向公共交通和慢行转换进入城区;实施速度管理和高峰期交通动态交通管制,合理分配进城与出城交通所需的道路资源。

(3) 内部交通分流

历史城区内部交通出行是路网承担的重要功能,主要以集散交通为主。作为干道网,应以服务中长距离交通出行为主,而对于历史城区内部中短距离集散交通出行,则应提倡依托支路及街巷道路,采用公共交通和慢行交通方式完成,即依托历史城区内部丰富的街巷路网体系,分流内部交通。常用的措施主要有:实施公交和慢行优先,提高内部路网承载力;提高公交(时间和空间)覆盖率,改善公交可达性;梳理内部路网体系,尤其是街巷路网,优化道路功能,分流干道交通;构建交通微循环体系,实行机动车交通、非机动车交通和步行交通相分离。最终实现不同网络交通流的均衡分布,并保障各种交通方式的道路资源分配。

表 8.1 根据不同组织元素提出了历史城区交通功能组织、交通组织对策和交通设施响应对策。

表 8.1 历史城区交通系统组织体系

交通系统组织元素	交通功能组织	交通组织对策	交通设施响应
过境交通	剥离过境交通,外围疏导分流穿越历史城区交通流	(1) 构建交通保护环体系 (2) 完善周边干道网进行分流 (3) 建设穿越历史城区的立体过境通道	高速公路、城郊高等级公路、城市快速路、交通性主干道 穿越历史城区地下通道(推荐)
出入境交通	优化出入境交通组织,集约化利用道路资源,有序化保障交通运行	(1)构建多方式复合运输通道 (2) 优化干道交通功能,合理分配道路空间,实施公交与慢行优先 (3) 建设停车换乘系统,完善外围节流体系 (4) 实施动态交通管理	轨道交通、BRT、公交专用道、港湾式停靠站、非机动车专用道、停车换乘设施等
内部交通	提倡公交与慢行优先,利用支路和街巷道路,分流内部交通	(1) 实施公交与慢行优先 (2) 改善公交可达性 (3) 合理利用街巷路网组织交通微循环 (4) 实施宁静化交通	公交支线和特色公交、街巷路网体系等

3) 交通保护环设计

城市干道是连接城市各个组团和重要客流集散点之间的交通大动脉。它不仅为城市内部交通运输提供顺畅的通道,还承担着构成城市骨架的重要功能。路网模式上,典型的有放射型路网和方格型路网。但随着机动车流量的急剧增长,大量交通都集中到城市的中心,放射型和方格型式的路网极易发生堵塞,尤其是在城市中心的进出通道上。因此,为加强对城市中心的交通保护,有必要修建帮助过境交通绕行的城市环路,并采取对策,减少进入市中心的车流量[170]。历史城区道路网络系统对于城市机动化冲击的承受力较为脆弱,而历史文化资源的不可再生性又制约了内部路网的改造,因此,在历史城区外围构建保护环显得尤为必要。

历史城区交通保护环主要功能为屏蔽穿越性过境交通,通过在不同空间层次上构建通过能力较大的环路体系,疏导过境交通从外围通过,形成对历史城区内部交通的保护壳,消除对内部交通的影响。保护环内通过倡导公共交通和慢行优先、限制机动车,成为交通环境良好的宜人区域。

城市通常围绕历史城区向外发展新的组团,形成以历史城区为中心,周边多组团围绕的空间结构。这样的城市空间层次结构相应地产生了对应的交通需求空间分布形态,这就要求历史城区交通保护环的设计也应遵循这一空间分布特征。

与城市空间结构形态和交通流分布特征对应,根据交通流疏解要求,交通保护环体系在物质形态和功能层次上可以划分为一级交通保护环、二级交通缓冲带和三级交通保护环,以及内部路网和衔接节点等组成部分,环的个数主要视城市大小和空间结构而定,见图8.5。

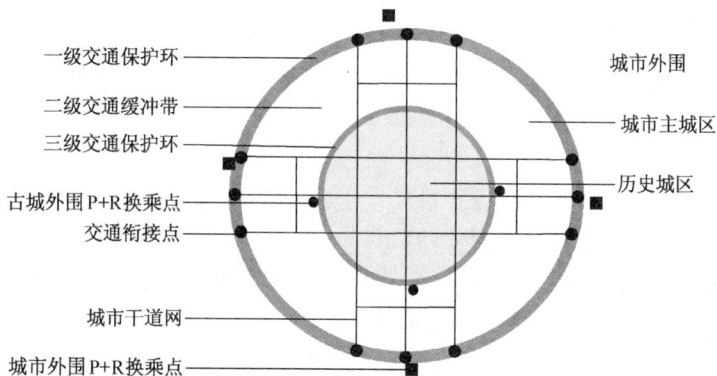

图8.5　历史城区多级交通保护环体系构成示意图

交通保护环体系根据功能结构合成体系,其各个组成部分都有明确界定。一级交通保护环主要是在城市外围利用区域高快速路或干线公路设置,一方面疏解城市过境交通,另一方面截流部分进城机动化交通,引导其转换成公共交通方式进入历史城区;三级交通保护环是交通保护环体系的核心圈层,直接布设在历史城区外围,与一级交通保护环类似,但是具有更强的控制性,即屏蔽穿越性交通和截流入城交通;而二级交通缓冲带则是位于一级环和三级环之间的缓冲地带,该地带内一般含有城市其他组团区域,通过该地带的路网分流,缓解外部区域的机动化交通对核心圈层的冲击。根据疏解层次分析,其在功能定位、设施配置、相互联系、管制措施上都相应的要求。具体配置见表8.2。

表8.2　历史城区交通保护环结构体系配置

组成部分	功能定位	设施配置	辅助措施
一级交通保护环	疏导城市过境交通,减少入城交通量	构建高等级公路环或城市快速环路	建设城市外围停车换乘体系,匝道入口限制和过境交通管制
二级交通缓冲带	缓冲部分入城交通流,承担历史城区外围其他城市组团之间的联系	完善缓冲地区干道网,强化其他组团联系通道	速度管理、货运车辆禁行等

续 表

组成部分	功能定位	设施配置	辅助措施
三级交通保护环	高强度屏蔽历史城区过境交通,吸引部分内部交通,均衡内部流量,保护内部交通	构建有快速路或交通性主干道形成的环路	建设停车换乘体系、公交通专用道、拥挤收费和停车收费等
内部干道网	构建缓冲带	优化干道网布局和功能	速度管理、客货分离等
衔接节点	控制过境交通和入城交通,引导停车换乘	控制接入节点数量,优化节点接入形式	渠化节点组织形式、接入管理等
P＋R停车换乘点	截流进入以历史城区为出行终点的个体机动化交通,引导向公共交通和慢行交通方式转换	在一级交通保护环和三级交通保护环与城区干道的衔接节点处,以及公共交通走廊与保护环的衔接点处设置停车换乘设施	提供良好的停车换乘优化政策和辅助服务

以南京市为例,通过在南京市老城区外围建设"井字＋外环"的城市快速路系统(见图 8.6 和图 8.7),形成内环路和外环路两级交通保护环,外环路为绕城公路环,围绕整个城市主城区,使得城市过境交通不得穿越主城区,而内环路为由城东干道、城西干道、玄武大道—新模范马路和应天大街组成的井字形快速环,围绕老城核心区,使得城市长距离跨区交通出行不致穿越历史城区,从而减少过境交通和穿行交通对历史城区的影响。南京市老城"井字＋外环"的交通保护环体系在道路建设形式、节点接入和建设形式上都有严格的控制。随着南京城市的拓展,新的外环绕越高速公路环即将形成,针对老城区的三层环路体系将为老城交通拥堵的疏解发挥有效的作用。

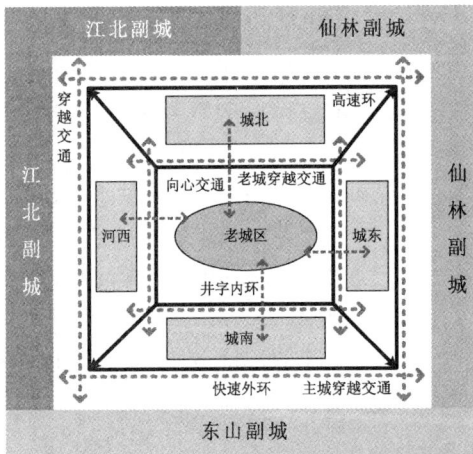

图 8.6 南京市历史城区交通保护环示意图

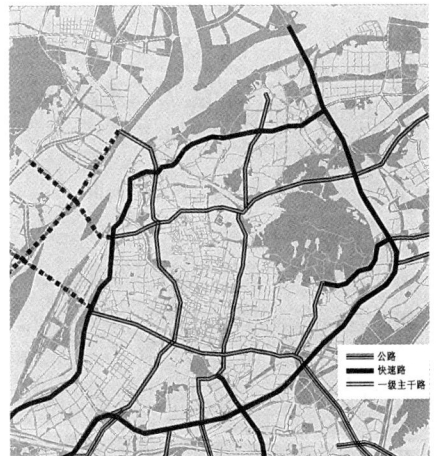

图 8.7 南京历史城区"井字＋外环"结构的交通保护环

8.5 公交导向的干路网平均间距优化方法

交通保护环体系对历史城区内部交通形成了良好的保护壳,消除了大量无效的过境交通的影响。尽管环路体系一定程度上能够削减过境交通的影响,但是不能从根本上解决历史城区交通拥堵,良好的通行条件将会诱发机动车交通出行,从而导致交通量的再次增加,形成一种循环。为此,应进一步梳理历史城区内部道路网络,尤其是干道网,优化利用历史城区空出来的交通空间,将更多的道路空间让步于步行和非机动车、公共交通,即内部道路服务应调整为以客流交通服务为主,在保障较高容量的客流运输能力基础上,兼顾机动车流的有序运行。

历史城区干线道路一般数量较少,主要有主干道和次干道组成,网络结构较为简单,且这些道路红线宽度也相对较窄。这些道路无法进行拓宽或扩建,因此,对于承担历史城区主要干线运输功能的干线道路,一方面通过合理控制满足公交运行的干道间距来确定基本的干道布局形态;另一方面,必须从优化道路功能,重新进行道路空间的再分配,保证大容量、集约化运输方式的通行优先权,实施公交优先来提高路网承载力。

实施公交优先,构建以公共交通为主的交通服务体系是解决历史城区交通问题的主要路径。历史城区提倡优先发展公共交通,在发展政策、基础设施建设优先保障下,不断提高公共交通服务水平,与小汽车交通在历史城区客运出行方式选择竞争中占据优势地位,吸引部分可替代的私人小汽车出行需求。

乘客对公交服务水平的本质诉求是同时获得时间可达和空间可达,即公交可达性。公交站点覆盖率是公交可达性的主要衡量指标之一[171]。很多城市为落实公交优先政策,在增加公交线路、公交车辆、实施票价优惠和路权优先等方面做了大量工作。但是由于历史城区土地利用模式和遗产保护要求,主要干道两侧商业集聚,客流集散需求大,导致大量的公交线路集中在少数几条干道上,增加了重复系数的同时却没有提高公交覆盖率,公交整体服务水平并没有明显提高。完善历史城区道路网络是优先发展公共交通的基础。

由于公交线路依附于道路网存在,因此协调公交规划与城市道路网规划需要以统一的道路网规划标准为载体,而公交优先发展中所提出的道路设施建设标准与规模需求是确定公交优先下城市道路网合理密度和间距的基础[172]。本节以公交优先发展要求为导向,探讨历史城区干路网平均间距优化方法与合理建议值,为历史城区道路网优化与利用、公交线网布设提供指导。

8.5.1 历史城区干路网平均间距

与城市其他区域不同,由于历史发展过程中形成的空间肌理受到保护,历史城区路网结构很难进行大规模改造。对该类地区路网的布设,应更多地从优化内部路网功能和挖掘潜在街巷的潜力等方式整体优化路网布局、功能和规模,提高资源使用效率和道路运输效率。

主干路和次干路组成的干路网是历史城区主要的客运走廊,也是布设公交线网的主要载体。但历史城区主次干路密度偏低,为提高公交覆盖率,城区内重要的交通性支路应作为加密公交次干线、支线和辅助线路的重要载体。因此,在研究公交导向的干路网平均间距时,将这类道路纳入计算体系。

既有研究主要针对某一类型或等级的道路间距,分别从交通信号控制、通车效益、路网容量、街区尺度、公交运行等角度,提出干路间距的建议值,跨越幅度从 250 m 到 1 200 m[81, 173, 174]。本研究提出干路网(即由主干路、次干路和交通性支路组成的道路网)平均间距的概念来描述历史城区干路网布局结构特征。

8.5.2 公交站点覆盖率指标确定

为保障历史城区出行者方便使用公交网络,历史城区公交线网布局应尽可能遍布历史城区干道网,使公交线网吸引乘客的范围覆盖城区尽可能多的区域。因此,提高公交站点覆盖率是衡量的重要指标。

1）公交平均步行距离

公交平均步行距离是居民采用公交出行,以步行作为接驳方式,以公交站点为圆心,发生(吸引)的所有公交乘客的出发地(目的地)与站点之间的空间平均步行直线距离,包括出行起点至公交站点之间的直线距离、下车站点与目的地之间的直线距离、周边换乘站至该站台之间的空间直线距离。公交平均步行距离的长短是影响居民选择公交出行的重要因素,历史城区要提高公交吸引力,遏制小汽车出行,必须提供居民能够接受的步行距离,即公交的服务半径。

通过分析居民公交出行的全过程,考虑乘客出行时间成本价值等因素,以居民公交总出行时间成本最小为目标函数,借鉴 Lesley、Anthony A. Saka 等人提出的公交站距优化方法,研究历史城区公交平均步行距离即公交站点服务半径[175, 176]。

（1）公交出行链

对于一般公交出行者来说,其公交出行过程可分解为如下几个阶段:①从起点步行到就近公交站点;②等候并搭乘公交车;③下车等候换乘公交车;④下车步行到目的地,如图8.8所示。为简化过程分析,这里将换乘公交过程省去,只计算居民1次公交出行全过程。根据上述过程,居民乘坐某路公交车的总出行时间由步行到站时间、候车时间、车辆行驶时间、中间停靠时间、下车步行到达目的地时间之和[177]。

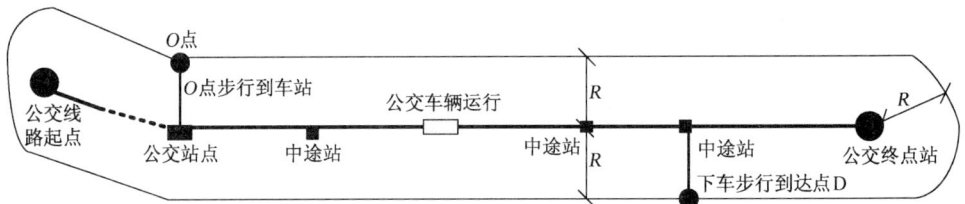

图 8.8　公交线路服务带上居民公交出行全过程示意图

（2）公交服务半径的确定

居民由出发点步行达到公交站点和由公交站点步行到达目的地的时间受周边道路网间距、公交线路和站点设置情况有关。道路间距小,居民到达公交站点时间短,间距大,可选道路少,步行时间则较长。候车时间主要与公交发车频率有关,与站点设置无关,因此,不考虑候车时间对出行时间无影响。公交车运行时间与车辆运行速度、乘客平均上车时间、公交站点数量有关,跟车辆运行速度呈反相关关系,与后两者呈正相关关系[177]。历史城区公交站点最佳服务半径的确定函数为:

$$R = \sqrt{\dfrac{0.25v_{\mathrm{b}}\left(\dfrac{1}{\alpha}+\dfrac{1}{\beta}\right)+0.5LT_1}{1.5\times10^{-4}Lt_sqT_{\mathrm{g}}+2.67v_{\mathrm{w}}}} \tag{8.1}$$

式(8.1)中,

R——公交站点服务半径(m);

v_{b}——公交车运行速度(m/s);

L——平均公交乘距(m);

T_1——每个站点固定损失时间(s);

t_s——公交线路发车间隔(s);

q——交通出行发生率(人次/$(m^2 \cdot s)$);

T_g——乘客平均上车时间(s);

v_w——居民平均步行速度(m/s);

α、β——公交车运行过程中平均加速度和减速度(m/s^2)。

根据交通工程经验参数和调查数据分析,公式(8.1)中相关参数取值见表8.3。

表8.3　相关参数建议值取值表

参数	α	β	v_b	T_g	t_s	T_1	v_w
取值	0.5 m/s²	2 m/s²	5.6 m/s	1.8~2.4 s	3~5 min	30~40 s	1.2 m/s

交通出行发生率和平均公交乘距与具体城市有关,不同城市、不同区域有所区别。作者借鉴国内几个历史名城交通调查及分析所得数据(表8.4),据此计算得到公交最佳服务半径 R 约为153 m。

表8.4　国内部分历史文化名城交通出行发生率和平均公交乘距取值表

	南京	扬州	淮安	镇江
交通出行发生率(人次/$(m^2 \cdot s)$)	0.001 2	0.001	0.001	0.000 9
平均公交乘距(m)	5 980	4 032	3 280	3 450

2) 公交优先的落实——提高公交站点覆盖率

公交站点覆盖率是衡量公共交通服务水平的重要指标,《建设部关于优先发展城市公共交通的意见(建城〔2004〕38号)》提出公共交通站点覆盖率按300 m半径计算,建成区大于50%,中心区大于70%的要求;公共交通站点覆盖率按500 m半径计算,建成区大于90%。"公交优先"战略提出了公交分担率目标与常规公交站点覆盖率指标,中心区应适当提高,即在人口密度较高的地区,公交站点覆盖率还应进一步提高。

随着公共交通方式的多元化发展,上述指标已经难以适应公交优先发展的要求。首先,公共交通体系是多层次的,不同层次等级的公交方式有不同的站点服务覆盖率分析口径,最高等级的市域快速轨道系统,其站点直接服务半径一般可达1.5 km以上,一般意义上的城市轨道,多采用500 m和800 m半径分析覆盖率,而最低等级的支线接驳公交,站点服务半径不宜过大,否则难以吸引乘客以实现其服务功能。从干支结合、最大限度吸引公交乘客角度,公交站点服务应有150 m半径覆盖率指标。从实践上看,欧洲、日本以及我国香港城市中心区、居住区公交站距200~300 m,也即站点服务半径100~150 m。按150 m半径计算的覆盖率,在城市中心区应不小于90%[165]。

历史城区多以城市中心区为核心,且随着多元公交服务体系的建成,公交站点覆盖率指标可参照中心区的要求。通过比较分析国内城市公交规划中公交站点覆盖率指标的取值(表8.5),结合历史城区具体情况,对公交站点服务半径和覆盖率指标进行适当调整。考虑历史城区公交站点最佳服务半径150 m的标准,研究提出以300 m和150 m公交站点覆盖率分别为90%和70%作为衡量历史城区线路配置的基本要求。

表 8.5　国内部分城市远期(2020 年)公交站点覆盖率规划指标要求

公交站点覆盖率	扬州老城	聊城古城	苏州古城	南京老城	镇江主城
300 m	>95%	>95%	>75%	95%	85%

8.5.3　基于公交站点覆盖率的干路网平均间距优化方法

公交站点覆盖率的调整将影响道路交通流分担比例与城市道路间距、各级道路衔接情况等,因此对道路网密度与各级道路间距均有影响。为适应历史城区公交站点覆盖率提高的要求,研究历史城区干路网平均间距,指导路网布局结构的优化[178]。

1) 计算方法

结合公交线网分布,在对公交站点布设进行相应假定前提下,建立公交站点覆盖率与道路间距的定量关系,分析公交站点覆盖率的目标值所要求实现的干路网平均间距,如图 8.9 所示。

分析假设:

(1) 为了发挥公交线路转换功能,便于居民换乘,忽略公交站点在交叉口上、下游一定距离外的影响,假设将公交站点布置在交叉口处;

(2) 考虑历史城区道路的建设标准,假设公交线路主要布设于主干路、次干路和交通性支路上,探讨干路网平均间距。

本研究分别以公交站点 150 m 与 300 m 覆盖率目标值进行干路网平均间距的推导。

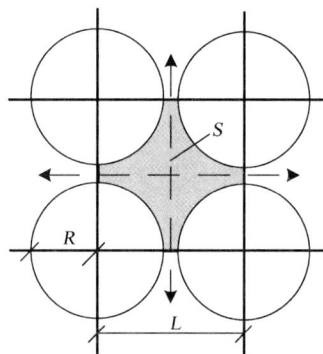

R——公交站点服务半径,取150 m或300 m
L——干路网平均间距(m)
S——某种公交站点服务半径下未能覆盖的面积(m^2)

图 8.9　公交站点覆盖率示意图

2) 干路网平均间距

(1) 公交站点 150 m 覆盖率大于 70%

① 当 $L < 150$ m 时,公共交通覆盖整个区域,覆盖率达到 100%,满足要求,如图 8.10 所示。

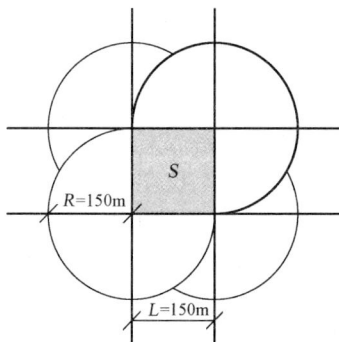

图 8.10　$L = 150$ m 时公交站点 150 m 覆盖率示意图

② 当 $150\,m < L < 300\,m$ 时,即干道网平均间距介于 150 m 和 300 m 之间时,取 300 m 分析。

如图 8.11,计算过程为:

未覆盖区域面积 $S = L^2 - \pi R^2 = 300 \times 300 - \pi \times 150 \times 150 = 19\,350(\text{m}^2)$;

未覆盖区域比例 $\mu = 19\,350/(300 \times 300) = 21.5\% < 30\%$;

因此,L 介于 150 m 与 300 m 之间时,150 m 站点覆盖率面积都可以满足。

③ 当 $L > 300$ m 时,以各个站点为圆心所做的圆不存在相互交叉。

如图 8.12,计算过程:

剩余面积占总面积的比例 $\mu = (L^2 - \pi 150^2)/L^2 < 30\%$;

计算可得,$L < 318$ m;

因此,当 $L > 300$ m 时,干路网平均间距必须小于 318 m 才能满足 150 m 公交站点覆盖率要求。

综合上述三种情况,干路网平均间距应介于 300 m 与 318 m 之间。

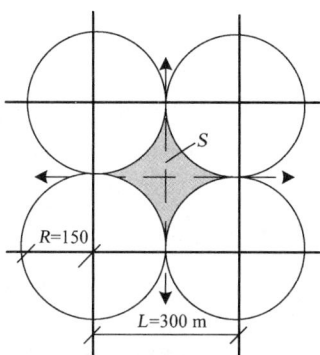

图 8.11 $L = 300$ m 时公交站点 150 m 覆盖率示意图

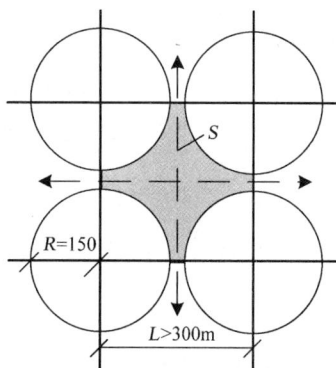

图 8.12 $L > 300$ m 时公交站点 150 m 覆盖率示意图

由上述计算过程可知,为满足公交站点 150 m 覆盖率在历史城区达到 70% 的要求,城市干路网平均间距应小于 318 m。

(2)公交站点 300 m 覆盖率大于 90%

① 当 $L < 300$ m 时,即公交站点按 300 m 覆盖,可覆盖整个区域,因此可以满足要求,如图 8.13 所示。

② 当 $300 \leqslant L \leqslant 600$ m 时(图 8.14),公交站点按 300 m 覆盖,$L < 582$ m 时能实现覆盖率 90% 的要求。

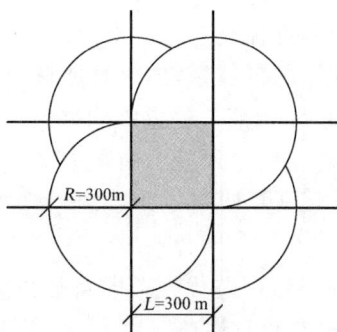

图 8.13 $L = 300$ m 时公交站点 300 m 覆盖率示意图

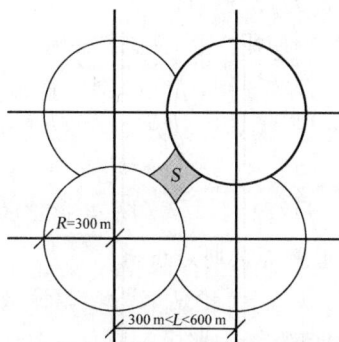

图8.14 $300\text{ m} < L < 600\text{ m}$ 时公交站点 300 m 覆盖率示意图

由上述计算过程可知,满足公交站点 300 m 覆盖率为 90% 的干路网平均间距应不大于 582 m。

在上述假设情况下,计算得到满足公交站点 150 m 与 300 m 覆盖率的干路网平均间距应<318 m。

3) 干路网平均间距调整建议

历史城区主要道路体系由主干路、次干路和支路组成,一般主、次干路密度偏低,而历史城区拓宽改建的可能性较小,因此,可以从 3 个方面对历史城区干路网进行改善。首先,进行以功能为主导的道路分级分类,对现有道路进行功能优化,重点面向公共交通服务;其次,通过前面界定的干路网,将以交通性功能为主的支路纳入干路网体系;另外通过改善和打通部分支路和街巷提高路网密度,能够较好的改善道路交通供给情况。通过这些措施不仅能够较好地改善道路交通供给情况,也能为公交运行提供更好的支撑。

通过研究可知,一方面,公交导向的历史城区干路网平均间距要求控制在 318 m 以下,另一方面考虑历史城区道路网实际情况,过低的干路网间距要求较难满足,加之历史城区多实施单向交通组织,要求路网平均间距不大于 300 m。因此,建议以 300 m 作为控制标准进行干路网布局的优化。

8.6　历史城区干路功能结构完善与合理利用方法

8.6.1　公交优先与慢行友好的道路功能分类

历史城区道路网络结构体系构成随城市规模和结构而不同,道路等级由快速路、主干路、次干路和支路组成,其中建有快速路的历史城区较少,一般仅作为外围快速过境通道或下穿历史城区的过境通道。这种传统的城市道路等级分类在历史城区实际使用过程中面临以下问题[86]:①以道路宽度确定道路等级的分级方法,往往难以体现道路在路网中的真正功能;②未能体现公交优先和机非分流,有限的道路资源仍以私人机动化交通为主,公交运行效率缺乏保障,慢行空间一再被侵占;③未将大量的街巷道路纳入道路分级体系,支路和街巷道路缺乏进一步的功能细分;④交通组织规划中,交通组织模式对道路功能等级划分缺乏反馈机制。因此,传统的城市道路等级划分不能适应历史城区交通组织模式和服务体系对道路功能的要求。

根据历史城区多模式、一体化交通服务体系要求,道路功能等级的配置应更多地向公共交通和慢行交通倾斜,对私人机动化交通加以调控,并将街巷道路纳入道路分级体系。面向道路的使用性能,从道路的使用与管理上对公交和慢行优先进行响应,提出历史城区道路分级分类原则,研究公交和慢行导向的城市道路等级配置体系,力求其能真正为居民出行服务,形成具有历史城区特色的层次清晰、功能明确、使用高效的道路网体系。而道路分级分类的前提是严格控制和保护历史街巷的空间肌理和历史风貌。由于本章主要研究干路网,因此,对于支路和街巷道路的功能分级分类将在第 9 章研究。

1) 道路等级划分原则

公交优先:无论是道路功能等级划分还是道路空间配置都要优先考虑满足公交优先。公共交通在各类道路上都应体现其运行的优先权,提高公交可达性。

慢行友好:历史城区道路功能界定和空间配置上应专门考虑慢行交通的需求,为步行和自行车配置专用的道路和空间。

交通分流:历史城区交通出行按层次划分为过境交通、出入交通和区内交通三种类型,按方式分为机动车、非机动车和步行三类交通流,道路功能等级配置应与两种划分方式提出的交通组织模式向对应,明确道路上各种服务对象的使用权、优先权、通行权、专用权,注重各类交通相互分离。

2)道路分级思路

城市道路与公交线路之间的协调点是城市道路设施,从城市道路分级与公交线路分级之间的耦合关系出发,优化城市道路分级,保障道路资源配置和使用时更好地落实公交优先。在此基础上,根据步行和自行车交通对城市道路空间的需求,提出各级干道慢行空间资源配置和使用的控制要求,保证慢行交通的合理空间。

(1)公交线路分级对城市道路分级的要求

① 公交线路分级

城市公交线网由轨道、地面公交等多元网络组合而成,历史城区公交线网可以分为轨道线网、快速公交线路、地面常规公交线网和特色公交线路四种模式组成。各子系统之间必须相互配合、共同作用,才能发挥公交系统的整体效益。因此,公交线路功能的分级需要考虑各公交子系统的功能定位、对公交优先的响应需求和运行中与道路的关系等因素。

综合考虑公交线路分级影响因素,将历史城区公交线路分为轨道(地铁),有轨电车/BRT,公交直达快线,公交干线、公交支线、特色公交(社区公交、旅游公交、公共自行车)六类,相应的配置要求见表8.6。

表8.6　历史城区公交线路分级配置

分项	地铁	有轨电车/BRT	公交直达快车线	公交干线	公交支线	特色公交线
线路功能	大运量骨架线路	大中运量骨架线路	中运量骨架线路	公交骨干网络	公交骨干线网补充	公交网络的集散线路
线路性质	长距离跨区出行、全市公交客流主通道	区间客流出行,主要客流廊道	区间客流出行,历史城区主要客流集散通道	中短距离客流出行,区内行为主,加密公交线网	区内集散和转换客流出行,公交网络的补充形式,提供换乘
运营速度(km/h)	35～40	15～35	20～30	15～20	15	12～15
运行道路	—	快速路、主干路	快速路、主干路	主干路、次干路	次干路、支路	次干路、支路、街巷道路
场站	公交枢纽站	港湾式车站	公交枢纽站	港湾式车站	港湾站/路抛式车站	路抛式车站
公交专用道类型	—	专用路权	无	公交专用道	公交专用道/无	无
断面要求	—	硬隔离专用道路	无	划线/软隔离	划线隔离	专用路/无

② 公交优先对城市道路的要求

公交线路分级运行的实现需要相应的城市道路分级保障,不同功能的公交线路布置应有相应功能的城市道路与之对应,如公交专用道、道路断面类型、场站布设等要求需要相应道路予以保障。

为满足不同等级公交线路对城市道路的要求,城市道路功能分级和配置应从城市道路本身功能的匹配性、道路红线与机动车道数、与道路立面关系、交叉口设置、道路横断面型式等方面与公交线路分级相匹配,如表 8.7 所示。

表 8.7 公交线路与城市道路分级匹配关系

分项	地铁	有轨电车/BRT	公交直达快车线	公交干线	公交支线	特色公交线
与城市道路等级匹配	主干路	主干路、次干路	快速路、主干路	主干路、次干路	次干路、支路	支路、街巷
道路红线(m)	35~45	35~50	45~55	30~45	12~40	4~24
双向机动车道数	—	6/8	6/8	4/6	2/4	1/2/4
与道路立面关系	分离	共面	共面	共面	共面	共面
交叉口设置	分离	专用进口道/立交分离	立交分离	专用进口道/无优先	无优先	无优先
道路横断面型式	四块板	四块板	四块板	三块板	一块板/三块板	一块板

(2)慢行空间保障对道路分级的要求

慢行交通空间是城市道路空间必不可少的组成部分,城市道路断面设置时必须要考虑步行道和非机动车道要求。历史城区道路功能分级配置应适当地强化慢行交通功能和空间要求。

① 非机动车道设置对道路分级的要求

城市道路上非机动车道设置有明确要求,除快速路外,其他等级城市道路必须设置非机动车道。不同等级道路,非机动车道宽度设置要求各异,但是单条非机动车道宽度有相应的技术标准。

据《交通工程手册》规定,自行车骑行时左右摆动各为 0.2 m,而自行车的外廓最大尺寸为:长 1.9 m、宽 0.6 m,则横向净空应为横向安全间隔(0.6 m)加上车辆运行时两侧摆动值各 0.2 m,故总的一条自行车道的宽度为 1.0 m。若有路缘石,其侧的 0.25 m 路缘带骑行者难以利用,故在车道总宽度中需加上 0.5 m,即一条车道应为 1.5 m,两条车道为 2.5 m,以此类推。

根据已有研究成果(表 8.8)[179],作者提出了历史城区不同等级自行车道在不同类型城市道路上的设置要求如表 8.9 所示。

表 8.8 自行车道宽度范围表　　　　　　　　　　　　　　(m)

道路等级	机非物理分隔自行车路宽度	机非标线分隔自行车道宽度	人非共板的宽度	机非混行道路宽度
市级自行车通道	5~8	—	5~10	—
区级自行车干道	4~6	3~5	4~8	—
区内自行车集散道	—	2.5~4	3~6	5~9
绿色自行车休闲道	5~10	—	6~12	—

注:"—"表示该类型自行车道路没有对应的道路断面形式及自行车道宽度,因此,不作界定。

表8.9 历史城区自行车通道、干道宽度推荐值 （m）

	机非物理分隔 自行车路宽度	机非标线分隔 自行车道宽度	人非共板 道路宽度	机非混行 道路宽度	布设道 路等级
自行车通道	4～6	2.5～4	4～8	—	次干路、支路
自行车干道	2.5～4	1.5～2.5	3～6	5～9	主干路、次干路、 支路及街巷

② 步行道对道路分级配置的要求

城市步行交通系统是指城市中凡是可对公众开放的所有步行空间连接在一起，形成一个以人为本、和谐舒适的步行交通系统。

这个系统由居住区、商贸区等各级道路上的人行道，以及城市次要道路交叉口的人行横道线、城市主要干道上的高架人行天桥、地下人行隧道、商业地面步行街、地下步行街、城市街心花园、街边绿地、商场过街楼等城市要素联合组成。

人行道是步行系统中最基本的组成部分。正确地规划、设计、建设人行道对行人的移动性、可达性和安全性是十分重要的，对老人、儿童和残疾人尤其如此。

人行道宽度取决于道路功能、沿街建筑性质、人流交通量以及在人行道上设置地上杆柱和绿化带等附属设施的要求。我国《城市道路设计规范》规定人行道宽度必须满足行人通行安全和顺畅，并不得小于表8.10的数值。

表8.10 不同人行道最小宽度 （m）

项目		各级道路	商业或文化 中心区	火车站、 码头附近	长途汽车 站附近
人行道最小宽度	大城市	3	5	5	4
	中、小城市	2	3	4	4

两人并排行走的时候，每人需0.65 m的宽度，走路时因身体摇摆，身体会有接触；比这个距离还要小的侧向距离，一般是在拥挤的情况下才出现。因此考虑人的动态和心理缓冲空间的需求，为了避免行人间相互超越的干扰，每人至少应有0.75 m的人行带宽度，因此人行道最小有效宽度应为1.5 m。

人行道还是城市道路上各种设施布设的空间，不同的设施占用宽度有效值见表8.11。

表8.11 人行道占用宽度值 （m）

障碍物	宽度近似值
街道设备	
灯杆	0.8～1.1
交通信号和机柜	0.9～1.2
火警箱	0.8～1.1
消防栓	0.8～0.9
交通信号	0.6～0.8
信箱（0.5 m×0.5 m）	1.0～1.1

障碍物	宽度近似值
电话亭(0.8 m×0.8 m)	1.2
垃圾箱	1.9
长椅	1.5
地铁入口	
地铁楼梯	1.7～2.1
地铁通风栅(高起的)	1.8+
变压器通风栅(高起的)	1.5
景观	
树木	0.6～1.2
花池	1.5
商业用	
报亭	1.2～1.4
商亭(广告)	变化
商店橱窗	变化
街边餐馆(两排桌子)	2.1
建筑物突出部分	
柱子	0.8～0.9
游廊	0.6～1.8
地下室门	1.5～2.1
竖管	0.3
遮阳篷杆	0.8
货车突出部位	变化
车库入口(车道)	变化

注:摘自《美国道路通行能力手册》(2000)

3) 历史城区城市道路分级体系

基于公交优先和慢行保障对历史城区道路分级的需求,将区域内干路分为三级四类,分别从道路功能、服务对象、交通规制等方面进行界定,如表 8.12 所示。

表 8.12　历史城区"三级 4 类"道路功能分级表

道路等级	道路类型	道路功能	服务对象	服务区域	交通规制
快速路	Ⅰ	跨历史城区出行	外部穿越交通	城市	机动车交通专用
主干路	Ⅱ	地区干道,沟通城区内外	对外交通	历史城区	机动交通优先
	Ⅲ	公交走廊,沟通城区内外	公共交通 对外交通	历史城区	保障公交优先,兼顾社会车辆出入交通
次干路	Ⅳ	分流主干路,服务于城区内部中长距离出行,集散支路进出机动车流	内部交通 出入交通	历史城区及社区单元之间	以机动交通为主,以慢行交通为辅,实现机非分流

8.6.2 道路空间再分配

道路被赋予了与城市有关的六大功能。在以行人、自行车为主导方式的时代,历史城区道路空间资源完全能满足居民出行的需求。但是,随着机动车的快速普及,交通出行需求的急剧增加,原来对机动车交通毫无防备的道路形态和空间,因为各种各样的机动车出行行为导致道路空间资源被随意侵占,如机动车占用非机动车通行空间、长时间路边停车违章占用道路空间等,这些行为经常影响到持有优先权的出行主体的使用。在目前城市老城区或旧城,干道上挤满了机动车,而大街小巷也经常发现机动车随意横穿现象,步行和自行车出行者安全受到严重威胁。为防止历史城区交通状态的恶化,许多城市都已着手解决这一问题。在现有道路资源供给约束的条件下,对已有道路功能和路权进行优化,以削减机动车通行空间为主,通过对道路空间进行物理上的重分配,确定不同类型道路不同出行主体的优先使用权和专有权,称之为道路空间再分配。

道路空间再分配多数是在历史城区交通保护环体系建成,并起到疏解作用,城区内部道路机动车流量明显减少的情况下实行的。其具体举措主要体现为压缩机动车通行空间、增设公共交通优先通行带或运输专用车道、拓宽慢行空间、减少路边停车空间等方面,如表8.13所示。

表 8.13 历史城区道路空间再分配设计手法

再分配策略	主要设计要点
弱化机动车通行空间	在主要干道上通过减少机动车道、取消路边低速车道等方法减少机动车道宽度,把空出来的道路空间补偿给步行和非机动车
强化运输功能和优先秩序	在主要运输通道上,设置公共交通优先通行带,包括设置公交专用道、优先道以及单向交通中的公交逆行道等 在运输专用车道上只对公共交通车辆和行人分配通行空间,同时兼顾对特定类型车辆的优先通行权
拓展慢行空间	在自行车流量大的道路上,结合机动车道的压缩增设自行车道或者试机非分流,设置独立的自行车道 保障步行空间网络的连续性,尤其在交叉口处
减少停车空间	在机动车流量大的干道上配合停车管理措施,包括全天禁停和特定时间段禁停等 利用景观隔离带设置专门停车带,减少停车空间设置对通行空间的需求

以公交与慢行导向下的层次化道路功能分级为指引,结合道路空间再分配的基本思路和方法,对历史城区各类道路交通空间资源进行合理分配利用,提出道路空间资源合理配置体系,主要包括公交专用道、公交站点、路内停车设置、及慢行交通设施等的协调配置,如表8.14所示。

8.6.3 干路分级配置体系

综合考虑公交优先导向下公交线路分级与城市道路分级的匹配关系、非机动车道和步行道布设空间要求,需要在城市道路的规划、设计和使用的各个环节完善道路分级配置,积极应对历史城区公交和慢行优先对城市分级的要求,对城市干路空间分配及使用的具体配置体系见表8.14。

表 8.14　历史城区干路分级配置表

道路类别	快速路	主干路		次干路
	I	II	III	IV
道路红线(m)	50～60	40～60	40～50	24～40
公交线路布设	公交干线以上等级	公交干线		公交干线、公交支线
公交专用道布设	布设	无	布设	—
公交站点形式	辅路布设港湾站	港湾站		港湾站
自行车道形式	—	机非分离		机非分离
路边停车限制	—	禁停		禁停
速度管理(km/h)	60～80	40～50	30～40	25～30
接入管理	—	严格控制		控制

8.7　本章小结

　　本章探讨了道路交通资源配置与历史城区遗产保护、交通服务体系的适应性;分析了历史城区道路交通设施供给和配置要求;分析了机动车走廊、尤其是公交走廊布设与历史城区路网的关系,提出了历史城区干路网的组织模式;干路网络空间布局优化方法主要探讨了历史城区必要交通空间的建设与利用,设计了基于内部交通保护的历史城区交通保护环体系;研究了基于公交站点覆盖率的干路网平均间距优化方法,推荐 300 m 作为历史城区干路网间距控制值;以公交和慢行为导向,从道路功能分级和道路空间再分配等方面研究了干路功能结构完善与合理利用方法,面向规划、设计与使用一体化要求提出了历史城区干路网"三级四类"配置体系。

第9章
历史城区街巷路网资源综合利用方法

支路及未纳入城市道路体系范畴的街巷道路是历史城区重要的历史文化资源,需要加以保护;同时又是历史城区重要的交通资源,需要对其功能进行充分整合。研究街巷路网保护与综合利用策略,构建地区路网,提出功能整合与分级配置方法,将有力地提高街巷道路资源的利用效率,增加历史城区交通承载能力。

9.1 街巷路网体系构成及特征

9.1.1 街巷路网体系界定

传统街巷是历史城区最具魅力的组成部分之一。它随着城市发展,记录着城市某一时期的历史特征,反映了当时人们的生活场景及各个时代所形成的充满活力和生活气息的典型特征,在延续历史风貌、营造独特的城市个性和特色等方面具有十分重要的价值。

城市道路网系统中关于快速路、主干道和次干道的概念和功能界定比较清晰明确,但是各规范对支路及街巷道路的界定尚不统一。通过对各类规范标准的整理分析(表 9.1),明确街巷路网体系的定义、组成和功能。

表 9.1 各规范、标准对支路及街巷道路的定义对照表

规范、标准	道路定义和功能
《城市道路交通规划设计规范》(GB 50220—1995)	支路应与次干道和城市中心区、居住区、工业区、市政公用设施用地、交通设施用地等内部道路相连接
《城市道路设计规范》(CJJ 37—1990)	支路为次干道与街坊道路的连接线,解决局部地区交通,以服务功能为主
《道路工程术语标准》(GBJI 24—1988)	城市道路网中除干道以外联系干道或供区域内部使用的道路
《城市道路设计手册》(1985)	街坊内部道路作为街坊建筑的公共设施组成部分,不列入等级道路之内
《城市居住区规划设计规范》(GB 50180—1993)	居住区(级)道路,一般用以划分小区的道路,在大城市中通常与城市支路同级
《城市规划概论》(2005)	支路为地区服务性道路,它包括居住地区道路和街区内部道路
《江苏省城市综合交通规划编制导则》(2005)	支路为地区集散道路,主要起"达"的作用,其上应有大量的公共交通线路行驶,方便居民集散

综合分析各类规范和标准对支路和街坊道路定义和功能的界定,结合历史城区路网体系特征,提出历史城区街巷路网体系的概念:历史城区内由支路、交通性街道和集散性街道构成的承担片区(单元)交通集散功能的网络状态网体系。这里需解释三个问题:

一是历史城区街巷道路密集,有的空间尺度较小,无法通行交通,而这里研究的是以能够承担交通功能的街巷为对象,因此街巷路网体系主要由支路、交通性街道和集散性街道

等承担交通集散功能的道路组成;

二是历史城区内部多含大量的历史街区和文保单位,这些历史遗产和干道分隔了地块之间的联系,需要通过密集的街巷道路组织地块内外的集散交通,因此,历史城区街巷路网体系以服务地块交通集散为主;

三是由于干道的分隔,支路与街巷道路的连通性相对较差,需要连通才能形成网络效应,因此街巷路网必须建立在网络状路网体系的基础上才能更好地发挥功能。

图 9.1 和图 9.2 是扬州市历史城区历史文化遗产分布与道路网布局关系图。

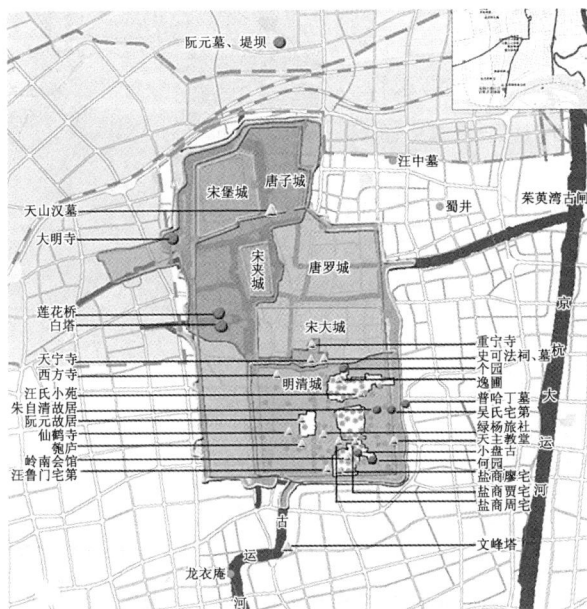

图 9.1 扬州市历史城区历史文化遗产分布图

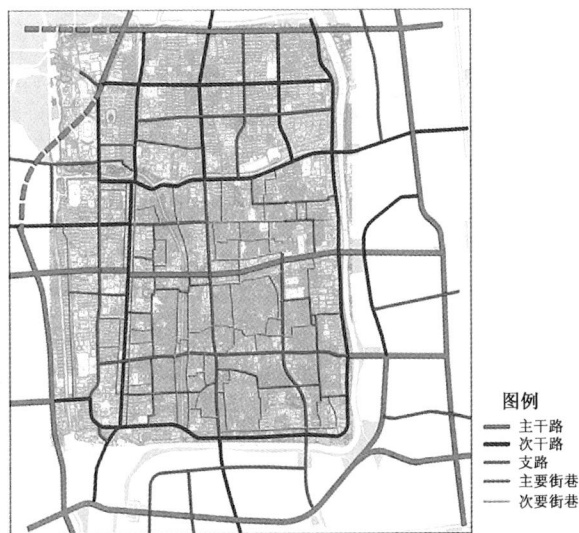

图 9.2 扬州市历史城区干道及街巷路网体系图

9.1.2 历史街巷格局特征

历史古城街巷发展受古代封建思想的影响,在中国都城规制中体现出一种一脉相承的基本特征。这种特征反映出中国传统都城所具有的礼制秩序,尤其是中轴线和对称布局方法显示出帝王至高无上的皇权和尊贵[180]。根据中外古城街巷格局,除南京之外,中国古都多呈方格网布局模式,从秦汉市井、唐宋坊巷到明清街巷,这种棋盘式的街巷格局沿袭了一贯的规划模式,渗透了固有的文化思想。

分析罗马、雅典、开罗以及我国西安及北京五个古都街巷布局,前三者的街巷布局呈现出放射状特征,城中主要街道都聚集在城市的主要中心或某个重要节点,其他街道则属于非刻意安排的自由形式。而西安古城和北京古城的街巷系统,呈现典型的井田棋盘形制,属于中国古城街巷格局特征的典型代表。这样的街巷格局,其独特优势是增强了地区的可达性,提高了交通集散的效率,而这也正是今天历史城区交通系统最关键的要求。表9.2列述了中外古城街巷路网格局特征。

表 9.2　中外古城街巷路网格局特征比较[180]

唐代西安		汉代洛阳	
棋盘式		棋盘式	
明代南京		明清北京	
对称型		棋盘式	
宋代太原		意大利罗马	
丁字型		中心放射型	
希腊雅典		埃及开罗	
偏中心放射型		偏中心放射型	

9.1.3 街巷道路使用特征

历史城区大量的街巷都是由原来的古街坊和胡同里弄发展演变而来,一般布局较为工整,局部区域内具有较好的连通性。在过去以非机动车交通方式为主的时代,这些街巷道路不仅扮演着如今城市干道的交通功能,还承担着居民交流交往的公共空间的功能。尽管城市机动化快速发展对这些街巷道路造成了很大的冲击,但是对于今天的历史城区而言,仍然具有很高的交通价值。

这些低等级道路和等外道路的价值在以往的发展过程中得不到充分重视。近几十年来,由于城市改造和基础设施的建设,众多历史名城的街巷和胡同数量大规模减少,街巷长度和名称等也出现了不同的变化。以北京市旧城区为例,1949 年到 2003 年,胡同数量大量减少。根据统计,2003 年北京市二环以内的支路及以上城市道路总长度为 394 km,其长度仍小于胡同的总长度[91]。表明北京旧城内胡同是城市重要的交通资源,承担了重要的交通任务。因此,对街巷胡同进行充分和合理的利用,可以有效缓解旧城区的交通压力。

在很多历史名城街巷的实际使用过程中,街巷的交通功能却并没有得到充分的发挥和利用,超出干道网密度数倍的街巷路网承担的交通量占总交通量的比例较干道还低。以上海市中心城区为例,占道路总长度为 22% 的主干道网(包括快速路和主干道)承担了该地区 69% 的交通量,而占道路总长度 64% 以上的支路系统,所承担的交通量却不到 25%[36]。大量的支路和街巷没有起到分流干道交通的作用,道路利用效率低下。尽管近年来的城市建设开始逐渐重视街巷路网资源的利用,但是对其潜能的挖掘和功能的发挥还有待进一步深化。在历史城区道路拓宽与改建余地严重不足的状况下,合理利用其支路与街巷资源显得尤为重要。

9.2 街巷道路的保护与利用策略

9.2.1 街巷道路保护要素及要求

历史城区的街巷道路和空间是历史真实遗存的重要组成部分。一个保护区之所以成为被保护的对象,往往是因为区内有一条或者几条传统的历史街巷。这些传统街巷由于其道路脉络、空间尺度与风貌环境等,造就了其众多要素成为历史保护内容,见表 9.3。南京老城南历史城区街巷道路等历史文化保护要素分布如图 9.3 所示。

表 9.3 历史城区街巷道路保护要素构成[36]

道路风貌保护要素	要素构成
脉络	(1) 道路空间布局与空间轴线关系 (2) 道路等级结构 (3) 道路衔接层次关系 (4) 道路分隔地块的肌理
尺度	(1) 道路红线宽度 (2) 道路断面及机动路权、慢行路权比例 (3) 道路线形特征 (4) 主要节点特征 (5) 特定过街设施 (6) 道路与沿线建筑空间比例

续 表

道路风貌保护要素	要素构成
环境	（1）绿化 （2）特色建筑小品及构筑物 （3）特色人行道铺装 （4）道路内特定社区公共活动空间

图 9.3 南京老城南历史城区街巷道路等历史文化保护要素分布图[181]

街巷体系的保护对于历史城区格局的保存意义重大，可以避免历史城区失去原有均衡合理的功能结构，以延续城市的历史。这些传统街巷的保护也逐渐成为规划界和学术界共同关注的议题。根据相关研究，街巷的保护已经形成了明确的保护要求[182]。

在历史文化名城保护规划中进一步明确历史街巷的保护要素和对象，将街巷的保护作为一个专项内容重点研究，尤其是注重街巷及周边环境的传统风貌、空间环境和人文环境。注重历史街巷的同一性和多样性，分析不同街巷的特点，运用城市设计的手法处理街巷的空间结构和节点、街巷界面和空间尺度，并加强对周边环境的研究，严格控制街巷周边用地开发和环境承载力，实现对历史城区肌理的保护与延续。

将街巷体系的保护纳入到控制性详细规划层面的专项规划。通过对街巷体系及其周边其他要素进行整体保护，构建更加全面和整体的保护对象体系。通过控制性详细规划的法定约束，加强街巷保护的地位和保护实施。

街巷的保护注重引导城市独特个性和特色营造。历史街巷作为居民生活的物质载体，具有相对稳定的结构。街巷的使用，使得街巷空间内具有丰富多彩的公共活动与交往行为，体现了一种场所精神。通过街巷体系的保护与合理利用规划，重新梳理历史街区的肌理、格局和空间形态等，从空间环境、场所营造等方面反映每个城市独特的精神风貌。这样的街道对于营造城市个性和特色具有积极的引导作用。

历史街巷的保护要体现差异化的策略。街巷在历史演变过程中经历了风风雨雨,很多街巷已经变得支离破碎、破败不堪,而还有些街巷,由于保护和使用得当,仍然保持着原有的风貌和完整性。因此,对不同的街巷,应该采用不同的保护策略。街巷保护首先要对其进行类型划分,明确街巷保护类型,提出相应的保护规划策略。有学者根据街巷特点和历史价值,将街巷划分为三种类型:保护型街巷、整治型街巷和恢复型街巷,根据不同的类型,提出了相应的保护策略[182]。在这一基础上,以历史古城山东曲阜明故城街巷系统规划为例,从交通的角度,提出了六级街巷道路体系,形成便捷有效的城市街巷网络。

9.2.2 公交线路布设空间载体

街巷路网在城市中占据很大的比重,根据路网与公交线网的关系(图 9.4),支路和街巷道路是公交线网布设的重要空间载体,也是提升公共交通服务范围和覆盖率的重要基础。在历史城区实施公交优先,要求必须保证街巷路网的密度才能提供合理的公交线路网密度。

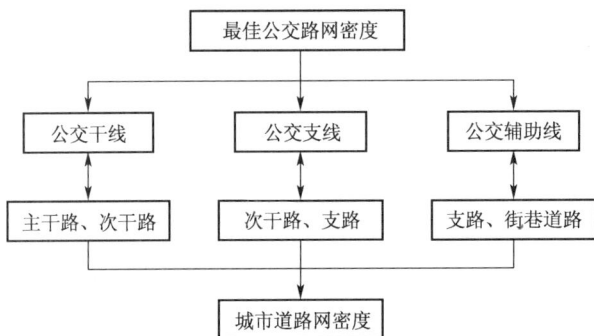

图 9.4 公交线路层次与路网等级对应关系图

根据章节 8.6 中的阐述,公交线路分级与城市道路分级的关系,街巷路网是公交支线和公交辅助线布设的主要空间载体,也是特色公交布设的空间之一。在街巷路网上运行接驳公交和特色公交,可以使公交充分深入到小区、街巷内,增加公交线路的服务范围。同时也可以利用支路设置公交专用路,对居民出行和公交优先有较大的促进作用。

9.2.3 慢行与交往活动空间载体

历史街巷的产生,便是以慢行交通方式为主要服务对象,很多历史古城的街巷系统在以慢行为主导模式的交通体系下发展演变了几百年甚至几千年。直到今天,历史街巷狭窄密集的格局特征也决定了其只能适用于慢行交通方式。基于这样的特征,在开展历史城区街巷保护和利用时,都明确了在街巷中开辟步行街区等以通行慢行交通方式为主的使用方式。

历史街巷在作为慢行交通主要出行空间的同时,还是周边居民公共交往和旅游休憩的公共空间。由于历史街巷的空间尺度和人文环境,吸引着大量的市民在此休闲娱乐、旅游观光,而这正是城市环境塑造中关于街道形态和场所空间艺术设计的主要出发点[183]。

根据分析,这些街巷道路的保护应以面向慢行交通与交往空间需求为前提,以保护慢行交通主体和交往人群的权益为基础,以提升街巷道路交通服务功能与地区活力为目的,设计有利于慢行者通行环境和交往者场所环境的街巷道路利用模式。

9.2.4 街巷道路的综合利用策略

对历史街巷保护最基本的要求是尽可能延续原有的历史格局,而街巷格局的保护和道路利用主要通过调整用地结构、改善道路交通等手法进行。

在调整用地结构上,应坚持以体现历史真实风貌、提高地区文化内涵和改善居住生活质量为原则,理顺路网结构、道路衔接关系和空间布局等,加强道路绿化和基础设施建设,采取保护的方式,将用地性质调整为商业、居住和旅游为主的功能,重点拓展旅游内容,发展以保护与复兴为主的特色经济。同时,充分考虑为实现现代城市生活与旅游开发而产生的交通问题,合理利用有限的道路交通资源,服务用地结构调整产生的新的交通需求。加强基础设施建设,结合工程管线规划,增加市政公用设施的用地,提升居民生活水平。注重完善绿化系统建设,构建面、线、点相结合的网络绿化系统。

道路交通改善方面,构建人车和谐的交通服务体系,高效利用道路交通资源,分层次疏导和组织交通。外围及过境交通在保证不打破历史城区内空间格局及特有的宁静氛围前提下,充分保证交通可达性,并在外围设置旅游集散和商业服务功能的停车场,出入交通通过换乘转换成慢行或公共交通方式进入区内。为保证内部交通可达性,同时兼顾城市消防需要,在尊重现有路网格局和空间风貌的基础上,适当拓宽少量主要干道,打通相关支路,重点梳理支路和街巷,构建明晰的路网结构体系。提倡公共交通方式,提高道路承载力,减少不必要的机动化交通。对于核心保护区,建设环境宜人的步行系统来尽量保持街巷原有格局和形态。为保证居民出入和其他生产生活活动的进行,保证生活性巷道成环成网,并顺畅连接到主要干道。为更好地保留原有建筑特色和风貌,展现历史城区内部重要的街巷肌理,使人们更好地体验和感受地区的文化和悠闲氛围,可在必要的前提下保留主要的观光旅游通道。对于消防车通行要求,在不破坏慢行交通完整性的前提下,可允许消防车通行,并保证消防通道成网。

在 2010 年公布的《南京市老城南历史城区保护规划》中,将老城南地区的 98 条历史街巷全部罗列出来,并对街巷空间尺度进行了严格控制,穿越历史地段的道路原则上不得拓宽,以展现原汁原味的街巷格局。在对老街老巷的尺寸控制的同时,如何处理街巷与交通需要之间的矛盾成为关键所在。为此,规划提出了在明城墙内侧建立一条宽约 7 m 的环路,主要服务旅游为主,加强城墙风光带的可达性;更重要的是积极鼓励历史地区实施慢行交通,不鼓励过多使用机动化交通,结合重要展示地段,规划几条步行及旅游道路,在整个老城南地区倡导绿色交通,在街区内部建立电瓶车、自行车通行与换乘体系的"城市慢行交通系统"[181]。

合理的交通组织模式是历史城区街巷利用的最优途径之一。历史地区交通组织方案多采用单向微循环交通、机非分离和宁静化交通三个措施。单向微循环交通主要针对机动化交通,一方面分担干道交通压力,提高交通运行效率,另一方面提高机动交通的可达性;机非分离的实施一方面保证历史城区内形成系统的非机动车网络,提高安全性和舒适性,另一方面也是为了减轻原本就严重的干道交通压力,消除机非干扰和冲突。这两种手法都要求具备足够的路网密度和较小的道路间距。宁静化交通以维护历史城区安静、和谐和悠闲的城市氛围和宜人的交往空间为主要目的,消除机动车交通对地区氛围的破坏,同时保护行人的安全,对街巷道路采取适当的措施控制机动化通行。这三种交通组织方法在狭窄密集的街巷道路上都具备充分的实施条件,因此,街巷路网体系是历史城区构建微循环交通(机动车微循环、非机动车独立系统和步行系统)的主要载体。

9.3 历史城区地区路网构建方法

9.3.1 地区路网的构建思想

历史城区内部路网主要服务于以历史城区为起讫点的出入境交通和区内交通,应当通过改善路网结构与优化道路功能,重点从客流运输能力和服务水平提高的角度,提高公共交通运输可达性,保障历史城区功能的完善和社会活动活力的发挥。

历史城区一般是由城市干道或天然屏障作为边界而形成的围合区域,地区内部的路网组成了历史城区的地区路网体系。根据城市规模和历史城区规模大小,地区路网可以由城市快速路、主干道、次干道和支路构成。如南京市老城区内路网就包括井字形的城市快速路。不仅如此,历史城区内部各个地块或风貌区也是由干道围合而成,区内路网也自成体系,承担着疏散交通和出入居住区交通。为整合历史城区不同类型功能要求,应将不同等级道路合理衔接,构建重视机动车交通与生活环境相协调的分区路网体系。但是目前国内绝大多数历史城区内部路网都没有形成合理的形态,过去重干道建设轻次干道、支路建设的思想造成大量的车流积聚在少数的几条干道上,周边缺乏可分流的道路,以至高峰期几乎所有的干道都不同程度的堵塞。

1963 年的美国《布坎南报告》首次提出改善地区路网内机动车交通状况。报告提出了城市由起着走廊作用的城市干道网和起着居住作用的居住区而组成。干道起着连接城市各片区以及承担大运量的客货运输功能,必须拥有充足的交通容量。而对于居住区类型的地区环境来说,不应该有过境车辆穿过,如图 9.5 所示。这个路网构想对其后路网构成的思路产生了极大的影响。

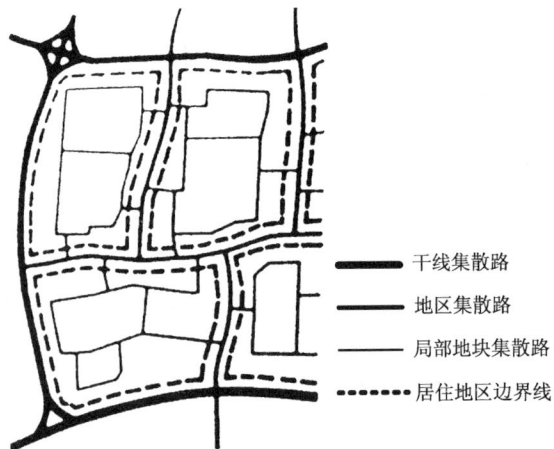

图 9.5 布坎南道路分级系统

9.3.2 地区路网的构建

从历史城区范围分析,其路网体系的重点在于干道网的构建,这是提高对外吸引力和地区经济活力的重要支撑;从历史城区的构成分析来看,主要由不同的地块、小区构成,包括历史风貌区、历史街区等文保区域、居住区以及商业中心区等。不同类型的地块都希望减少外部交通对其内部出行的影响,因此,这些地区内部路网构成一般也希望自成体系。

基于这样的思路,作为历史城区路网的主体,地区路网的构建可以以不同类型地区为单元开展研究。

1) 地区路网的构建要求

在历史城区按照单元划分模式构建地区路网,一方面有利于对内部存在的历史文化遗产的保护,另一方面可降低机动车交通对内部集散交通的干扰,影响居民正常生活。因此,地区路网构建的原则和要求可总结如下:

(1) 遵循原有道路形态或道路空间,不得新建或大幅度扩建道路,而是通过道路改造和交通规则管制等手段来调整道路空间分配,形成新的路网体系;

(2) 排除穿越本地区的过境车辆,特别是机动化交通,并将本地区产生的机动交通迅速疏导到主干道上;

(3) 优先保障公交车与慢行方式的交通空间,引导居民出行尽可能采用公共交通和慢行方式;

(4) 提高道路沿线各种公共设施的易达性,促进地区各种社会活动的正常开展;

(5) 道路交通空间设计应与街道环境设计整合,为居民创造更好的室外活动场所,提高地区环境质量。

2) 地区路网的构建手法

根据以上原则和要求,提出了构建地区路网的主要手法:

(1) 机非分流处理集散交通:为应对集散交通,解决机动车流量过大的问题,同时为非机动车出行创造安全舒适的环境,可分别设置机动车专用道路和非机动车专用道路,空间上分离两套网络。

(2) 交通微循环改善机动车交通:利用丰富的街巷路网合理分担干道交通流量,通过组织不同类型的交通微循环路网,配合交通管制措施改善机动车交通运行环境。

(3) 宁静化交通控制过境交通:为排除过境交通,采取宁静化交通设计手法进行拓展设计,表9.4给出了六种路网模式的具体组织手法,六种路网结构型式如图9.6所示。在实际路网改善中,需要结合地区特征,整合不同路网模式进行渐进式改造。

表 9.4 历史城区内部六种过境交通控制性路网组织模式

路网组织模式	组织手法
环路截断型	环路屏蔽为基本手段,在外围入口处设置截流设施加以限制
入口限制型	在与外围道路相交的交叉口地区,设置门槛式的驼峰或障碍性设施,控制机动车流的进入
区域限制型	通过控制地区内机动车运行速度,延长机动车通过的时间
运行障碍型	通过将连续的道路划分成几段,在与其相关联的路口和路段重点设置路障,削弱通行便利性
通而不畅型	在地区内的交叉口通过设置路障、对部分路口进行通行限制,包括斜向拦截,增加绕行距离
交通组织迷路型	通过单向交通、直行限制的交通组织手段将路网运行复杂化,形成迷路型的路网

(4) 人车共存前提下改善步行空间:步行空间是地区内部路网交通空间的重要组成部分,对于历史城区来说不可忽视。人车共存的理念主要是基于现有道路资源的有限性,充分利用

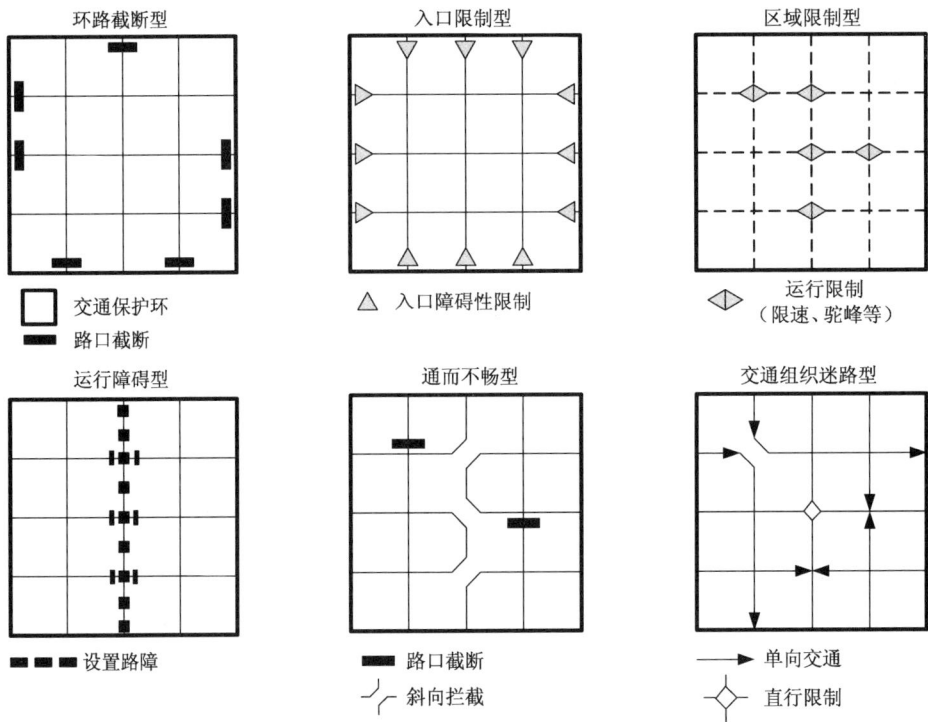

图 9.6　过境交通控制的六种路网组织模式

可能的道路,通过各种设计手法,构建属于行人的网络化步行空间,保障行人的利益。

关于以上几种路网构建方法将在第 10 章中进行深入研究。

9.4　历史城区街巷道路功能整合与分级配置方法

9.4.1　街巷道路交通功能分析

由于历史古城街巷道路多重功能的复合性,要求在街巷道路保护与使用过程中对其功能进行分析与梳理,明确不同类型的街巷使用功能。历史街巷在过去使用过程中,没有得到充分重视,导致街巷不仅没有起到充分疏解交通的作用,还接连在干道拓宽改造过程中受到破坏。

交通是历史城区街巷的基本功能之一,根据街巷道路的宽度特征,应在保护要求下,充分发挥其不同的交通功能。街巷路网本身具有道路狭窄的特点,多数街巷道路宽度不超过10 m,应根据这一特点划分其交通服务功能。断面宽度在 6～10 m、与城市道路连通性较好的街巷,具有为片区服务集散的交通功能,可以允许一定的机动车辆穿行;对于断面宽度为4～5 m、街巷两侧具有一定的本片区服务的公用服务设施的街巷,应定位为生活性道路,一般限制小汽车进入,以行人为主,允许少量非机动车行驶;还有一些小于 4 m 的街巷,应提倡步行专用,严禁车辆使用[91]。因此,历史城区交通状况的好坏,对周边交通是否产生影响,都会受到历史城区街巷路网结构与使用模式的制约。

以北京市旧城为例,胡同街巷的宽度大多在 7 m 以下,超过 7 m 的街道一般为小街或大街,比例较小。50%的旧城区街道没有 9 m 及以上的道路,20%的保护区没有 7 m 以上的道路,多数街巷处于 3～7 m 范围。如表 9.5 所示。

表 9.5　北京市旧城区 10 片历史文化保护区街巷路网结构特征[91]　　　　（%）

历史文化保护区	街巷不同宽度所占比例				
	<3 m	3～5 m	5～7 m	7～9 m	>9 m
南池子、东华门大街	40	48	12	0	0
鲜鱼口地区	8	63	25	4	0
西四北头条至八条	4	52	44	0	0
东四南	0	14	42	45	0
新太仓	0	5	34	58	2
南锣鼓巷	4	20	60	17	0
南闹市口	0	73	25	3	0
西琉璃厂	10	34	15	25	17
张自忠路北	0	40	43	17	0
张自忠路南	0	17	29	47	8
总体比例	6.6	36.5	32.7	21.5	2.7

根据扬州市历史城区街巷路网的统计,街巷宽度除 12 m 之外,其他街巷宽度都在 7 m 以内。在街巷的利用方面,对不同宽度街巷承担的交通功能进行了划分,其中通车街巷的路网宽度主要集中在 4～7 m,分为双向行驶和单向行驶。通车街巷重点考虑了公交线路的运行,划定了部分公交专用路。对于小于 4 m 的街巷,重点面向慢行交通方式,划分为慢行街巷和步行历史街区两种使用类型。如图 9.7 所示。

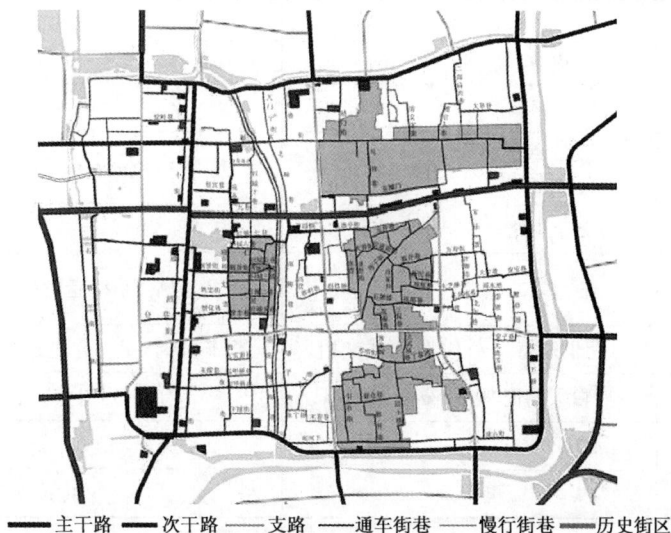

主干路　次干路　支路　通车街巷　慢行街巷　历史街区

图 9.7　扬州市历史城区街巷路网利用分布图

9.4.2　街巷道路功能整合与分级配置体系

在保护街巷原有风貌和空间尺度的同时,必须从地区交通发展政策和交通系统组织方案出发,面向街道的合理利用,对其交通功能进行重新整合定位。根据历史城区街巷道路交通功能的分析,在保护约束条件下,对街巷道路交通功能进行重新整合。主要依据服务的交通方式对不同宽度街巷进行功能明确和路权划分。具体功能整合如表9.6所示。

表9.6 历史城区街巷道路交通功能划分

街巷类型	街巷宽度(m)	服务交通方式	交通功能
交通性支路	16~24	机动车双向交通、慢行方式	为街巷道路与历史城区干路系统的衔接集散提供转换
生活性支路	7~16	机动车双向或单向通行、慢行方式	为城区内部居民出行服务,提供适当的停车空间
交通性街巷	7~12	机动车双向通行,少数组织单向交通	除为当地居民出行服务外,可适当设置路边停车,承担局部片区的公交车辆、旅游车辆和小汽车等的穿越性交通
集散性街巷	4~7	集散性机动车单向交通为主,条件较好的组织双向交通	主要为当地居民服务,适当设置路边停车,缓解老旧小区停车难问题
慢行专用街巷	<4	步行和非机动车专用道路、历史街区	为本地居民慢行出行服务,特殊情况下允许机动车短暂进入,满足旅游休闲性需求

综合考虑公交线路布设与街巷道路的关系、机动车通行需求、非机动车道和步行道布设空间要求,在街巷路网规划、设计和使用的各个环节完善街巷道路的分级配置,积极应对历史城区交通出行需求和街巷路网的充分利用,在衔接干路网分级配置基础上,对历史城区街巷道路的空间分配及利用进行配置,具体见表9.7所示。

表9.7 历史城区道路分级配置表

道路类别	支路		街巷		
	V	VI	VII	VIII	IX
道路红线(m)	16~24	7~16	7~12	4~7	<4
公交线路布设	公交支线、特色公交线	特色公交线	特色公交线		无
公交专用道布设	公交专用路	无	无		
公交站点形式	路抛站	路抛站/小型港湾站	路抛站/小型港湾站		无
自行车道形式	机非分离	分离或专用	机非分离	分离或专用	专用
路边停车限制	白天短时停车、夜间停车		白天短时停车、夜间停车		
速度管理(km/h)	20~30	<15	<15		5~10
接入管理	可接入		可接入		

9.5 本章小结

本章界定了历史城区街巷路网体系的构成与内涵,分析了街巷的格局和利用特征,根据街巷路网的保护和利用策略分析,提出了街巷道路的综合利用模式;构建了历史城区地区路网,在交通功能分析基础上,整合了历史城区街巷道路功能及相应的分级配置体系。

第10章
历史城区交通微循环路网规划设计方法

交通组织模式的确定和道路交通设施的配置分别对历史城区交通发展进行了引导和支撑,从交通组织层面进行设施的规划设计是落实交通模式和设施使用的主要途径。慢速微循环路网的规划与设计正是充分利用历史城区丰富的街巷路网资源,提高内部路网承载能力,解决交通拥堵的有效方法,同时也是保护历史街巷原有肌理的重要方式。

10.1　交通微循环系统

10.1.1　交通微循环

城市交通类似于人体的血液循环,路网类比于人体的血管系统。城市路网中快速路、主干道和次干道犹如人体的主动脉和静脉,联系城市的各个功能单元,而干道网以外的支路、胡同和巷道等类似于人体的毛细血管,这些道路的畅通对于维持城市各项功能的正常运行和保持干道的畅通具有重要的影响。研究交通微循环体系的构建需要充分了解交通微循环的基本特征(表 10.1 和图 10.1)。

表 10.1　交通微循环特征[99]

特征	交通微循环
结构	快速路、主干路、次干路、支路、街巷
功能	人流和物资的移动
运行形式	快速路→主→次→支→毛细道路→支→次→主→快速路
容量	较大
整体机能	一旦出现问题,发生交通拥堵或瘫痪
恒定性	局部时空条件下的相对恒定
突变及其可控性、调节性	可人为调控,例如可利用支路和街巷组织救援、应急交通和单向交通
早晚高峰	明显,具有一定的重复性
季节性	有
可调节性(规模、流量、流速、流向、优先权、功能等)	可人为调控,例如社区交通安宁和交通信号对交通的调节
功能可移植性	特殊情况下,支路和街巷道路可部分执行次干路、主干路的功能
多方式配合	需要,如步行、自行车和机动车的相互配合
个体出行链	常见,如一次出行可能会用多种交通方式转换
个体出行分布	主要与个人生活、工作、休憩需求及出行习惯有关

特征	交通微循环
决策机制	个体出行者依据其个性化需求
运输载体	多样化,相互间有冲突,如机动车与自行车
功能、需求衍生性	常常作为其他活动、需求的衍生物
外部影响因素	社会、经济、文化、法律等
负面效应	拥挤、噪声、尾气排放、事故和振动等
成熟化的模型与理论	"四阶段"交通规划模型、微观经济学—出行者行为理论和交通经济—公共经济学理论等

图 10.1 城市交通微循环系统

10.1.2 历史城区交通微循环

微循环路网是服务机动车交通分流和集散的基础性道路网络,是完善城市道路网结构的重要物质基础。发达的微循环路网不仅能够很好的集散干路上的交通,也能够为城市的短距离出行提供有效服务,使之不必进入干路网络即可达到出行目的,降低短途出行对干路资源的占用。路网连通性的提高也将减少许多不必要的绕行。

微循环路网是承载步行、自行车、常规公交等绿色交通方式的基础性道路网络,是优化城市交通结构的重要物质基础。微循环路网为步行、自行车交通提供更直接更丰富的路径选择,一旦缺失将使步行、自行车交通流量大量集中在有限的城市干路网上,使干路交叉口交通流组织疏导难度和交通负荷度加大,运行效率下降,对慢行交通安全也会产生影响。微循环路网能使常规公交更加深入到出行的发生吸引点,方便市民乘坐公共交通,也有利于常规公交线路的分散布置,解决步行至公交站点距离长、干路上公交线路重复系数高等问题。微循环路网也是保障地块可达性的基础性道路网络,城市道路网密度越高,可达性越高,道路两侧的临街铺面也越多,越能有效提高城市土地利用的效率与效益。

历史城区具有狭窄而密集的街巷路网体系,低等级路网密度较高,干道网密度较低,高峰时期难以承担大量的机动交通,而必要的机动化交通可达性是保持历史地区各项功能和活力的重要保障。在干道机动化承载能力不足的情况下,必须充分挖掘街巷路网等低等级道路的交通潜力,采用合理的交通组织模式,引导部分机动化交通向这些道路转移,既缓解了干道的交通压力,也提高了路网的整体承载能力,更提高了居民出行的可达性和地块的可达性。因此交通微循环对于解决历史城区交通具有较强的适应性。

因此,将历史城区交通微循环系统定义为以街巷路网体系为载体,由部分次干道、支路及交通性街巷道路组成的地区性道路网络运输体系。道路微循环系统与由干道网组成的主循环系统相比,具有更高的路网密度和长度,可以缓解干道交通压力,有利于提高路网的连通性和可达性,进而提高道路网络整体集散能力和运行效率。

我国大部分历史城区的微循环路网都存在结构性缺失和功能性的缺失等两方面的问题。建设上对微循环路网的漠视往往导致微循环路网结构性缺失。由于城市建设部门往往认为干路网是承载城市交通流的主要载体,微循环道路的大量拓宽改造是很多历史城区的普遍现象,"以车为本"导向下的微循环道路规划设计只注重机动车道的宽度、通行能力,对微循环道路进行盲目拓宽打通甚至干道化改造往往造成历史城区路网结构的肌理性破坏,影响城市历史风貌。在历史城区更新中,大型居住小区、商业综合体的建设形成了新的大院,使的许多原本的微循环路网逐渐消失或成为居住区内部道路。

管理上对微循环路网的漠视导致微循环路网功能性缺失。城市交通管理常侧重于干道网,支路和街巷路网的渠化及空间整治管理往往被忽略,缺少标线划分路权,行人、自行车、机动车等混合行驶、相互干扰,各种交通方式的通行权利均得不到保障,行人和自行车安全性差。交通管理上对机动车速度也缺乏有效的管理和限制,支路和街巷是市民进行日常活动的交往空间,机动车的强势使得人作为曾经的主体在其中的中心地位不断被削弱,影响交往空间的活力,也损害了社区安宁。另外也有部分支路和街巷占道经营和随意停车,成为了"商业街"和"停车场",散失了基本保障机动车通过的交通功能。

这其中为适应机动化需求而对微循环路网进行拓宽打通甚至干道化改造,以及将机动车引入到微循环路网后却缺乏对其进行相应的交通管理,是交通微循环实施并未取得良好成效的最重要原因,在微循环路网的规划、设计、管理中应给予重视和避免。

10.1.3 微循环系统的组成与分类

交通微循环组成及分类主要结合所在地区、承担的功能、性质和服务对象进行划分,但是划分的方法有多种[184]。

(1) 按控制范围划分,城市交通微循环可分为城市整体交通微循环、区域交通微循环和小范围片区交通微循环。

$$
控制范围
\begin{cases}
整体交通微循环 \\
区域交通微循环,例如老城区、CBD 地区等 \\
小范围片区交通微循环,例如客运枢纽地区等
\end{cases}
$$

(2) 从交通服务对象上划分,交通微循环可分为机动车交通微循环、自行车交通微循环、步行交通微循环;按照运输服务对象划分可分为客运交通微循环和货运交通微循环,客运交通微循环又可分为私人交通微循环和公共交通微循环。

$$服务对象 \begin{cases} 机动车交通微循环 \\ 非机动车交通微循环 \\ 步行交通微循环 \\ 客运交通微循环 \begin{cases} 私人交通微循环,包括私家车、单位车、非机动车、步行等 \\ 公共交通微循环,包括常规公交车、出租车等 \end{cases} \\ 货运交通微循环 \end{cases}$$

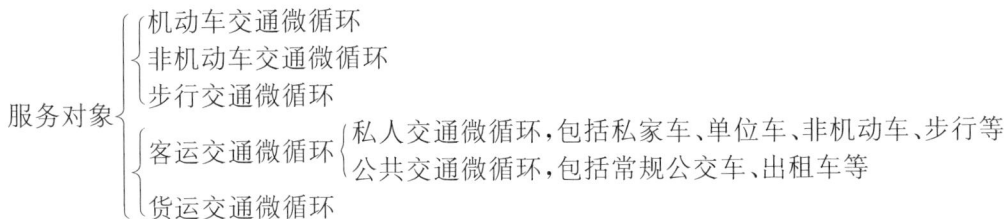

（3）从时空连续性上划分，分为临时交通微循环和长期交通微循环。主要结合区域特性及交通流特征以及可能的大型活动对交通流产生的影响而定。

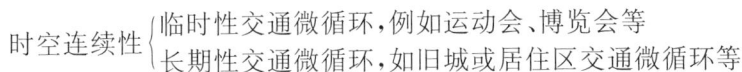

$$时空连续性 \begin{cases} 临时性交通微循环,例如运动会、博览会等 \\ 长期性交通微循环,如旧城或居住区交通微循环等 \end{cases}$$

（4）从交通走向上划分，可分为单向、双向和可变方向交通微循环。

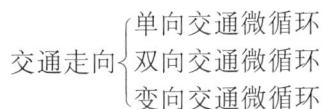

$$交通走向 \begin{cases} 单向交通微循环 \\ 双向交通微循环 \\ 变向交通微循环 \end{cases}$$

根据区位特征、服务对象、交通流特性等，历史城区交通微循环应侧重于针对区域性、长期性机动车交通微循环进行分析研究，并同时兼顾非机动车和步行交通微循环。

10.1.4 交通微循环的功能与特性

交通微循环系统与道路主循环系统在本质上的区别在于"微"字。与医学上的血液微循环系统相类比，可以认为城市交通微循环系统在功能及特性方面与主循环系统存在差别，具有自身的特征。

1）交通微循环的功能

城市交通微循环功能从狭义上可认为是交通功能，从广义上说还包括服务功能，而交通功能是基本功能。一个完善的交通微循环系统的功能特征可概括为以下六个方面[102]。

（1）交通分流

根据交通微循环系统的定义，由部分次干道、支路及以下等级道路组成的交通微循环系统的功能之一就是分流干道交通压力。《城市道路交通规划设计规范》规定：快速路、主干路和次干路、支路的合理密度比为 3∶9～3∶10，低等级道路密度较高。从每类道路看，微循环道路断面较窄，流量较小，但是从整体网络结构性能来看，高密度的交通微循环系统与干道网组成的主循环系统相比，具备更强的交通集散能力和可达性，承担的交通流量也更大。如果对这些道路加以合理的改造和提升，形成顺畅的网络系统，必能在很大程度上分担干道交通压力。因此，一个完善的交通微循环系统应具备交通分流的功能。

（2）输送便捷

在交通微循环系统中，交通流先从街巷道路运送到支路，再向次干道（或干道）汇集，最后回到支路和街巷道路，形成一个循环。在整个循环过程中，各类道路相交的"节点"部位决定了交通流输送的能力。如美国迈阿密市通过设计网格化的道路网络，次要道路和快速干道相交处设计了便捷联系的节点，而节点的密度与其附近的土地用途和开发容量密切相关，如图 10.2 所示。这种设计手法使得主干道上的交通能顺利到达各个区域和地块，保证城市交通的畅通。因此交通微循环系统应具备便捷的输送能力。而这要求必须结合土地利用、开发强度等因素，合理设计各类相交道路节点。

（3）解决组团或片区交通问题

交通微循环系统中"微"的特征表明，其主要功能之一在于解决微观层面组团或者片区的交通出行需求，这也是微循环系统设计的主要目标之一。尤其对于历史城区这类地区，干道稀疏，街巷密集，一味追求通过快速干道解决交通问题，一方面严重破坏各类历史文化遗产和风貌，另一方面快速的机动化交通也会对居民传统的生活方式造成很大的冲击，从而造成城市文化内涵的流失，城市的特色也会随之消逝。

（4）地区特征差异

在城市中，老城、新区以及两者之间的过渡区的微循环系统在路网密度、交通组织、交通流特征方面具有较大差异，需区别对待。老城等历史地区一般具有狭窄密集的微循环道路，较少的过境交通和特色交通环境；而新区由于路网规划的问题往往道路宽阔、横平竖直，现代化交通特征明显；过渡区则随着与老城及新区路网的衔接及本身土地利用特征，较为复杂多样。因此交通微循环系统随地区特征的不同而不同，必须审慎对待。

以英国历史城镇阿斯福德（Ashford）为例，其在处理历史地段交通问题的常见手法是：组织外部交通时，利用单向行驶的环路形成合围区域，并在周边设置足够的换乘停车场；区内通过组织交通微循环系统及慢行系统处理内部交通。交通组织与管理方面，通过采用增加支线公交、增设公交站点，提高公交可达性和服务水平，并增加停车费、限制通行和停车时间等措施，控制外来车辆进入历史地区，从而达到缓解交通压力、保护历史地段风貌的目的。针对新开发区，阿斯福德则通过交通规划、严格的容量控制以及城市设计等手段来构建完善的城市交通微循环系统。这种差异化的微循环设计模式，大大改善了该类地区的交通状况。如图10.3所示。

图10.2 美国迈阿密市中心交通微循环系统

城市干道　　微循环道路

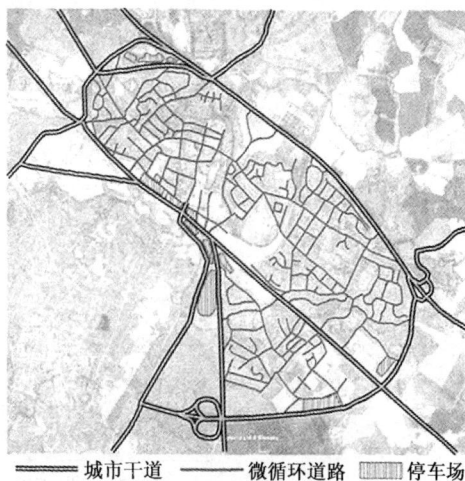

图10.3 英国阿斯福德城市道路微循环系统

城市干道　　微循环道路　　停车场

（5）动态时段性

交通微循环系统随城市化和机动化的快速发展呈现出一种动态变化的特征。随着城市规划和各专项规划的开展，道路断面、容量、交通承载量等，都随之发生改变。尽管对于历史城区大幅度改造的可能性很小，但是为解决其交通问题，各种微循环、渐进式改造仍在进行，为适应地区功能定位、交通条件的改变，交通微循环系统应具有动态适应性，从而制定不同条件下的最优发展模式。

（6）对行为模式的影响

不同的交通模式对城市或地区居民出行模式的影响很大,同样交通微循环系统对其所在地区的居民日常生活出行模式也有很大的影响。居住在道路平直、路面较宽的微循环系统中的居民,往往习惯较快节奏的生活,而较大车流量和较高的车速也在一定程度上限制了道路两侧居民的日常交往,即居民的交往空间受到侵占,快速的机动车流取代了居民活跃的日常交往和休憩活动。而居住在道路走向弯曲、路面较窄的微循环系统中的居民,往往倾向于享受轻松、慢节奏的生活,车流量很少的街道往往成为他们日常交往和活动的空间,这在很大程度上促进和加强了人们之间的联系与交流,增强了地区的活力。因此,在微循环系统设计时,应将其对人们行为模式的影响作为非常重要的因素加以考虑,尊重地区居民的生活习惯、习俗和传统文化。对待历史地区尤为如此,选择慢速微循环系统设计方法更适应历史城区的需求。

2）交通微循环的特性

城市交通微循环的高效运行需要有效的交通组织和科学合理的管理措施的支撑和保障。这就要求必须从交通微循环本身出发,充分了解其特性,对比分析其与城市常规交通的区别,采取适宜的交通微循环组织设计方法。

考虑从交通微循环涉及的交通需求、交通流、交通组织与管理三方面入手,充分分析各自特性,以便科学合理地设计交通微循环系统,具体特性见表10.2。

表 10.2　交通微循环系统特性[174]

交通微循环主要涉及因素	特　　性
交通供需特性	路网密度大、连通度高,便于进行交通组织
	交通可达性和灵活性要求高
	满足不同层次出行需求,体现"公平"原则
	非机动车交通需求较大
交通流特性	交通流向自由,流量应满足不同区域需求
	交通流受干线交通流波动影响较小
	交通流相对平稳,时空分布比较均衡
	高密度、高连通度的微循环体系整体均衡,时空波动小
交通组织管理特性	交通微循环涉及范围广,设计和发挥其功能和潜力任务艰巨
	交通微循环组织管理考虑因素众多,地区差异较大,交通组织管理复杂
	良好有序的、可持续的交通微循环系统需要结合实际、立足长远,统筹兼顾

10.2　交通微循环路网规划模式

微循环交通系统设置的主要目的是利用历史城区内密度高而交通使用率低的城市街巷路网来分担主要干道上的交通量,从而既解决了干道交通拥挤问题,又能充分利用道路资源,提高路网承载能力及灵活适应交通需求变化的能力。

微循环路网规划主要是运用微循环交通组织的思想构建道路交通运输网络,因此非常重要的一个方面就是交通组织的优化,这对充分发挥微循环交通网络效率、提高道路交通安全水平具有极为重要的作用。

10.2.1 规划要求与流程

作为城市路网和历史城区交通系统的重要组成部分,微循环路网规划的目标应该是充分利用历史城区街巷路网资源,通过有效的规划与组织措施,充分挖掘路网潜力,均衡路网交通流的时空分布。一方面有效分流主、次干道的交通负荷,保证干道交通的畅通,即通过改善街巷道路通行条件和路网连通性,将主、次干道上的部分交通流量转移到可以替代的微循环道路上;另一方面通过微循环路网组织,提高部分地块机动车可达性,并为公共交通和慢行交通提供更为便捷的通行环境,提升历史地区的活力与吸引力。

1)规划要求

历史城区作为城市的功能区域,为适应城市整体发展要求,微循环路网规划应落实深化上层次规划要求,主要应以城市总体规划、片区控制性详细规划以及地区交通规划为指导,以解决地区近中期交通问题为目标;微循环路网规划可以视为控制性详细规划下的专项规划,应以面向实施为指向,编制分区域交通微循环路网规划,直接指导下一阶段交通组织与交通工程设计。

微循环实施应坚持系统性原则,采用组合策略与措施解决片区交通问题。进行交通微循环改造不能单纯针对某个路段、节点进行设计改造,而应全面研究历史城区和微循环实施片区的交通供需特征、交通运行条件以及未来交通发展趋势,系统考虑不同交通方式和动静态交通等多个方面,综合采取政策、规划、设计、工程及管理等组合拳,对历史城区微循环系统进行设计,旨在全面提升整个历史城区交通系统服务水平。

微循环路网规划作为微观层面研究内容,其重点是面向实施和操作,因此应针对具体问题提出具体的、可操作性强的、行之有效的规划方案,从而能够有效解决现状与未来可能面临的交通问题,同时响应历史城区可持续发展要求。

微循环交通对路网条件、通行条件等都有较高的要求,而历史城区由于不同片区路网设施、历史文化遗产资源分布不同,对微循环实施具有各种各样的约束,因此,历史城区微循环路网规划与组织模式应因地制宜,结合不同区域的特点与具体情况开展。

历史城区干道网络密度较低,而街巷道路空间尺度较小,导致公共交通的空间可达性和时间可达性都较低,居民公交方式出行较为不便。公共交通作为历史城区交通出行的主要引导方式,在不同层面都必须做到公交优先,而微循环路网作为微观设施,应为公交线路尤其是公交支线和特色公交线路的布设和运行优先提供载体条件。

2)微循环路网规划流程

微循环路网规划涉及内容与影响因素较多,其实施的效果与历史城区交通发展模式与服务体系、道路设施供给与交通需求特征直接相关。因此,微循环路网规划研究首先必须明确规划目标与原则,基于历史城区发展特征与功能定位的分析,进行微循环交通需求分析,分析交通方式选择与不同方式交通分布,从而制定微循环路网规划方案。

初始方案生成阶段,微循环路网方案制定从设施供给的角度,需要确定微循环设施的基本路网指标,在现有路网基础上选择微循环备选道路,对每条道路通行条件进行分析,对不满足微循环实施条件的道路进行改造,形成微循环的初始路网方案。

方案优化阶段,通过交通分配对初始路网方案进行测试与评价,调整路网方案,形成优化方案。

微循环路网规划流程见图10.4。

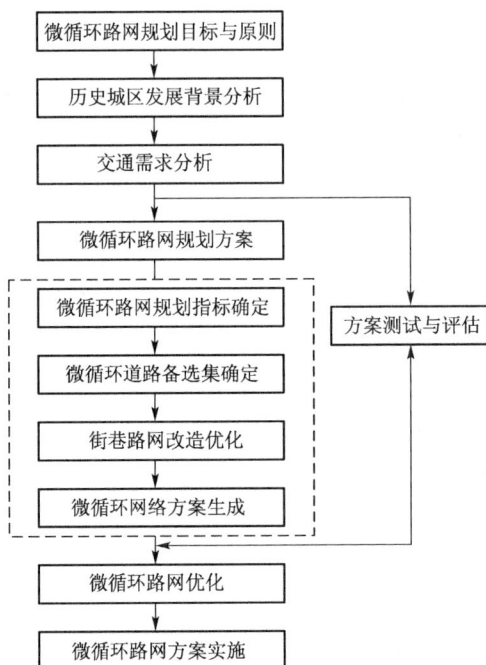

图 10.4　历史城区微循环路网规划流程图

10.2.2　规划层次与要点

微循环交通的基本规划理念是"分流"和"集散",前者通过交通组织和管理手段对现有微循环路网资源充分挖潜,发挥微循环路网交通功能,如分流干路上的短距离交通出行,使整体路网承担的交通流性质与道路功能匹配。后者通过精心组织街区内部微循环路网和交通流,在不破坏历史风貌的前提下因地制宜地增加交通供给服务干路交通的集散以及改善地块可达性。因此根据所起的主导功能不同,可将历史城区微循环路网分为城区级微循环路网和街区级微循环路网。

城区级微循环路网以"分流"为导向,"服务短距离出行"为目标,主要利用交通性支路,通过有效的交通组织措施挖掘路网潜力,均衡城市整体路网交通流的时空分布,卸载主干道与次干道的过量负荷,特别短距离的出行需求,保证城市主线交通的畅通。

由于历史城区不同片区道路生长机理存在差异性,片区路网各成系统,片区之间的道路衔接程度不一,因此可进一步划分微循环街区,分块进行街区级微循环路网规划。街区级微循环系统以"集散"为导向,"服务地块可达"为目标,以地区性活动的可达性服务指标为依据进行规划,重点在于满足指标要求,以保证地区性活动的可达性。街区级微循环系统一般不存在供需紧张问题,应突出社区安宁、慢行友好,并为支线公交的引入提供条件,机动车以服务可达为主,避免穿越性的机动车流使用。对比分析两个层级的微循环路网规划要素如表10.3所示。

表 10.3　微循环路网分层规划要素

规划要素	城区级微循环	街区级微循环
规划目标	分流导向,服务短距离出行,提高路网运输能力	集散导向,服务地块可达,多种交通空间均衡共存
道路选取	交通性支路为主,部分次干路为辅	街巷为主,包括部分支路
网络特征	穿越多个街区,街区间连接关系明确	街区内成网,街区间不必强调明确的连接关系
路段特征	保证一定的连通性,可视情况采取必要的打通和局部拓宽	因地制宜、有机更新,以改善修整为主,不必强求线形顺直
交叉口特征	交叉口渠化,视需要进行信号控制	交叉口缩窄,视需要进行禁止转向等交通管理

10.3　交通微循环路网规划指标

10.3.1　微循环道路分级

传统的城市道路分级中支路宽度在 15 m 以上,与次干路和居住区、工业区、市中心区、市政公用设施用地、交通设施用地等内部道路相连接,起集散生活作用,直接服务两侧用地进出。但实际上,历史城区街巷道路多数宽度不及 10 m,这部分道路在道路交通资源紧缺的情况下,承担了一定的交通功能,因此这种道路分级方法并不能适应历史城区对道路功能划分的要求。历史城区具有街巷肌理和风貌保护要求,道路结构的组织不应根据规划等级确定道路宽度,而应根据历史道路的现状宽度划分等级,并根据其等级进行相应的交通空间重新分配以及交通组织和管理。

历史城区微循环路网主要由支路和街巷构成,宽度一般小于 18 m。考虑车速限制条件下机动车通行空间要求和必要的步行、非机动车通行空间的保障,选择 9 m 为城区级微循环路网和街区级微循环路网的界限,具体分级如表 10.4 所示。

表 10.4　微循环道路分级表

微循环类型	道路宽度(m)	说　明
城区级	15～18	双向两车道且机非分离,能较好实现集散性和通过性
城区级	9～15	若采用单向行驶,可划分路权、机非分离,在服务出入的基础上,能承担一定的通过性交通
街区级	6～9	可作为历史街区内部的主要机动车道,组织双行机动车道,允许与历史街区相关的各类车辆通行,可通行公交
街区级	4～6	可作为历史街区内部的单行机动车道,允许与历史街区相关的各类车辆通行

10.3.2　路网规划指标体系

微循环路网规划的核心内容之一是确定满足微循环交通组织所需的道路间距和路网密度。城市道路网指标相关性如图 10.5 所示。在方格网中,道路间距和路网密度之间可用公式 $2/L$ 进行换算的。不同性质、不同等级的道路有不同的道路间距与交叉口间距需求。道路间距主要取决于道路服务范围、公交线网规划要求以及街坊规划的经济性等。路网密度是衡量城市道路网合理性的基本指标,推荐值涵盖了各级道路之间的合理比例关系,即道路级配。路网密度与常规公交线网密度之间存在一些相关性,同时未来"公交优先"战略实施是否成功、远期特征年城市交通供求能否平衡,都需要考虑城市道路设施的供给是否合理。

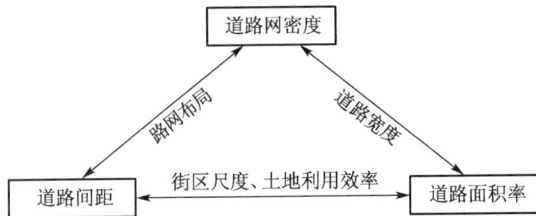

图 10.5　城市道路网指标相关性

1) 道路间距与路网密度的关系

《城市道路交通规划设计规范》制定过程中考虑"通过加密路网可以更好地解决城市交通问题",提出城市道路"小间距、高密度"规划的观点,但在规范推荐的道路网密度中却没有得到充分的落实。我国许多城市的旧城道路网布局多为方格网形,可以推算路网密度与道路间距之间存在的关系,如图 10.6 所示。

计算围合区域的路网密度,由于边缘的道路是两个小区所共有,按照一半的长度进行折算,则路网总长度为 $8L$,而围合区域的总面积为 $2L \times 2L = 4L^2$,计算可得

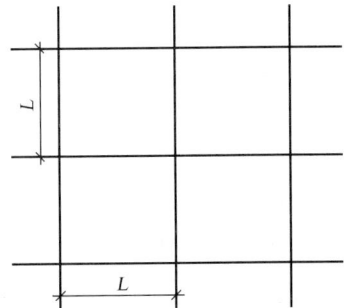

图 10.6　道路间距与路网密度的关系

$$\omega = \frac{8L}{4L^2} = \frac{2}{L} \tag{10.1}$$

式(10.1)中,

ω——i 级道路的路网密度(km/km²);

L——i 级道路的道路间距(km)。

表 10.5 是根据《城市道路交通规划设计规范》(GB 50220—1995)建议的大中城市路网密度得出的不同等级道路的路网间距。

表 10.5　大中城市不同等级道路的路网间距

道路级别	主干路	次干路	支路	干路合计	主次支合计
建议路网密度 (km/km²)	0.8~1.2	1.2~1.4	3.0~4.0	2.0~2.6	5.0~6.6
道路间距(m)	1 600~2 500	1 400~1 600	500~600	770~1 000	300~400

注:根据规范要求的路网密度,按照方格网道路进行推算可以得出不同等级道路的路网间距。上述计算假定在方格网道路情况下,如果路网形式不同,区位不同路网间距应当有所不同。

2) 微循环道路间距与路网密度

历史城区微循环路网规划主要以街巷路网体系为载体,因此路网指标的确定主要针对支路及以下等级道路组成的路网体系。机动车单向微循环交通组织对城市道路网络设施

有明确的要求,路网应有足够的密度,且间距必须在一定距离范围之内,以减少车辆绕行。根据《城市道路单向交通组织原则》(GAT 486—2004),单向交通实施所需的路网平均间距应不大于300 m(主要针对方格网式路网)。按照这个要求,通过式(10.1)计算可得到路网密度要求为

$$\overline{\omega} = \frac{2}{L} = \frac{2}{300/1\,000} = 6.67(\text{km}/\text{km}^2)$$

一般历史城区路网密度都能够满足单向交通组织实施条件,如扬州市历史城区现状街巷路网密度约为8.5 km/km²。但是考虑到历史城区路网结构的不均衡性,必须视地块路网特征实施单向交通微循环,并对个别街巷道路在允许的条件下进行改造优化。另外,历史城区实施机非分流,构建独立非机动车交通系统,对路网也提出了较高的要求,因此,路网指标确定时需要考虑非机动车路网构建的要求,适当提高路网密度。

10.4 交通微循环路网组织

本节主要研究区域性机动车微循环交通组织,进一步分析该类交通微循环的路网组织模式。

10.4.1 路网交通组织模式分类

城市交通包括多种交通方式,在路网交通组织即路权分配时,既可以将这些交通方式分布在同一条道路的不同断面上,也可以分布在不同的道路上。根据交通分流的思想可以对路网组织模式进一步分类,根据分流的程度分类如表10.6所示。

表 10.6 依据交通分流思想确定的路网交通组织模式分类

模式	特点	道路类型代表
路网分流	一条道路上只容纳一种交通方式,不同交通方式分布在不同道路上	机动车专用路、非机动车专用路网
断面分流	一条道路上分布的交通方式拥有各自的路权,各行其道	物理分隔或划线分隔的道路
快慢分流	同种交通方式由于出行速度不同,需要的道路等级和类型不同	快速路、主干路、次干路和支路

路网分流可以是路网体系中的一部分,根据分流程度,可以分为局部分流和完全分流,对于一条道路,可以分为单向行驶和双向行驶两类,单向交通又可以分为局部单行和完全单行两类[159]。

10.4.2 微循环路网组织模式

在路网分流和断面分流的基础上,进一步采用交通走向划分的组织思路研究微循环路网组织模式较为适宜。依据交通走向主要划分为单向微循环和双向微循环交通组织模式。双向交通微循环的运行特点与一般道路双向运行特征基本相同,因此主要分析单向交通微循环交通组织模式的特点。

单向交通微循环是一种投资少、见效快、操作简单的交通组织方法,通过充分挖掘现有道路资源的潜力,实现"以时间换空间"的目的,通过不同方向的交通流分道行驶来简化交通组织,提高道路使用效率。单向交通微循环具有以下优点:

（1）减少交叉口冲突点，提高道路通行能力。统计表明，国外单行道可提高通行能力达 20%～80% 左右，国内一般在 15%～50% 之间；

（2）提高道路运行速度、降低行车延误；

（3）提高车辆行驶安全性、降低交通事故；

（4）为路边停车位和公交专用道的设置创造条件；

（5）有利于信号灯配置，为"线控"提供有利条件。

单向微循环交通组织主要有三种模式：顺时针、逆时针与混合模式，如图 10.7 所示。

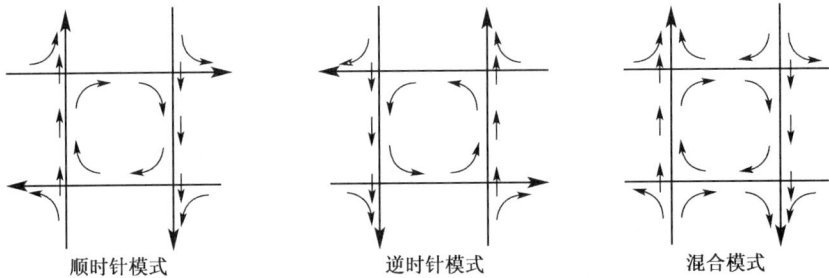

顺时针模式　　　　　　逆时针模式　　　　　　混合模式

图 10.7　单向微循环交通组织模式示意图

上述三类单向微循环交通主要是单循环模式，在路网密度较高的条件下，还可以以单循环为基本单元，组织多循环的单向交通。至于采用何种微循环模式，主要视地区道路交通条件而定。

单向交通微循环对道路配套方面应该提出相应的要求：

（1）要有一对平行道路，且宽度大致相等，具有相同或相近的起终点；

（2）支路单向时路口间距不宜超过 300 m，干路单行路口间距不宜超过 500 m；

（3）两条平行单行线之间应有方便的横向联系，方便转换减少绕行，具体模式见图 10.8。

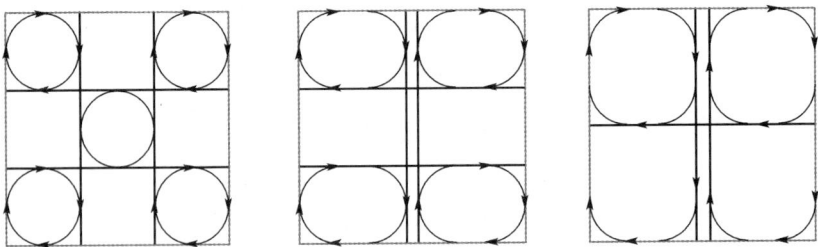

图 10.8　有利于减少车辆绕行的道路组合模式

对于历史城区或城市中心区这类特定区域，单向交通微循环比双向交通微循环具有明显的优势，尤其体现在通行能力提高上，同样其实施条件也较高。表 10.7 为两种循环模式下美国城市中心区道路通行能力对比表。

表 10.7　美国城市中心区道路通行能力对比表

行车道宽度（m）	路边允许停车通行能力（pcu/h）			路边禁止停车通行能力（pcu/h）		
	双向交通	单向交通	增长率（%）	双向交通	单向交通	增长率（%）
10	3 680	4 220	14.7	5 600	6 680	19.3

续 表

行车道宽度(m)	路边允许停车通行能力(pcu/h)			路边禁止停车通行能力(pcu/h)		
	双向交通	单向交通	增长率(%)	双向交通	单向交通	增长率(%)
12	4 380	5 240	19.6	6 460	7 740	19.8
14	5 080	6 380	25.6	7 320	8 800	20.2
15	5 860	7 480	27.6	8 220	9 900	20.4
17	6 640	8 650	29.8	9 100	11 000	20.9
18	7 360	9 783	32.9	9 960	12 120	21.7

注:表中数据为美国对100万以上人口城市市中心街道的统计结果。

单向微循环路网组织模式的选择主要视地区路网条件、用地条件而定。国外许多城市单向交通组织效果较好,典型的模式有曼哈顿模式、伦敦模式和新加坡模式,具体特性见表10.8。

表10.8 典型单向交通微循环模式特性对比

模式	微循环特点	路网特征	适用模式
曼哈顿模式	区域性、长距离单向交通为主	路网规整,典型的方格网,路网密度较高,一般要求15 km/km² 以上	城区级单循环模式
伦敦模式	利用地块内部支路系统组织单向交通循环,干道实行双行	不规则的自由式路网,干道划分地块,地块内部支路系统发达,连通性高,密度较高	街区级或社区级循环模式
新加坡模式	相互平行干路单行与支路系统单行相结合	自由式路网,中心区路网密度达到15 km/km²,干路系统较发达,且间距相对较小	混合模式

单向交通微循环对路网布局形式没有特殊要求,一般只要求有相邻的两条道路配对即可组织单向交通,但棋盘式道路系统最适宜实施单向交通,尤其是规划区域性单向交通微循环路网,其效果最佳。图10.9是美国曼哈顿地区交通微循环路网图。

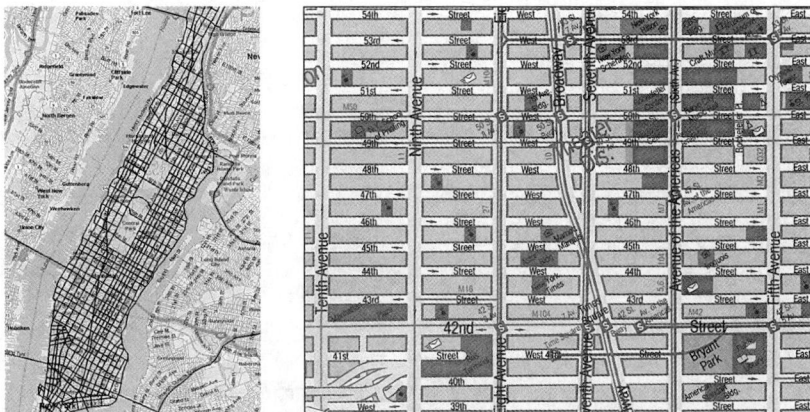

图10.9 曼哈顿地区方格形高密度路网与局部单向交通微循环路网图

历史城区多为混合式路网,单向交通微循环模式的选择应采取因地制宜的原则,不宜照搬照套或采取统一形式的微循环模式,城区级微循环与局部街区、社区级微循环相结合的模式对历史城区具有较强的适应性。

10.5 交通微循环路网生成与优化

10.5.1 微循环道路的选择与优化

交通微循环路网的规划,首先必须筛选和确定备选的微循环道路,然后从备选道路中根据交通微循环组织的目标与要求选择出构建微循环交通网络的道路,并对这些道路进行改造优化,提高整个网络的运输效率。

1)微循环道路选择

交通微循环主要用于解决地区交通拥堵,尤其是缓解干道交通压力,因此,一般在干道经常拥堵的地方及周边片区设置,且要求足够的低等级分流道路,另外必须具备开通交通微循环的通行条件和安全条件[185]。交通微循环的实施很有可能打破区域内部原有的交通模式,对周边的居民生活方式及生态环境造成干扰。因此,交通微循环的设置必须兼顾交通公平性要求及生态环境要求,对于历史城区,应以不破坏原有的历史环境与风貌为前提。

根据上述分析,微循环道路的选择应从道路设施条件、道路通行条件、安全条件、交通公平性、生态环境承载力约束、历史环境保护要求以及居民意向七个方面建立相应的技术标准,具体见表 10.9。

表 10.9 历史城区微循环道路选择条件与技术标准

影响因素	条 件	技术标准
道路设施条件	道路类型、道路在路网中的位置,街巷路网体系中根据其对其他 5 个条件的满足与否进行选择形成微循环道路的备选集	满足道路功能界定的要求
道路通行条件	道路不宜过窄,改造拓宽难度不大,通行速度限制	道路红线不小于 3.5 m,道路线形、断面满足车辆通行要求,运行速度控制在 15 km/km² 以下,沿线历史建筑和历史环境要素较少
安全条件	一般应避开居住集中区、中小学、医院等人流集中的区域	建议结合调查和道路安全通行要求建立相关标准
交通公平性	不能侵占其他人的出行权利,主要是步行与自行车出行空间,且公交优先通行	结合该条道路现状步行与自行车交通量大小,根据道路本身通行能力大小,计算富余通行能力能否承担机动车交通,或视非机动车能否便捷转移到其他道路上
生态环境承载力约束	车辆产生的交通环境污染必须在交通环境承载范围之内	以该类地区噪声、大气质量要求作为评价标准
历史环境保护要求	必须坚持保护优先的原则,不以破坏历史文化遗产为代价	对于沿线历史要素较多或本身是保护性街巷的,坚决不能作为微循环道路;对于可进行改造,且改造代价太高的,不宜选择;改造难度不大,且无破坏影响的,可作为微循环道路
居民意向	不影响居民原有生活氛围或增强居民交往空间	通过意向调查,以不破坏或影响居民生活习惯与生活交往空间设定标准

微循环道路选择的条件及技术标准的设定多数相对比较定性,为操作方便,在满足最基本指标要求的前提下,建议进行模糊化处理,即采用模糊综合评价法评价并选择出相应的道路作为构建微循环路网的道路备选集。

2)街巷道路改造优化

微循环交通网络尤其是区域性微循环路网,要实现其分担干道交通流量,均衡路网流量部分的效果,必须保证微循环路网的连通性。在历史城区,通常被干道分割成若干地块或街区,干道作为其周边道路,街区内部主要由若干支路和街巷道路组成,这些道路正是微循环道路备选集的来源,需要与干道连通成网,才能保证交通微循环的实施。然而,通常这些道路中很多会存在断头、畸形以及沿线存在各种限制机动车通行的因素,如果能够将这些道路改造优化与干道连通,才能保证交通微循环的实施,同时也能增强街区或小区对外的可达性。

对于通过选择进入微循环道路备选集中的道路,对其改造必须坚持谨慎的态度,按照通行能力最大化、改造成本最小化的原则进行。这就要求必须根据不同类型的道路和不同的改造要求,并综合对比分析和评价新建、改扩建、整治和修缮等改造措施的适用性与效果,研究采取适宜的改造优化措施。历史城区交通方式多样,出行群体多元,改造措施必须考虑不同群体居民的意愿与可接受度。具体改造优化过程如图 10.10 所示。

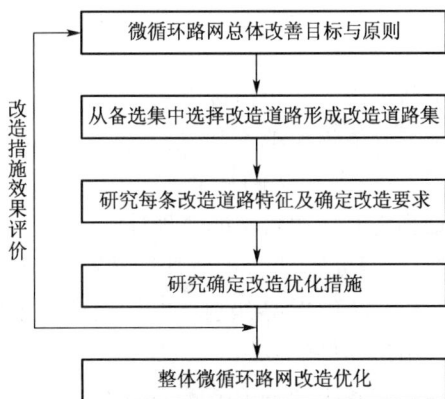

图 10.10 微循环道路改造优化流程图

10.5.2 微循环初始路网生成与优化

1)微循环路网初始方案生成

结合历史城区实际路网供给特征,确定历史城区微循环路网组织模式和相应的路网指标。在现状路网基础上选择形成备选道路集,这样的备选道路集形成的道路网将成为微循环路网生成的载体。

微循环路网初始方案即可按照如下步骤生成:

(1)将现状 OD(或流量反推得到的 OD)出行量在制定的各种约束条件下,分配在微循环备选路网上,得到分配的路网交通量。

(2)对分配得到的路网交通量进行以下 4 个方面的分析评价:与现状路网交通量对比进行交通运行状态评价,分析现状交通问题的缓解程度;分配得到的每一条道路交通量与道路交通规制比较,是否超过承载与使用要求;分配得到的道路交通量大小与两侧建筑空间、交通方式以及市政空间利用是否存在冲突;分配路网交通量大小与交通环境承载力及历史保护之间的关系。

(3)通过以上分析得到在备选集基础上形成的原始路网,再将近期出行量分配在这一路网上,得到分配的近期路网交通量。

(4)重复步骤(2)中的分析,并结合地区用地特征,依据微循环路网规划的基本原则,形成微循环路网初始规划方案。

2)方案优化要点

经过分析论证得到的微循环路网初始方案,需要经过方案测试与评估进行优化,从而不断地修改和调整,才能得到最终的优化方案,具体优化应从路网系统性分析和网络优化两个方面展开。

(1)微循环路网系统性分析

微循环路网系统性分析表现在路网与城市用地之间的协调关系、与周边干线道路的衔接关系、内部各组成要素之间的协调配合关系以及各种交通组织的效果。因此,微循环路网系统性分析有以下几个方面的内容:

① 微循环系统与周边用地的配合关系

主要分析微循环系统对历史城区各地块的服务功能及交通解决状况、道路的功能是否与两侧用地性质相协调、各类道路的走向是否适应用地布局所产生的交通流以及是否体现对用地发展的引导作用等。

② 微循环路网与周边干线道路的配合衔接关系

主要分析微循环道路与所分流道路的衔接关系、主要集散点的衔接关系,重点解决干道交通压力和疏解各集散点不必穿越干道的流量。

③ 微循环路网系统的结构与分层次疏解的合理性

微循环路网组成中支路、交通性街巷和集散性街巷所承担的分流功能是否清楚,结构设置是否合理等。根据逐级疏解的思路,各级道路的层次疏解效果是否充分发挥。

④ 微循环应对各类交通组织实施的效果

微循环路网构建主要为应对各类交通方式的合理利用,尤其是慢行交通方式、机动化交通方式以及主要的公交通行。因此,应检验机非分流、单向交通及公交支线运行加载后的整体运行效果,对微循环路网进行调整。

(2)路网测试与评价

对初步制定的微循环路网布局进行检验,通过方案测试检验和评估制定的路网布局是否能够满足道路交通需求。根据测试和评估意见对路网方案进行调整优化,得到最终的微循环路网规划方案。

10.6 南京老城微循环路网规划

南京是中国著名的国家级历史文化名城。南京老城基本是以明城墙包围的地区为主,总用地面积 $51\ km^2$。老城的道路街巷格局主要为六朝、明清、民国三个重要的历史时期积淀形成。三个历史时期城市建设区域位置的不同,使得南京历代街巷格局能有得到较为完整的保存。城南地区仍然沿袭六朝以来的街巷格局,明故宫地区主要道路走向基本延续明代道路走向格局,而中山大道、颐和路公馆区仍保持民国时期的街巷格局。

10.6.1 道路交通问题分析

老城是南京的政治、经济和文化中心,也是南京历史文化保护的重心,客观上导致人口和建筑的高度聚集,环境和交通压力不断加大,原有的空间尺度和肌理不断改变,老城整体的历史风貌已发生一定改变。随着南京新区建设力度的加大,老城人口的增长呈现减缓的趋势,但由于老城相对于新城能够提供更加完善的服务、更多的就业机会,加上市民择居的心理惯性,老城依然是南京市目前最具吸引力的地区。

由于老城内人流和车流的集中,使得原本容量就很小的道路网被高强度地使用。虽然拥有丰富的支路和街巷系统,但现状存在人行道被沿街店面占用的情况,行人进入车行道,行人、非机动车、机动车混行严重。由于没有足够的停车设施,许多车辆停放在路边,使得本来通行能力就很有限的道路通行能力进一步下降,加剧了道路拥堵和人流与车流间的冲突。

10.6.2 微循环路网规划设计

老城微循环路网规划通过系统全面梳理老城内支路和街巷,选择微循环备选道路,构建微循环路网,明确微循环道路功能,配合道路交通空间重新分配、单向交通组织、路内停车调整等规划设计手段,充分发挥微循环道路在路网体系中的作用,缓解老城交通拥堵。

首先将微循环路网划分为城区级和街区级两个层面,根据城区级微循环路网和街区级微循环路网的构成及特性,首先开展城区级微循环路网的规划。城区级微循环道路主要目标为分流干路上中短距离的机动车交通,因此通常选取交通条件相对较好、平行于干路的支路。如图 10.11 所示,利用湖北路—萨家湾分流中山北路交通,利用百子亭—大树根路分

图 10.11 南京老城城区级微循环路网规划图

流中央路交通,利用红庙—如意里—长江后街—南竺桥分流珠江路交通,利用石鼓路分流汉中路交通。

根据区级行政区划、交通性干路分隔和街巷肌理的差异,进一步划分21个微循环片区,以可达为导向,分片区开展街区级微循环路网规划,规划覆盖街区内所有4 m以上的道路或街巷。根据现状道路条件设计单向交通组织方案和路内停车方案,道路单向交通的组织以环绕地块顺时针设计循环为宜,以减少在交叉口的左转交通,如图10.12所示。

图10.12　南京老城街区级微循环路网规划图

上述微循环路网规划明确了不同微循环道路的功能,而如何保障规划道路功能的实现则需要配合路内停车规划、交通工程设计、道路交通管理等手段。包括缩短路内停车设施计费时间和提高路内停车设施收费标准,同时取消部分路边停车位,充分挖掘城市路外停车的潜在空间。

10.7　基于机非分流的历史城区自行车路网规划方法

提倡慢行交通优先,充分利用历史城区密集的街巷道路空间,组织独立的慢行交通系统,进行慢行导向的道路网络规划,妥善处理好风貌保护与城市交通的关系[186]。

历史城区交通改善的关键在于合理利用有限的交通资源,有效组织各种交通。自行车交通作为历史城区最重要的交通方式之一,是其改善的重点所在。从以人为本的角度出发,为居民创造一个安全、舒适、便捷的机非分离的自行车交通系统尤为必要。另外很多城市历史城区和风貌保护区位于城市核心地区,由于历史原因,往往道路空间尺度狭窄,但是路网密集,极易组织多模式交通网络。研究历史城区独立的自行车交通系统对于有效消除机非干扰和冲突,提高交通设施利用效率和交通运行效率具有重要的意义。

10.7.1 机非分流的自行车路网规划策略

1) 传统自行车路网规划

传统的自行车路网规划主要结合城市道路网规划开展,其显著特点是在进行自行车交通预测与分配时都是以全路网为基础,即规划的是全市性自行车路网,且主要通过断面设置路权。但是这种不加限制的全方位规划模式是否能诱导自行车交通的良性发展值得研究。通过对以往自行车路网规划方法的总结和现状自行车交通问题的分析发现:

(1) 随着城市城市空间结构的拓展,居民出行距离增大,依靠自行车这种近距离出行方式不是最佳方式,应发挥自行车近距离出行的优势;

(2) 城市公交优先战略的实施与公交系统不断完善,轨道交通和地面公交的吸引力不断提高,规划全市性自行车路网不利于公交优先的实施;

(3) 全市性自行车路网容易诱使居民采用自行车长距离出行,对于体力消耗的出行方式来说,没有体现以人为本,而我国多数城市普遍存在自行车长距离出行现象;

(4) 从经济性角度考虑,自行车长距离出行时耗太长,经济性较差;

(5) 自行车长距离出行不符合当前大城市对自行车交通的政策定位;

(6) 安全性较差,由于自行车长距离出行对骑行人的体力消耗较大,导致应变和判断能力减弱,易造成交通事故。

因此,规划地区性的机非分流自行车路网对于城市说来更为科学合理。而这种方法和思路对于历史城区这样的自行车出行比例非常高的区域更为合适。

2) 机非分流的交通组织

针对我国交通流机非混行的特点,要规划系统的自行车道路网络,应以提高路网资源的利用率、保障自行车应有的通行权为前提。一方面使自行车交通形成一个相对独立的子系统,实现机非运行系统的空间分离,减少不同交通因子之间的相互干扰;另一方面充分挖掘小街小巷和大院内部道路的自行车交通的潜力,使自行车流量在路网中均衡分布,以减轻主、次干道上自行车交通的压力和满足自行车交通发展需求[187]。其规划设计应与区域道路网络紧密结合,协调自行车与机动车之间路网资源分配的均衡以及路权设置的合理,同时考虑通过自行车干道与外部区域自行车交通系统的衔接以及与公交等其他交通系统的换乘。

根据自行车近距离出行的优势,将全网划分为若干个自行车交通区块,强化自行车交通区内出行、优化区间出行的功能,弱化跨区的自行车交通出行。在分区规划思想的基础上,利用"机非分流"的组织方法重新梳理城市自行车道路网络,打破传统的自行车道结合城市快速路、主干路一体规划的思路,重新定位各级自行车道的功能,并分析各级路网上的路权分配和相应的指标设置。在构建相对独立的自行车道网的同时,应重点考虑自行车路网规划对城市道路网规划的反馈以及老城改善建设,并在交通复杂地区与单向交通规划密切结合。

10.7.2 实施机非分流的必要性与可行性

1）历史城区干道交通压力和矛盾集中，机非分流、快慢分行势在必行

历史城区交通性干道较少，而且位于城市核心区域，穿越性过境交通、出入境交通和内部交通出行都叠加在仅有的几条干道上，导致交通压力巨大，道路交通高峰时期达到饱和甚至过饱和状态。以历史文化名城镇江市为例，其历史城区内部主要的两条十字形干道中山路和解放路既是交通性干道，又承担了商业功能，另外也是非机动车出行最集中的道路。根据调查，中山路沿线机动车道服务水平基本都达到 0.9 以上，交叉口饱和度超过 0.8，非机动车双向流量超过 4 000 bic/h，交通负荷较大，如图 10.13 和图 10.14 所示。

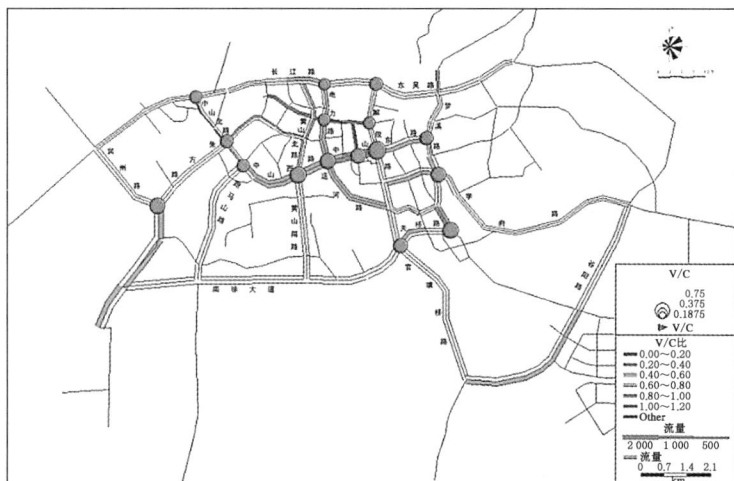

图 10.13　镇江老城高峰时期机动车流量图

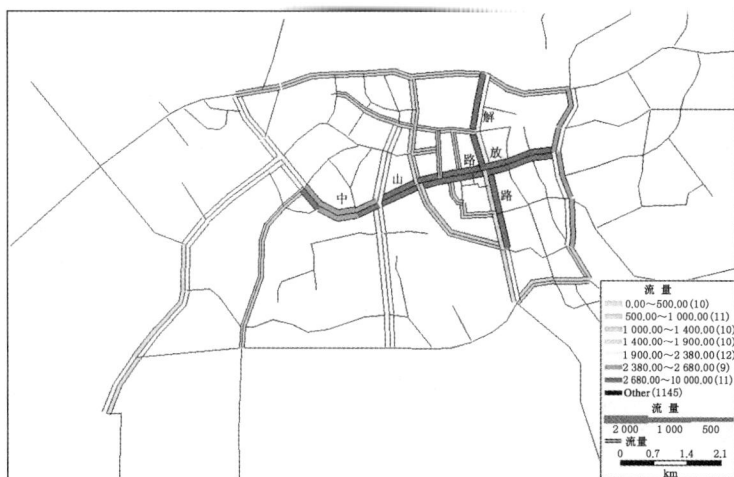

图 10.14　镇江老城高峰时期非机动车流量图

机非矛盾主要集中在交叉口。从机动车角度，自行车在交叉口占用了一定的道路面积，量大时会引起部分车辆通过时间的损失，有自行车抢行时往往会扰乱行车秩序。就自行车而言，转弯大型车辆如挂车、公交车因速度缓慢也会造成其车流的瞬时阻滞，但一般可较快疏解。以中山路—解放路交叉口西侧入口为例，经近期流量测试（8:00～18:00）表明：

绿灯亮时,每天正常通行的非机动车与行人发生冲突达 1 372 次,与机动车发生冲突达 2 000 次以上,每天延误车辆通行时达 40 min 之久。

从缓解干道交通压力、保证机动车高效运行的角度出发,拓展机动车通行空间,减少机非冲突,将非机动车分流出机动车道通行空间,以及快慢分行亟须实施;从提高非机动车交通安全和效率出发,为非机动车分配专有通行路线,保证历史城区各方式交通有序运行显得十分必要,机非分流是较好的实现方式。

2) 机动化水平提高提出的挑战

伴随着城市机动化水平的不断提高,快行网络承担的交通压力日益增加,尤其是历史城区,无法通过大拆大建的模式进行交通设施扩容,只能利用其丰富的街巷空间将慢行交通剥离出干线道路交通。为了确保快行网机动车特别是公交车辆的基本通行能力和效率,兼顾改善非机动车的出行环境,机非分流势在必行。

3) 非机动车交通量及构成

非机动车出行一直是我国城市交通出行的主要方式。以镇江为例,居民全方式出行中,非机动车出行占 44.3%,且主要集中在老城区。加之电动自行车和助力车的快速普及,将成为非机动车交通的重要组成部分,而且还有继续增长的趋势。如此巨大的交通需求要求历史城区必须规划单独的非机动车交通系统。

4) 道路网设施及绕行距离分析

根据同济大学在上海中心城区所做的调查分析,实施机非分流受到较多因素的制约,主要体现在时间和距离上。绕行距离是制约机非分流实施的主要因素,这主要与人们的心理有关,当绕行距离超过人们接受的心理极限,则不会选择绕行。机非分流绕行距离阈值见表 10.10。

表 10.10　机非分流绕行距离阈值[188]

非机动车单向高峰小时流量(bic/h)	同向分流绕行距离阈值(m)		异向分流绕行距离阈值(m)	
	主干道	次干道	主干道	次干道
>2 000	200~400	200~300	200~300	100~200
1 000~2 000	300~500	200~300	200~300	100~300
500~999	300~700	300~500	300~400	200~400
<500	300~900	400~600	300~500	300~400

注:绕行距离指骑行者经由分流路径出行时,起始点的距离之差;推行亦应计入。

历史城区具有丰富的集散道路和街巷空间,且范围较小,对于交通干道的分流,在绕行距离上能够满足要求,因此,具备实施机非分流的基本条件。

5) 骑车人的广泛支持

从公众参与的角度,机非分流工程得到骑车人的广泛支持。根据对镇江市老城区调查结果分析,80%的人支持实施机非分流,近 15%的人认为要看是否便利,5%的人持中立态度。因此,历史城区实施机非分流具备良好的群众基础,只要满足骑行便捷、环境美好等要求。

10.7.3　基于机非分流的自行车路网规划

历史城区复杂的道路交通运行状况要求实施机非分流交通组织,提高交通运行效率,而丰富的道路设施决定了历史城区具备构建非机动车交通网络的条件。对于历史城区实施机非分流,要求必须明确基本思路与发展策略、设施配置要求、设施规划与设计标准,以及充分的政策支持。

1) 机非分流的组织策略

针对历史城区交通负荷较重、交通流机非混行的特点,要组织系统独立的自行车道路网络,应以提高路网资源的利用率、保障自行车应有的通行权为前提。一方面使自行车交通形成一个相对独立的子系统,实现机非运行系统的空间分离,减少不同交通因子之间的相互干扰;另一方面是充分挖掘城区内小街小巷和大院内部道路的自行车交通潜力,使自行车流量在路网中均衡分布,以减轻干线道路上自行车交通的压力和满足自行车交通发展需求。其规划设计应与区域道路网络紧密结合,协调自行车与机动车之间路网资源分配的均衡以及路权设置的合理。

基于机非分流的历史城区自行车交通网络改善,首先应根据道路功能定位,强化道路主要服务功能,采取相应措施改善和引导不同交通流各行其道;其次,结合道路空间尺度和交通环境,充分利用可能道路资源开辟通行空间,提高路网密度;第三,积极打通断头路和大院内部道路,提高路网的连通性;第四,考虑自行车出行特征,规划合理的自行车交通系统引导其合理出行;最后,从以人为本的角度,合理分配自行车路权。

以镇江市历史城区为例,结合实际情况,首先应通过"非改机"工程,压缩中山路和解放路自行车道宽度,减少自行车通行空间,弱化自行车交通环境,保证中山路和解放路作为主要的机动车通道,控制和引导自行车流向平行的其他低等级道路转移,减少机非干扰和冲突;其次,充分挖掘老城内发达的街巷网络,在保护空间肌理的前提下通过适度更新和改造,为自行车交通创造良好的通行环境,吸引自行车交通;积极打通小区内部道路及断头路,与外界自行车道路连通;规划发达的自行车网络,尽量覆盖所有出行起讫点,提高出行便利性;从保证路权角度合理设置道路横断面,以利于自行车出行的安全和舒适。

2) 自行车设施配置要求

(1) 自行车道路分级体系

"非改机"工程主要为缓解干线道路的交通压力与矛盾,自行车做出一定的路权牺牲,但是从效率和资源使用的公平性角度,必须开辟自行车运行空间,因此在集散道路上应适当补偿。与代夫特的三级规划理念类似,将历史城区自行车道路按功能及重要性分为三级(表10.11),以期达到"主次搭配、级配合理、功能明确"。

表 10.11 历史城区自行车三级道路体系

级别	功能定位	规划流量 (高峰辆/h)	自行车路权
自行车通道	外围连通;"非改机"重要分流道路	1 500~4 000	相对优先
自行车干道	区内畅达;"非改机"次要分流道路	750~1 500	保证通行
自行车集散道	连接宅地;提高自行车出行通达性	500~750	通达即可

自行车通道将构成历史城区自行车路网的主骨架,但连续贯通地为自行车提供相对宽敞、安全的通行空间进而吸引非机动车交通,对于缓解干线道路的交通压力意义重大。

自行车干道是平行干线道路或联系通道的次级自行车道,对于分流干线道路上的自行车流亦有贡献,其车道宽度、隔离设施等建设标准均低于通道,配合"非改机"做出局部改善即可。

自行车集散道以历史城区集散道路和街巷道路为基础,连接大多居住社区和公共活动中心等,衔接自行车通道与干道,提高通达性为主,以优化道路通行条件为规划方式。

(2) 自行车路网规划要求

规划主要基于"非改机"工程实施,因此,规划应遵循"分流、通达和优先"的基本要求。

分流干线道路上非机动车是通道和干道的首要功能,规划中通道尽可能沿拟实施机动车专用的主干道平行布局,以最大限度地发挥其分流作用,干道连接通道,与次干道功能相似。除分流作用外,通道和干道应尽可能接近更多的社区,使更多的非机动车出门就融入慢行系统中去,同时干道应尽量靠近道路干道并联络通道以发挥其局部集散的作用,这主要是为了提高分流路网的易达性,提高机非分流系统的吸引力。

伴随"非改机"的实施,自行车通道将成为历史城区主要的自行车道路,其交通压力会明显增大,因此规划中应采用高标准建设,同时从管理层面保证自行车通道的安全、高效。

(3) 自行车路网规划

根据不同等级自行车道功能定位,提出采用分级规划思想,逐级规划、逐级衔接的方法。按照自行车道路在规划范围所处的位置及其功能,可分三个层次组织自行车路网系统。由上而下依次为自行车通道、自行车干道及自行车支路三个层次的道路,每个层次都附于上一层次而衍生,互相衔接形成完整的自行车路网系统。

以镇江老城为例,基于"分流、通达及优先"的规划原则,结合实地勘查及路网规划,重点规划非机动车专用通道,自行车干道主要基于"非改机"工程实施局部改善,并保证联络通道与支路,规划通过相应集散道路实现,根据自行车支路功能定位和规划原则,规划支路以城市支路、街巷道路以及大院内部道路为对象,进行局部改善和道路条件优化,并控制老城自行车支路网密度为 $10\sim15\ \mathrm{km/km^2}$。

(4) 技术标准

自行车道的通行能力视车道数、隔离形式、平交口影响变化各异。考虑到历史城区道路资源稀缺,多数道路空间狭窄,因此结合实地踏勘,建议通道、干道的宽度要求见表10.12。

表 10.12　自行车通道、干道宽度推荐值　　　　　　　　　　　　(m)

	机非物理分隔 自行车路宽度	机非标线分隔 自行车道宽度	人非共板 道路宽度	机非共板 道路宽度
自行车通道	4～6	2.5～4	4～8	—
自行车干道	2.5～4	1.5～2.5	3～6	5～9

对于部分资源不足的路段,需配合路权管理设施,如机非立柱分割,高峰时段借道;潮汐单行车道,高峰时段禁机。

根据不同等级自行车道路主要功能、路权定位以及宽度要求,结合有关研究成果,对各级自行车道的主要断面形式作了讨论,推荐断面标准见图10.15。

3) 自行车交通技术政策

除系统的自行车交通设施规划外,技术政策的完善对于自行车交通的发展具有决定性的作用。历史城区自行车交通技术政策的发展目标是提高慢行交通的比例,改善骑车人交通安全、提高骑行速度和骑车的舒适性。

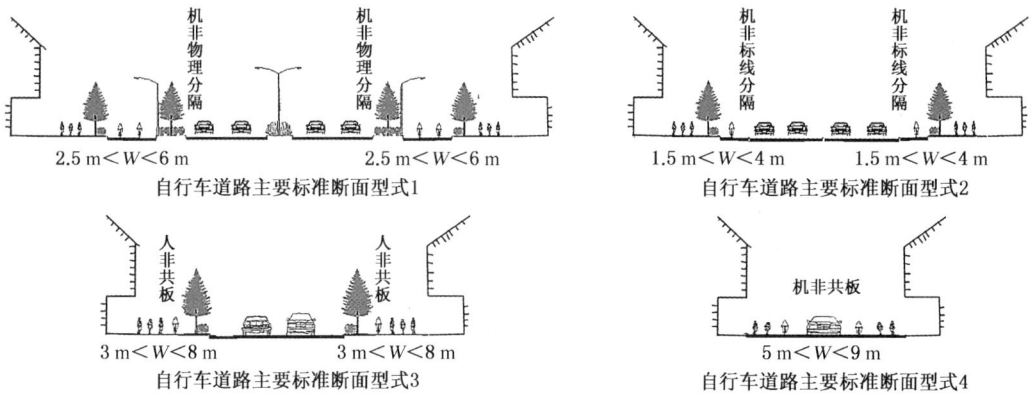

图 10.15 自行车道路主要标准断面型式图

合理的自行车发展定位:自行车方式一直占据着城市出行的主要地位,但是随着机动化的快速发展,自行车出行比例有所下降。镇江市 1993 年非机动车出行比例占全方式的58.14%,2008 年为 44.33%,而这部分出行 80%以上主要集中在老城区范围[189]。对于历史城区,应坚持公共交通和慢行交通为主导交通方式,自行车交通应作为近距离出行主要交通方式,以及长距离公交出行的接驳方式。

城市规划与管理中对自行车交通设施的规划:将自行车交通融入到不同层次的城市规划之中,使自行车交通成为历史城区交通的中心角色(central role)。这在哥本哈根的自行车交通发展政策中得到了充分的体现[190]。

自行车交通与公共交通都有其局限性,不能满足所有交通需求,应充分发挥各自的优势,采用 B+R 模式,提倡自行车与公共交通相结合使用,这样小汽车使用者也多了一个可选择的交通方式。在公共交通站点附近设置自行车停车设施,尤其是地铁车站附近,包括公共自行车的使用。杭州、上海等城市大力提倡公共自行车使用,收到了很好的效果。对于历史城区,在城区内部出行提倡使用自行车方式,而城区外围采用公交或地铁方式,以及小汽车方式。这样做一来可以覆盖公交盲区,提高公交可达性,二来服务短距离出行,解决自行车停车与管理的困扰,第三服务大型旅游休闲景区,构建绿色交通环境。

改善自行车停车设施:现有历史城区停车设施缺乏,停车环境较差,占道和占路停车现象严重,严重影响了自行车的出行。因此,对于历史城区自行车停车设施的改善,建议从以下五个方面展开:一是居住地和工作地;二是公共交通车站;三是商店和商业中心;四是风貌旅游区;五是一般道路。

自行车道的维护与环境美化:路面上的一些坑洼,或是一小段不平整路面,都会引起人们的不满而且会影响人们对自行车道路质的整体感觉,因此,需要坚持对自行车道路进行定期的清洁和维护。

10.8 人车共存道路规划设计方法

在长期以步行、自行车为主要出行方式的城市中,私人汽车的普及逐渐改变着城市居民的出行模式。与此同时,对于位于城市核心位置的历史城区,这种出行模式的变化也使城区内的街区道路和居住社区道路成为人车矛盾集中的焦点。这种局面将造成私人汽车普及,行人空间被占,邻里关系冷漠,也对历史古迹和风貌造成不可恢复的破坏,不利于历史城区的活力维持。随着居民对街道文化与交往空间需求的提高,历史城区内道路空间的合理使用成为关注的焦点。人车共存是既有利于行人交往与通行,又可通行机动车的道路交通组织模式。

10.8.1　考虑步行的道路分级体系

历史城区内大量的街巷虽然承担慢行交通功能,但均不纳入城市道路体系,导致交通标志与标线等交通管理设施的缺失,存在路权不清晰、交通运行紊乱等问题。考虑步行的道路分级体系将街巷纳入其中,明确各等级街巷路权分配的要求和人的活动对街巷空间的要求,平衡街巷效率和生活的关系。

传统的街巷格局、环境风貌和肌理特征是居民的生活方式、习俗和地域文化在城市空间上的投影和积淀,是城市历时性和共时性特征在空间上的叠加。街巷应弱化机动车交通的通达功能和速度等技术性要求,突出街巷的公共空间功能,强调古城的场所感。街巷设计不再局限于满足交通功能,而是转向了注重沿线空间活动的“街道导向”的道路规划设计,其主要特征包括:适宜的步行道、完善的公交设施、受限制的车速、优美的街道家具和公共艺术等方面。

除了街巷网络外,结合历史城区内部景点的建设、滨湖生态岸线的改造,设置独立于机动车道之外的游憩步道、亲水栈桥和观景平台,加强步行空间亲切感和识别性,创造安全、舒适、宜人的步行环境。

10.8.2　人车共存道路

1）传统道路规划

根据国外研究实践经验,社区交通规划理论经历了雷德朋模式、温奈尔夫模式、宁静化交通和公交优先模式,各个阶段都是以为居民创造安全、舒适、祥和的生活环境为主要目的进行道路交通系统的规划设计,其中主要包括人车分行与人车共存两种观点[191]。

我国社区道路交通规划更多地注重交通与居住、公共活动的分离,大多数社区道路空间只是特定的通道,作用单一,相互之间无法建立有机的联系。但是生活并不是几种相互隔离的功能的简单的拼合,单一的道路空间使居民的户外活动缺乏活力与选择。此外,私人汽车的大量增加造成的道路资源紧张以及相关交通问题已经不容忽视。

2）社区道路面临的问题

传统的社区规划设计思想——邻里单位理论及雷德朋模式,在交通系统规划上提倡道路分级、人车分离、尽端路设计以及蜿蜒曲折的交通组织,虽然较好地解决了社区的安宁安全、完整独立以及环境形象等问题,但是这种物质形态决定论的规划设计方法忽视了作为社区最主要的核心——人的多样化需求。从后来发展起来的小区模式中,屈从于汽车交通的需要,人的主体地位渐渐动摇,直至消失。在强调以人为本的今天,以新的评价标准对其进行审视,这种模式的弊端逐渐凸显,主要体现为:

（1）人行空间与车行空间的完全分离割裂了街区和社区内人、车、路的整体和谐、富有生机的局面,使道路成为汽车的专用空间,街上了无活动之人,导致历史城区丧失了生机与活力。

（2）居民最主要、最适宜的交往、休憩空间——道路空间丧失后,只能被动地集中在所谓的公共活动空间和步行景观大道上,居民相互之间的交流失去了应有的完整意义,更达不到应有的效果。

（3）人车分离的布局模式导致车行禁区产生，然而这往往会在社区内留下一些消极空间，成为人迹罕至的地方，变成管理盲区。

3）人车共存道路规划设计

为了合理配置历史城区居民、游客交通与交往空间，缓解交通紧张和重新找回生机勃勃的历史城区道路空间，让每一位行人在区内自由地享有绿色和安全，研究历史城区人车共存道路系统构建显得尤为必要。

人车矛盾经历了不同的发展阶段，不同的阶段特征不同，如图 10.16 所示。荷兰提出的woonerf（生活化道路）模式实质上是从道路系统的微观环境入手来解决人行与车行的矛盾，是更高层次且更为安全的"人车混行"的道路设计方法，使车行道转化为人车和谐共存的街道空间，在一定程度上兼顾了行人与驾车者的利益。在 woonerf 的道路上，人行道并不凸出地面，而与车道混合，行人、自行车与汽车共同使用路面，儿童也允许在道路上游戏，为保护人的安全，将道路缩减宽度并且使道路凹凸不平，以及在路面上植栽，以降低车速。道路缩减后的空间及植被后的景观，不仅在增加安全上有显著的效果，同时提供如公园般休闲空间，营造出和乐安详的社区氛围。这种交通体系基于对汽车交通的控制，重视街道文化和交往空间，在组织社区交通方面有着其独到之处。

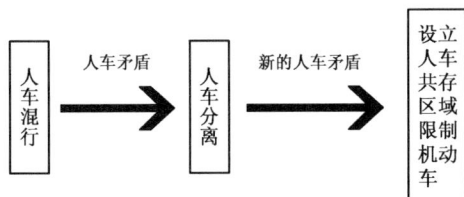

图 10.16　人车矛盾的关系发展

这一理念逐渐传到欧洲各国及日本、澳洲等，尽管各国对此种道路界定名称不一，重点略有区别，但其基本精神是一致的，特征包括：主要位于居住区，少数位于商业区；道路不仅提供交通的功能，同时提供社交、游戏及休闲等功能；在交通功能等级分类中，大多数为出入道路；可让行人、自行车和汽车使用同一路面；极少有过境交通。

10.8.3　人车共存道路设计手法与措施

人车共存道路描绘了一幅人、车、路共同和谐活动于一个空间的生活景象，但并不是所有道路都适合于改造成人车共存的道路。从城市道路范畴讲，人车共存道路仅适用于居住用地为主、交通量不大、临接干道，用地面积约为 $25 \sim 100 \ hm^2$ 的社区内道路，即对应于分布于社区内支路系统。从社区道路范畴讲，人车共存道路适用于组团路以上级别的社区道路。两种不同的界定方式，都是以解决交通广泛的可达性，而不是快速通过性为目标。从道路断面型式看，人车共存道路主要包括融合型共存道路（路面共有型）和分离型共存道路（soft 分离型）。本书主要以历史城区内居住社区及历史街区周边支路以下道路及社区道路为人车共存道路设计的对象。

人车共存道路要求排除没有必要通过的机动车交通，同时和街区及社区内的生活和经济活动有关的机动车交通，也必须优先考虑行人、自行车的通行和居民的生活。人车共存道路设计完成的直接目标有三：行车速度的限制，交通流量的控制，路边停车的管制，另外增加行人、自行车空间，最终目的是为了创造更加和谐的人车交通与交往空间。

1）行车速度限制

在这样的人车共存空间,如果将汽车速度降低到步行速度的水平,则汽车产生的事故、噪声、振动等危害将会大幅减轻。

控制车行速度的措施方法,大致分为利用蛇行降低车速,给高速行进的驾驶人震撼、提醒的注意方式,以及利用视碍,使速度快不起来的方式,另外再加上限速标志等,降低行车速度,具体见表 10.13 和图 10.17。

表 10.13　控制车行速度的方法措施

目　标	方法措施	具体措施
控制行车速度	蛇行	锯齿状路面
		弯道路面
		散置植栽
	蛇行	槽化岛(花坛)
		小型圆环
	震撼效果	驼峰
		十字路口驼峰
		跳动路面
		凹凸路面
	视野效果	狭路面
		车道狭路面
		印象驼峰
		印象槽化岛
		铺设驼峰
		铺彩色地砖、组合砖
		变换十字路口的地面
		减速条纹
		闪灯式警告讯号
		生活道路标志
	限制	最高速度

2）交通流量控制

社区及街区生活娱乐场地是人们集聚、交往、休憩的场所。道路的宽度、车辆的多少、车速的高低和有无专用人行道等因素,都影响居民及游客对道路的安全感。为改善道路的交通安全性,保持良好的居住环境,适当控制社区及街区道路的通行量,特别是减少过往的"过境"交通非常必要。

减少不必要的机动车入内,控制交通流量的方法,大致分为:即使进入也不得不回头的措施;以及没必要进入的汽车、无意愿的措施。

前者采用各种路障和方向管制等交通规则;后者则是让驾驶人觉得,好像要踩进人

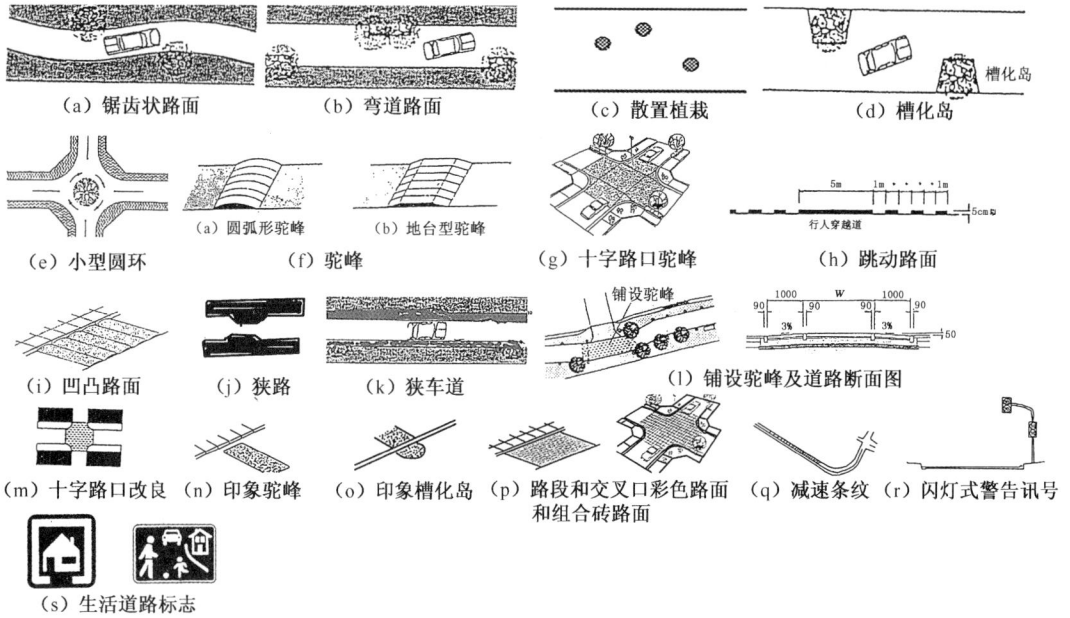

（a）锯齿状路面 （b）弯道路面 （c）散置植栽 （d）槽化岛

（e）小型圆环 （a）圆弧形驼峰 （f）驼峰 （g）十字路口驼峰 （h）跳动路面

（i）凹凸路面 （j）狭路 （k）狭车道 （l）铺设驼峰及道路断面图

（m）十字路口改良 （n）印象驼峰 （o）印象槽化岛 （p）路段和交叉口彩色路面 （q）减速条纹 （r）闪灯式警告讯号
和组合砖路面

（s）生活道路标志

图 10.17　行车速度控制方法措施示意图

家大门一样的意识,在视觉方面营造出不易进入的气氛等方式。另外,以抑制行车速度的方式,增加通过该地区所需时间,使曾经驾车通过的驾驶者,不会再想借路行走,具体见表 10.14 和图 10.18。

表 10.14　控制交通流量的方法措施

目标	方法措施		具体措施
交通量的控制	控制行车速度		
	门槛		驼峰
			印象驼峰
			狭路
	路障		斜障碍
			前进障碍
			通行障碍
	路网改变		遮断区
			街道关闭·
	视觉效果		彩色路面、组合砖路面
			散置盆栽
	限制	指定方向	单行道管制
			十字路口指定方向
		限制通行	大型车通行车止
			限时通行时间

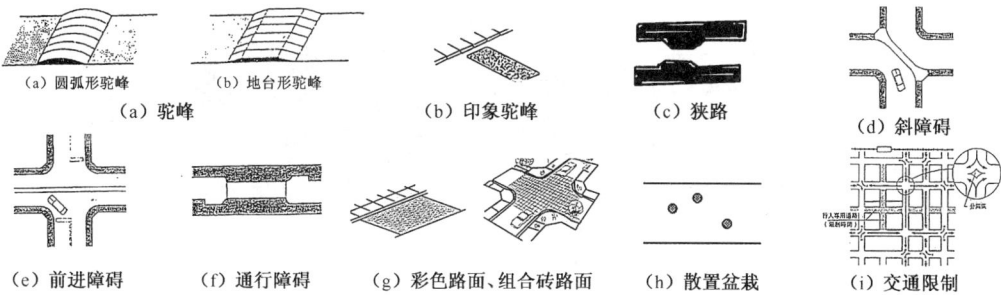

（a）圆弧形驼峰　　（b）地台形驼峰
（a）驼峰　　　　　　　　　　　　　（b）印象驼峰　　　（c）狭路　　　　（d）斜障碍

（e）前进障碍　　　（f）通行障碍　　　（g）彩色路面、组合砖路面　　（h）散置盆栽　　（i）交通限制

图 10.18　交通流量控制方法措施示意图

3）路边停车管制

为防止人车共存道路上的行车空间和居民空间被违规停车的车辆占领,采取尽可能减少车辆可停止空间措施,以及在不影响沿路的情况下,限定部分停车空间供居民的自用车和来访的车辆使用的措施,具体见表 10.15 和图 10.19。

表 10.15　控制路边停车的方法措施

目标	方法措施	具体措施
路边停车的控制	消除停车空间	狭路车道
		车止
	限定停车空间	路边交叉停车
		不完整停车空间
	促进道路以外停车场的使用	道路外停车
		停车场
	管制	禁止停车、放置车辆

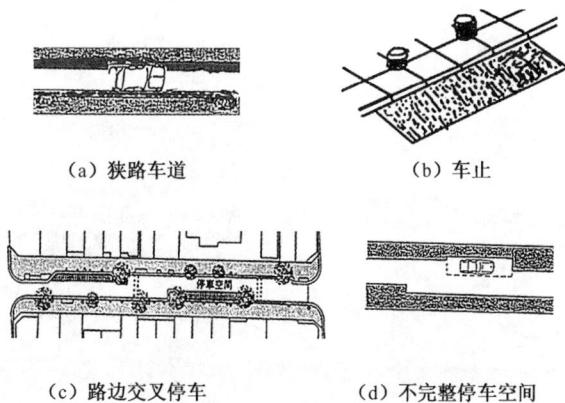

（a）狭路车道　　　　　　　　　　（b）车止

（c）路边交叉停车　　　　　　　　（d）不完整停车空间

图 10.19　路边停车控制方法措施示意图

人车共存设计方法与措施在单独使用时也能发挥作用,但是在组合情况下将会发挥更大的功能。图 10.20 为国外某城市社区采用人车共存道路设计的具体方法和措施[192]。

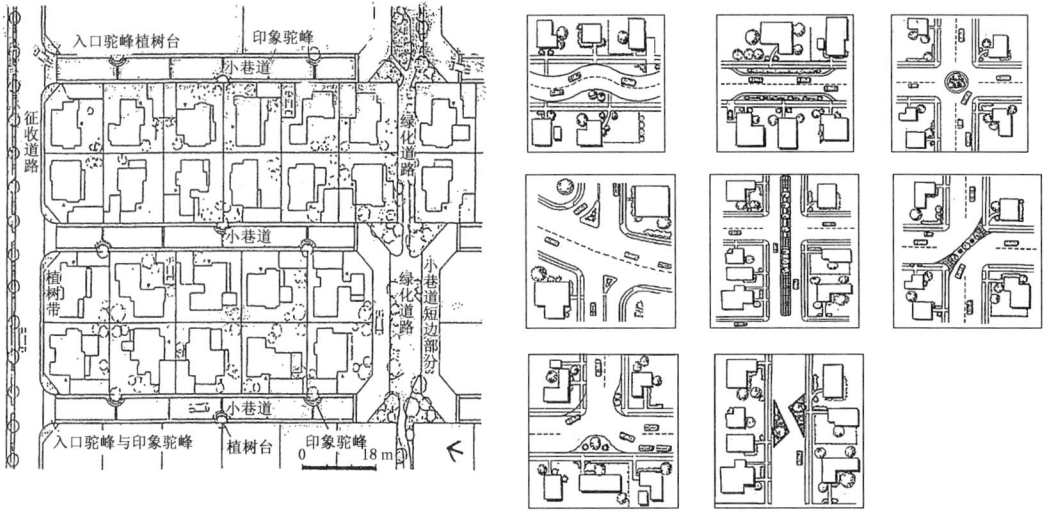

图 10.20　国外某城市社区道路设计及人车共存道路设计方法与措施

10.9　本章小结

　　本章界定了历史城区交通微循环网络的概念、组成,分析了功能与特性;研究提出了历史城区机动车微循环路网规划方法、基于机非分流的自行车路网规划方法和人车共存道路规划设计方法。

参考文献

[1] 周干峙. 城市化和历史文化名城[J]. 城市规划,2002,26(4)：7-10

[2] 国际古迹遗址理事会. 保护历史城镇与城区宪章(华盛顿宪章)[Z],1987

[3] 中华人民共和国住房和城乡建设部. 历史文化名城保护规划规范(GB 50357—2005)[S]. 北京：中国建筑工业出版社,2005

[4] 阳建强. 基于城市发展机制的历史文化名城保护[J]. 城市发展研究,2009,16(11)：139-142

[5] 李景. 优先保护的历史城区交通改善规划研究[J]. 城市交通,2006,4(5)：63-68

[6] 中华人民共和国住房和城乡建设部. 历史文化名城名镇名村保护条例(国务院第524号令)[Z],2008

[7] 吴良镛. 文化遗产保护与文化环境创造[J]. 城市规划,2007(8)：14-18

[8] 李新建. 历史街区保护中的交通与市政工程技术研究[M]. 南京：东南大学出版社,2012

[9] 李和平,张睿,等. 重庆历史街区分级保护策略[J]. 城市规划,2010(1)：80-83

[10] 任云兰. 国外历史街区的保护[J]. 城市问题,2007(7)：93-96

[11] the First International Congress of Architects and Technicians of Historic Monuments. The Athens Charter for the Restoration of Historic Monuments [Z], 1931

[12] 国际现代建筑学会. 雅典宪章[Z],1933

[13] [美]刘易斯·芒福德. 城市发展史——起源、演变和前景[M]. 宋俊岭,倪文彦,译. 北京：中国建筑工业出版社,2005

[14] 苗阳. 我国传统城市文脉的构成要素的价值评判及传承方法框架的建立[J]. 城市规划学刊,2005,158(4)：40-44

[15] 阮仪三,孙萌. 我国历史街区保护与规划的若干问题研究[J]. 城市规划,2001,25(10)：25-32

[16] 16UNSECO. HoiAn Protocols for Best Conservation Practice in ASIA,2005. 中文版依据:国家文物局. 国际文化遗产保护文件选编[G]. 北京:文物出版社,2007

[17] Ashworth G J, Tunbridge J E. The Tourist-Historic City[M]. London：Belbaven Press，1990

[18] 单霁翔. 城市化发展与文化遗产保护[M]. 天津：天津大学出版社,2006

[19] 王景慧,阮仪三,王林. 历史文化名城保护理论与规划[M]. 上海：同济大学出版社,1999

[20] 单霁翔. 文化遗产是城市资本而不是包袱. 中华人民共和国国家文物局,http://www.sach.gov.cn/tabid/310/InfoID/8571/Default.aspx

[21] 中华人民共和国文物保护法[Z]. 北京：中国法制出版社,2007

［22］李和平，肖竞. 城市历史文化资源保护与利用［M］. 北京：科学出版社，2014

［23］吴良镛. 北京旧城与菊儿胡同［M］. 北京：中国建筑工业出版社，1994

［24］王瑞珠. 国外历史环境的保护与规划［M］. 台北：淑馨出版社，1993

［25］吴良镛. 北京旧城保护规划研究［J］. 北京规划建设，2004：20-28

［26］阮仪三. 护城踪录——阮仪三作品集［M］. 上海：同济大学出版社，2001

［27］阮仪三，严国泰. 历史名城资源的合理利用与旅游发展［J］. 城市规划，2003，28（4）：48-51.

［28］张广汉. 欧洲历史文化古城保护［J］. 国外城市规划，2002（4）：36-37

［29］［德］Rolf Monheim. 德国城镇的步行区建设——连续发展的过程［J］. 赵和生，译. 国外城市规划，1992（2）：52-56

［30］Lee Maryin W. The impact of public investment Oil urban revitalization：A case study on the redevelopment of downtown Norfolk，Virginia，1935—1985［D.］. University of Carolina，1986

［31］［美］科恩. 城市规划的保护与保存［M］. 王少华，译. 北京：机械工业出版社，2004

［32］Paul Daniel Marriott，National Trust for Historic Preservation. Saving Historic Roads：Design and Policy Guidelines［M］. New York：John Wiley & Sons，1997

［33］张百平. 伦敦道克兰区改造规划［J］. 国外城市规划，1992（4）：32-34

［34］Roberston K A. 美国城市中心区的改造策略［J］. 国外城市规划，1998（3）：15-20

［35］杨涛，陈建凯，於昊. 城市中心区交通容量研究［J］. 城市交通，2003，1（1）：13-18

［36］惠英. 机动化背景下历史街区交通发展与规划研究［D］：［博士学位论文］. 上海：同济大学，2008

［37］Friedman M S，Powell K E，Hutwagner L. Impact of changes in transportation and commuting behaviors during the 1996 Summer Olympic Games in Atlanta on air quality and childhood asthma［J］. Journal of the American Medical Association，2001，285（7）：897-905

［38］Ouis D. Annoyance from road traffic noise：Areview［J］. Journal of Environmental Psychology，2001，21（1）：101-120

［39］Gusdorf F，Hallegattea S. Compact or spread-out cities：Urban planning，taxation，and the vulnerability to transportation shocks［J］. Energy Policy，2007，35：4 826-4 838

［40］Burgess S C，Choi J M J. A parametric study of the energy demands of Car transportation：a case study of two competing commuter routes in the UK［J］. Transportation Research Part D，2003，8：21-36

［41］侯德劭. 城市交通承载力研究［D］：［博士学位论文］. 上海：同济大学，2008

［42］侯德劭，晏克非，柳伍生. 基于遗传算法的停车约束下城市路网承载力分析模型［J］. 计算机应用，2008，28（4）：1 074-1 078

［43］詹歆晔，郁亚娟，郭怀成，等. 特大城市交通承载力定量模型的建立与应用［J］. 环境科学学报，2008，28（9）：1 923-1 931

［44］李鑫. 城市更新项目交通承载力评估［D］：［硕士学位论文］. 西安：长安大学，2011

［45］Ford L R Jr，Fulkerson D R. Maximal Flow through a Network［J］. Canadian

Journal of Mathematics，1956，8

[46] Ford L R Jr，Fulkerson D R．Communication，Transmission and Transporta-tionNetwork[M]．New York：Addisonwesley，1971

[47] [日]饭田恭敬.交通工程学[M].邵春福,等,译.北京：人民交通出版社,1993

[48] [法]Marson Luis.一个广义概念——城市的时间和空间消耗[R].天津城市交通综合研究组,译.城市交通研究参考资料(第一辑),1986

[49] 杨涛,徐吉谦.城市道路网广义容量研究及其应用[J].城市道路与防洪,1989(1)：1-7

[50] 周溪召.大城市中心区道路交通供需模型及其应用[D]：[博士学位论文].上海：同济大学,1995

[51] 陈春妹.路网容量研究[D]：[博士学位论文].北京：北京交通大学,2002

[52] 北京市城市规划设计研究院.城市土地使用与交通协调发展——北京的探索与实践[M].北京：中国建筑工业出版社,2009

[53] 胡冬.基于职住平衡的控规交通承载力分析[C].中国城市规划年会,2013

[54] 李阳,龙俊仁,等.重点地区土地开发的交通承载力分析方法研究[J].交通与运输,2013(7)：1-5

[55] Kitamura R T，Golob T YaRanoto，G Wu．Accessibility and auto use in a mo-torized metropolis[C]．the 79th Annual Meeting of TRB，Washington，D. C.，2000

[56] Kitamura R，Chen C，Pendyala R M，et al．Micro-simulation of daily activity-travel patterns for travel demand forecasting[J]．Transportation，2000，27(1)：25-51

[57] 褚浩然.基于活动分析的交通行为特征和方式选择模型研究[D]：[博士学位论文].上海：同济大学,2005

[58] 褚浩然,郑猛,杨晓光,等.出行链特征指标的提出及应用研究[J].城市交通,2006,4(2)：64-67

[59] Golob T，L Van Wissen．A Joint household travel distance generation and car ownership modal[J]．Transportation research part B，1989，1(23B)：471-491

[60] McFadden D．Conditional logit analysis of qualitative choice behavior[J]．Fron-tiers in Econometrics，1974，1(2)：105-142

[61] Carpenter S，Jones P．Recent advances in travel demand analysis[M]．England：Grower，1983

[62] Jones P．Development in dynamic and activity-based approaches to travel analy-sis[M]．England：Avebury，1990

[63] Chen Cynthia，Garling Tommy，Kitamura Ryuichi．Ac-tivity rescheduling：reasoned or habitual? [J]．Transportation Research Part F，2004，7 (6)：351-371

[64] Roorda Matthew J，Miller Eric J，Habib Khandker M N．Validation of TASHA：a 24-h activity scheduling microsimulation model[J]．Transportation Research Part A，2008，42 (2)：360-375

[65] Ye Xin，Pendyala Ram M，Gottardi Giovanni．An ex-ploration of the relation-ship between mode choice and complexity of trip chaining patterns[J]．Transportation Re-search Part B，2007，41 (1)：96-113

[66] Kasturirangan Krishnan,Pendyala Ram M. A compari-son of commuter activity scheduling and sequencing be-havior across geographical contexts[C]. The 80th Annual Meeting of the Transportation Research Board. Washington D. C. ,2001:1-28

[67] Chandra R Bhat, Sujit Singh. A comprehensive daily activity-travel generation model system for workers [J]. Transportation Research Part C, 2000, 34: 1-6

[68] Bowman J L, Ben-Akiva M E. Activity-based disaggregate travel demand model system with activity schedules[J]. Transportation Research Part A, 2000, 35(1):1-28

[69] 隽志才,李志瑶,宗芳.基于活动链的出行需求预测方法综述[J].公路交通科技, 2005,22(6):108-113

[70] 唐洁,隽志才,高林杰.城市居民出行空间和方式联合选择模型研究[J].公路交通 科技,2010,27(5):83-88

[71] 鲜于建川,隽志才.基于遗传聚类算法的出行行为分析[J].计算机应用工程, 2009,26(3):836-839

[72] 郭亮,贺慧.基于行为需求的城市交通规划目标与对策研究[J].城市规划,2009, 33(1):67-73

[73] 同济大学建筑与城市规划学院.文化遗产保护研究[M].北京:中国建筑工业出 版社,2010

[74] 文国玮.历史名城交通问题解析[J].中国名城,2012(1):33-35

[75] 周俭,梁洁,陈飞.历史保护区保护规划的实践研究——以上海历史文化风貌区保 护规划编制的探索[J].城市规划学刊,2007(4):79-84

[76] 周俭,张松,王骏.保护中求发展 发展中国特色——世界遗产城市丽江发展概念 规划要略[J].城市规划汇刊,2003(2):32-39

[77] 潘海啸,刘贤腾,等.街区设计特征与绿色交通的选择——以上海市康健、卢湾、中 原、八佰伴四个街区为例[J].城市规划汇刊,2003(6):42-49

[78] 孔哲,窦雪萍,罗丽梅,等.大城市历史城区绿色交通发展对策[J].规划师,2011, 27(S):141-148

[79] 李朝阳.现代城市道路交通规划[M].上海:上海交通大学出版社,2006

[80] 过秀成,等.城市交通规划[M].南京:东南大学出版社,2010

[81] 叶茂,过秀成,芮建秋,等.大城市中心区合理干道网密度研究[J].交通运输系统 工程与信息,2010,10(3):130-135

[82] 李星,过秀成,叶茂,等.面向公交优先的城市道路分级配置体系研究[J].交通运 输工程与信息学报,2010,8(3):93-98

[83] 罗丽梅.历史城区外围停车换乘设施规划方法研究[D]:[硕士学位论文].南京: 东南大学,2011

[84] 冉江宇.大城市中心城区停车共享策略实施关键问题研究[D]:[博士学位论文]. 南京:东南大学,2012

[85] 惠英.历史街区的交通规划设计编制框架探讨[J].城市规划学刊,2009(5): 101-106

[86] 张雪松.历史古城保护要素约束下的道路交通发展研究[D]:[博士学位论文].上 海:同济大学,2009

[87] 周乐,张国华,戴继锋,等.苏州古城交通分析及改善策略[J].城市交通,2006,4(4)：41-45

[88] 赵波平,徐素敏,殷广涛.历史文化街区的胡同宽度研究[J].城市交通,2005,3(3)：45-48

[89] 刘国园,黎晴.老城区交通系统与空间环境优化策略——以历史文化名城浙江省绍兴市为例[J].城市交通,2008,6(5)：53-58,68

[90] 张国华,戴继锋.停车系统规划与古城保护[J].城市交通,2004,2(4)：19-23

[91] 张金喜,樊旭英,郭伟,等.北京市旧城区内胡同路网的现状与功能[J].北京工业大学学报,2008,34(5)：516-521

[92] 东南大学交通学院.江苏省城市道路网规划设计指标体系研究[R],2010

[93] 东南大学交通学院.南京市老城综合交通改善方案研究[R],2010

[94] 东南大学交通学院.南京市路外公共停车场选址与布局研究[R],2009

[95] 南京市城市与交通规划设计研究院有限责任公司.扬州老城及周边地区交通综合改善规划研究[R],2010

[96] 南京市城市与交通规划设计研究院有限责任公司.南京市老城道路交通设施整合与控制规划[R],2006

[97] 中国城市规划设计研究院.苏州市城市综合交通规划[R],2006

[98] 东南大学交通学院,聊城古城开发建设指挥部.聊城古城道路交通规划与工程设计[R],2011

[99] 周江评.微循环理论与支路交通[J].城市交通,2010,8(3)：41-49

[100] Michael C P. The Supply of Residential Access Streets and Secondary Arterial Roads [J]. Transportation Research Part B, 1980, 14(1)：121-132

[101] Christopher W, David J, Gautam A. Spatial Aspects of Traffic Circulation [J]. Transportation Research Part B, 1995 (1)：1-32

[102] 史峰,黄恩厚,王英姿.论城市道路微循环系统的功能特征[J].城市发展研究,2008 (3)：34-36

[103] 李德慧,刘小明.城市交通微循环体系的研究[J].道路交通与安全,2005 (4)：17-19

[104] 刘望保.国内外城市交通微循环和支路网的研究进展和展望[J].规划师,2009,25(6)：21-24

[105] 邓一凌,过秀成,严亚丹,等.历史城区微循环路网分层规划方法研究[J].城市规划学刊,2012,201(3)：70-75

[106] 叶茂,过秀成,刘海强,等.基于人车共存的居住区道路规划设计探讨[J].规划师,2009,25(6)：47-51

[107] 叶茂,过秀成,徐吉谦,等.基于机非分流的大城市自行车路网规划研究[J].城市规划,2010(10):56-60

[108] 南京市规划设计研究院有限公司.南京老城控制性详细规划(2006年深化版)[R],2006

[109] 樊旭英.北京市旧城区胡同道路特征及其利用方法研究[D]:[硕士学位论文].北京：北京工业大学,2008

[110] 刘罗军.公交导向的旧城更新改造模式研究[D]:[硕士学位论文].南京:南京林业大学,2007

[111] [美]凯文·林奇.城市意象[M].项秉仁,译.北京:华夏出版社,2001

[112] 文爱平,刘小石.意在笔先 源流兼治——规划专家刘小石谈北京旧城交通解决方案[J].北京规划建设,2005(5):184-188

[113] 王炜,陈学武,陆建.城市交通系统可持续发展理论体系研究[M].北京:科学出版社,2004

[114] 过秀成,孔哲,叶茂,等.大城市绿色交通技术政策体系研究[J].现代城市研究,2010(1):11-15

[115] 中华人民共和国住房和城乡建设部.绿色交通示范城市考核标准说明[Z],2003

[116] 朱洪.城市文化遗产保护的交通政策研究[J].上海城市规划,2007(3):47-49

[117] 南京市城市与交通规划设计研究院有限责任公司.扬州市城市综合交通规划[R],2008

[118] 中国城市规划设计研究院.苏州市城市综合交通规划[R],2006

[119] 李东序,赵富强.城市综合承载力结构模型与耦合机制研究[J].城市发展研究,2008(6):37-44

[120] 王慧明.北京宣言:中国城市交通发展战略研究[J].城市规划,1996(4):32-34

[121] Hossatn M. Capacity estimation of traffic circles under mixed traffic condition using micro-simulationtechnique[J]. Transportation Research,1999,33(A):47-61

[122] Werler Brilon, Ning Wu. Capacity at un-signalized two-stage priority intersections[J]. Transportation Research, 1999, 33(A):275-289

[123] 刘志硕,申金升,张志文,等.基于交通环境承载力的城市交通容量的确定方法及应用[J].中国公路学报,2004,17(1):70-74

[124] 李晓燕,陈红,胡晗.交通环境承载力及其定量化方法初探[J].公路交通科技,2008,25(1):151-156

[125] 汪宇明,赵中华.基于上海案例的大都市旅游容量及承载力研究[J].中国人口、资源与环境,2007,17(5):118-122

[126] Mathieson A, Wall G. Tourism:Economic, physical and socialimpacts[M]. Harlow:Longman,1982

[127] O'Reilly A M. Tourism carrying capacity:Concepts and issues[J]. Tourism Management,1986,7(4):254-358

[128] 保继刚,楚义芳.旅游地理学[M].北京:高等教育出版社,1999

[129] 赵红红.苏州旅游环境容量问题初探[J].城市规划,1983(5):46-53

[130] 周公宁.论风景区环境容量与旅游规模的关系[J].建筑学报,1992(11):50-53

[131] 章云泉.城市轨道交通容量的影响因素研究[J].城市轨道交通研究,1999(4):26-29

[132] 毛海虓.中国城市居民出行特征研究[D]:[博士学位论文].北京:北京工业大学,2005

[133] Chen Cynthia, Garling Tommy, Kitamura Ryuichi. Activity rescheduling:reasoned or habitual?[J]. Transportation Research Part F, 2004, 7(6):351-371

[134] Roorda Matthew J, Miller Eric J, Habib Khandker M. Validation of THSHA: a 24h activity scheduling micro simulation model [J]. Transportation Research Part A, 2008, 42(2): 360-375

[135] Bowan J L, Ben-Akiva M E. Activity-based disaggregate travel demand model system with activity schedule [J]. Transportation Research Part A, 2000, 35: 1-28

[136] Bowman J L, Ben-Akiva M E. Activity-based disaggregate travel demand model system with activity schedules [J]. Transportation Research Part A, 2001, 35(1): 1-28

[137] Robert Cervero. Built environment and mode choice: toward a normative framework [J]. Transportation Research Part D: Transportation and Environment, 2002, 7(4): 265-284

[138] Jacob Larsen, Ahmed El-Geneidy. A travel behavior analysis of urban cycling facilities in Montréal Canada [J]. Transportation Research Part D, 2011, 16(2): 172-177

[139] Moshe Ben-Akiva, John L Bowman, Dinesh Gopinath. Travel demand model system for the information era [J]. Transportation, 1996, 23(3): 241-266

[140] Yuhwa Lee, Mark Hickman, Simon Washington. Household type and structure, time-use pattern, and trip-chaining behavior [J]. Transportation Research Part A, 2007, 41(10): 1 004-1 020

[141] Xin Ye, Ram M Pendyala, Gottardi. An exploration of the relationship between mode choice and complexity of chaining patterns [J]. Transportation Research Part B, 2007, 41(1): 96-113

[142] Bhat Chandra R, Singh Sujit K. A comprehensive daily activity-travel generation model system for workers [J]. Transportation Research Part A, 2000, 34(1): 1-22

[143] Kasturirangan Krishnan, Pendyala Ram M. A comparison of commuter activity scheduling and sequencing behavior across geographical contexts [C]. The 80th Annual Meeting of the Transportation Research Board. Washington D. C. , 2001: 1-28

[144] Marloe B Sundo, Satoshi Fujii. The effects of a compressed working week on commuters' daily activity patterns [J]. Transportation Research Part A, 2005, 39(10): 835-848

[145] 杨敏,王炜,陈学武,等.工作者通勤出行活动模式选择行为[J].西南交通大学学报,2009,2(4):274-279

[146] 杨敏,陈学武,王炜,等.基于活动模式的工作者出行生成预测模型[J].东南大学学报(自然科学版),2008,3(5):525-530

[147] Arun R Kuppam, Ram M Pendyala. A structural equations analysis of commuters' activity and travel patterns [J]. Transportation, 2001, 28(1): 33-54

[148] Thomas F Golob. A simultaneous model of household activity participation and trip chain generation [J]. Transportation Research Part B, 2000, 34(5): 355-376

[149] Xuedong Lu, Eric Pas. Socio-demographics, activity participation and travel behavior [J]. Transportation Research Part A, 1999, 33(1):1-18

[150] 穆蕊.基于出行活动的非集计模型研究及应用[D]:[硕士学位论文].北京:北

京交通大学,2010

[151] 宗芳,隽志才.基于活动的出行方式选择模型与交通需求管理策略［J］.吉林大学学报(工学版),2007,1(1)：48-53

[152] Stephan Krygsman, Theo Arentze, Harry Timmermans. Capturing tour mode and activity choice interdependencies：A co-evolutionary logit modeling approach［J］. Transportation Research Part A, 2007, 41：913-933

[153] 万霞,陈骏,胡文婷.基于出行方式和活动交互作用的小汽车使用预测模型［J］.东南大学学报(自然科学版),2009,39(1)：171-176

[154] 周钱,李一,孟超.基于结构方程模型的交通需求分析［J］.清华大学学报(自然科学版),2008,48(5)：879-882

[155] 李海峰,张卫华.我国城市交通模式发展研究［J］.华中科技大学学报(城市科学版),2009,26(2)：19-22

[156] 熊萍.面向世博多模式复合交通体系的停车换乘行为研究［D］：［博士学位论文］.上海：同济大学,2006

[157] 叶茂,过秀成,王谷.从单核到组团式结构：带形城市的交通模式演化与选择［J］.现代城市研究,2010(1)：30-35

[158] 陆化普,王继峰,张永波.城市交通规划中交通可达性模型及其应用［J］.清华大学学报(自然科学版),2009,49(6)：781-785

[159] 陆锡明.亚洲城市交通模式［M］.上海：同济大学出版社,2009

[160] 余艳春,邵春福,董威.情景分析法在交通规划中的应用研究［J］.武汉理工大学学报(交通科学与工程版),2007,31(2)：304-307

[161] 黄建中.特大城市用地发展与客运交通模式［M］.北京：中国建筑工业出版社,2006

[162] 孙孝文.和谐交通体系构建研究［D］：［博士学位论文］.武汉：武汉理工大学,2007

[163] 孔令斌.城市发展与交通规划［M］.北京：人民交通出版社,2009

[164] 李俊.人性化城市交通发展的理论与应用研究［D］：［博士学位论文］.武汉：武汉理工大学,2007

[165] 张泉,黄富民,杨涛,等.公交优先［M］.北京：中国建筑工业出版社,2010

[166] Earl G Bossard, Jeff Hobbs, Brett Hondorp, et al. Envisioning Neighborhoods with Transit-Oriented Development Potential［R］. The Mineta Transportation Institute, College of Business, San Jose State University, 2002

[167] 郝记秀.城市公共交通与土地利用一体化发展(IPTLU)研究［D］：［博士学位论文］.西安：长安大学,2009

[168] ［美］伯德斯,等.城市交通需求管理培训手册［M］.温慧敏,等,译.北京：中国建筑工业出版社,2009

[169] 蔡军.城市路网结构体系规划［M］.北京：中国建筑工业出版社,2008

[170] ［日］山中英生,小谷通泰,等.城市交通中存在的问题及其对策研究［M］.张丽丽,译.北京：中国建筑工业出版社,2009

[171] 张小丽,陈峻,王炜.等.基于公交可达性的公交站距优化方法［J］.东南大学学报

（自然科学版），2009，39（2）：384-388

[172] 陈小鸿，黄肇义，汪洋.公交导向的城市道路网络规划方法与实践[J].城市规划，2007,31(8):74-79

[173] 杨佩昆.重议城市干道网密度——对修改《城市道路交通规划设计规范》的建议[J].城市交通,2003,1(1):52-54

[174] 蔡军.关于城市道路合理间距理论推导的讨论[J].城市交通,2006,4(1)：55-59

[175] Lesley L J S. Optimum bus-stopspacing[J]. Traffic Engineering and Control, 1976, 17(11)：399-401

[176] Anthony A Saka, M Asce. Model for determining optimum bus-stop spacing in urbanareas[J]. Journal of Transportation Engineering, 2001, 127(3):195-199

[177] 杨晓光，徐竞琪，刘好德，等.基于乘客平均出行时间最小的公交站距优化模型[J].吉林大学学报(工学版),2008,38(4)：802-809

[178] 叶茂，于淼，过秀成，等.公交导向的历史城区平均干路网间距优化[J].北京工业大学学报,2013,39(8)：1 250-1 254

[179] 叶茂，过秀成，李新建，等.机非分流：历史城区自行车交通改善的必然选择——以镇江市老城区为例[J].规划师,2011,27(S)：41-45

[180] 阙维民，任疆.世界遗产视野中的太原古城街巷格局[J].城市规划,2011,35(6)：91-96

[181] 南京市规划局.南京市老城南历史城区保护规划与城市设计[R],2010

[182] 张军民，刘亮.传统街巷系统规划与古城风貌延续——以曲阜明故城街巷系统规划为例[J].规划师,2010,26(7)：51-55

[183] [英]斯蒂芬·马歇尔.街道与形态[M].苑思楠，译.北京：中国建筑工业出版社,2011

[184] 宋雪鸿.城市交通微循环问题的解决策略及其应用研究[D]:[硕士学位论文].上海：同济大学,2008

[185] 黄恩厚.城市道路交通微循环系统改扩建优化理论与方法[D]:[博士学位论文].长沙：中南大学,2009

[186] The Federal Transit Administration. Transit-friendly streets：Design and traffic management strategies to support livable community[R]. TCRP Report 33, 1998

[187] 关宏志，刘小明，陈艳艳，等.利用街巷开辟自行车专用道的研究[J].城市规划,2001,25(4)：49-52

[188] 同济大学交通运输工程学院.上海市中心城区慢行交通系统规划[R],2006

[189] 东南大学交通学院，镇江市规划局.镇江市城市综合交通规划[R],2008

[190] Roads and Parks Department. Cycle Policy 2002—2012 City of Copenhagen[R]. City of Copenhagen, 2002

[191] Ministry of Transport and Public Works. Transportation and Traffic Engineering Division[R]. The Hague, Netherlands. July 1987

[192] [日]天野光三.人车共存道路计划·手法[M].台北：地景企业股份有限公司,1992

后　记

　　作为较早关注历史文化名城交通发展问题的研究者之一，从 20 世纪 90 年代国内城市第一轮综合交通规划开始，作者就开始研究这一问题。后历经商丘市城市道路交通管理规划、镇江市综合交通规划、江苏省城市道路网规划指标体系研究等课题及天津海河两岸交通发展战略、石家庄、马鞍山等城市交通规划的系统研究与实践，明确了历史文化名城交通系统这一研究方向和路径。2009 年，利用参与东南大学城市与建筑遗产保护教育部重点实验室筹建的契机，开始了历史城区交通系统与资源综合利用的系统研究，包括南京市老城交通改善方案研究，聊城古城道路交通规划与交通工程设计，镇江市大市口地区交通改善，镇江市骨架路网研究，镇江市解放路、中山路和双井路三路交通设计等课题与实践项目，为历史城区交通发展这一领域的研究奠定了基础。作者叶茂于 2011 年参与了李新建副教授主持的国家自然科学基金项目《南方历史文化街区保护中的适应性道路交通改善方法研究》，并以《历史城区交通组织模式与设施配置方法研究》作为博士论文题目，开展了为期三年的理论与实证研究，取得了阶段性的成果。2012 年叶茂成功申请了国家自然科学基金项目《历史城区交通空间资源优化配置与合理利用方法研究》及住房和城乡建设部科技项目《面向交通效率提升的历史城区交通组织模式与设施利用方法研究》，有力地推动了该领域的持续研究。初步形成了历史城区保护中的交通系统与路网资源综合利用方法，尤其是历史城区综合交通承载力测算方法、交通需求分析方法、交通系统功能组织与服务体系设计和路网资源综合利用方法等。

　　感谢东南大学交通学院徐吉谦先生在本研究过程中给予的研究框架的建议，东南大学建筑学院孔令龙教授对历史城区交通问题这一研究的持续指导。感谢东南大学刘攀教授、邓卫教授，同济大学建筑与城市规划学院潘海啸教授，南京市城市与交通规划设计研究院杨涛教授，孙俊研究员级高级城市规划师，江苏省城市规划设计研究院黄富民教授级高工对研究提供的宝贵意见及后续研究的建议。感谢东南大学城市与建筑遗产保护教育部重点实验室朱光亚教授、李新建副教授在课题合作研究中给予的支持。感谢镇江市规划局、镇江市规划院、商丘市规划局、商丘市规划勘测设计院、南京市住房和城乡建设委员会、聊城古城开发建设指挥部、石家庄市规划设计院、马鞍山市城乡规划局、南京市城市与交通规划设计研究院等合作单位在项目合作、资料搜集、技术交流及成果应用中给予的支持。另外，感谢南京理工大学刘英舜副教授、胡启洲副教授对本书撰写的支持和帮助，感谢杨泞珲、吴爱民硕士研究生为本书排版和校核所做的工作。

　　历史文化遗产保护中的交通问题研究涉及城市规划、建筑历史与理论、交通运输工程、经济学、社会学、管理学等相关学科的综合运用。限于时间和作者水平，本书重点研究了历史城区交通系统与路网资源综合利用方法，在后续研究中将结合国内历史文化遗产保护规划、城市综合交通规划、智慧城市建设规划及城市交通综合治理规划等方面的研究与实践，进一步拓展研究领域，持续推进公共交通资源配置与运营管理、停车设施配置与使用、交通需求管理政策、智能交通技术应用等方面的研究，丰富历史城区交通政策与技术体系，为完善我国历史文化名城规划中的交通规划理论与方法不懈努力。

作　者

2014 年 12 月